今注本二十四史

漢書

漢 班固 撰 唐 顏師古 注

孫曉 主持校注

中國社會科學出版社

一四 傳〔二〕

漢書　卷三七

季布欒布田叔傳第七[1]

[1]【今注】案，楊樹達《漢書窺管》認爲，季布、欒布、田叔三者的共通之處在於皆有俠烈之行，又皆初得罪而後見赦。

季布，楚人也，爲任俠有名。[1]項籍使將兵，數窘漢王。[2]項籍滅，高祖購求布千金，敢有舍匿，罪三族。[3]布匿濮陽周氏，[4]周氏曰："漢求將軍急，迹且至臣家，[5]能聽臣，臣敢進計；即否，願先自剄。"布許之。迺髡鉗布，[6]衣褐，[7]置廣柳車中，[8]并與其家僮數十人，之魯朱家所賣之。[9]朱家心知其季布也，買置田舍。[10]乃之雒陽見汝陰侯滕公，[11]説曰："季布何罪？臣各爲其主用，職耳。[12]項氏臣豈可盡誅邪？今上始得天下，而以私怨求一人，何示不廣也！且以季布之賢，漢求之急如此，此不北走胡，南走越耳。夫忌壯士以資敵國，此伍子胥所以鞭荆平之墓也。[13]君何不從容爲上言之？"[14]滕公心知朱家大俠，意布匿其所，乃許諾。侍間，果言如朱家指。[15]上乃赦布。當是時，諸公皆多布能摧剛爲柔，[16]朱家亦以此名聞當世。布召見，謝，拜郎中。[17]

　　[1]【顏注】應劭曰：任謂有堅完可任託以事也。如淳曰：相與信爲任，同是非爲俠。師古曰：謂任使其氣力（蔡琪本、大德本、殿本"謂"前有"任"字）。俠之言挾也，以權力俠輔人也。任，音人禁反。俠，音下頰反。【今注】任俠：用作名詞時指代特定人物，如豪傑任俠；用作動詞時可釋爲行俠；用作形容詞時可釋爲有俠氣、有俠風，如好氣任俠。關於"任俠"與"俠""游俠"的區別，以及任俠風尚之於秦漢社會的影響，參見汪涌豪《古代游俠任俠行義活動之考究》（《殷都學刊》1993年第3期）、增淵龍夫《漢代民間秩序的構成與任俠習俗》（《日本學者研究中國史論著選譯第三卷·上古秦漢》，中華書局1993年版，第526—563頁）、王巧昱《"任俠"風尚對秦漢社會的影響》（碩士學位論文，首都師範大學，2007年）。

　　[2]【顏注】如淳曰：窘，困也。師古曰：窘，音求閔反。

　　[3]【顏注】師古曰：舍，止；匿，隱也。【今注】罪三族：一人犯罪，連累三族受到處罰的刑名，或與"夷三族"有異（參見張建國《夷三族解析》，《法學研究》1998年第6期）。

　　[4]【今注】濮陽：縣名。東郡郡治所在，高祖十一年（前196）後屬梁國，在今河南濮陽市戚城村故城。本書卷一下《高紀下》載：十一年"立子恢爲梁王"，"罷東郡，頗益梁"。

　　[5]【顏注】師古曰：迹謂尋其蹤迹也。

　　[6]【今注】髡鉗：剃去頭髮，以鐵圈束頸。

　　[7]【顏注】師古曰：衣，著之也。褐，毛布之衣也。

　　[8]【顏注】服虔曰：東郡謂廣轍車爲廣柳車。鄭氏曰：作大柳衣車，若《周禮》喪車也。李奇曰：廣柳，大隆穹也。晉灼曰：《周禮》說"衣翣柳"，柳，聚也，衆飾之所聚也。此爲載以喪車，欲人不知也。師古曰：晉、鄭二說是也。隆穹，所謂車弮者耳，非此之謂也。弮，音扶晚反。【今注】廣柳車：王先謙《漢書補注》指出，《史記集解》引李奇曰"大牛車也，車上覆爲柳"，

與此異。案，《集解》復引臣瓚曰"《茂陵書》中有廣柳車，每縣數百乘，是今運轉大車是也"，可知廣柳車應是當時常用的運輸車。

[9]【顏注】師古曰：朱家，魯人，見《游俠傳》。【今注】朱家：傳見本書卷九二。

[10]【今注】買置田舍：王先謙《漢書補注》指出，《史記》作"迺買而置之田。誡其子曰'田事聽此奴，必與同食'"。

[11]【顏注】師古曰：夏侯嬰也，本爲滕令，遂號爲滕公。【今注】滕公：夏侯嬰。傳見本書卷四一。

[12]【顏注】師古曰：職，常也。言此乃常道也。一曰職，主掌其事也。

[13]【顏注】師古曰：子胥，伍員也。荆即楚也。子胥之父伍奢爲平王所殺，子胥奔吳，教吳伐楚。平王已卒，其後吳師入郢，子胥掘平王之墓，取屍鞭之三百也。【今注】荆平：《漢書考正》宋祁以爲"荆平"字下當有"王"字。王先謙《漢書補注》指出，《史記》有"王"字。

[14]【顏注】師古曰：從，音千容反。

[15]【顏注】師古曰：侍，侍於天子。間謂事務之隙。

[16]【顏注】師古曰：多猶重也。【今注】摧：楊樹達《漢書窺管》據《說文解字》"摧，擠也。一曰：折也"以爲，此處"摧"當訓爲"折"。

[17]【今注】郎中：掌宿衛殿門。秩比三百石。

孝惠時，爲中郎將。[1] 單于嘗爲書嫚呂太后，[2] 太后怒，召諸將議之。上將軍樊噲曰："臣願得十萬衆，橫行匈奴中。"諸將皆阿呂太后，[3] 以噲爲然。[4] 布曰："樊噲可斬也。夫以高帝兵三十餘萬，[5] 困於平城，[6] 噲時亦在其中。今噲奈何以十萬衆橫行匈奴中，面謾！[7] 且秦以事胡，[8] 陳勝等起。今創痍未瘳，[9] 噲又面諛，^[10]欲搖動天下。”是時殿上皆恐，太后罷朝，遂不復議擊匈奴事。

[1]【今注】中郎將：漢承秦置，包括五官中郎將、左中郎將、右中郎將三種，分別統率所部郎官及謁者。秩比二千石。

[2]【顔注】師古曰：嫚謂辭語褻污也。嫚讀與慢同（嫚，蔡琪本、大德本同，殿本“讀”前無“嫚”字）。【今注】案，事見本書卷九四上《匈奴傳上》。

[3]【顔注】師古曰：阿，曲也，曲從其意。

[4]【今注】案，殿本“噲”後有“言”字，蔡琪本、大德本無。

[5]【今注】案，《漢書考證》齊召南指出，《史記》作“將兵四十餘萬衆”，而本書《匈奴傳》載季布言“三十二萬人”。“噲時亦在其中”六字，《史記》所無。然《匈奴傳》詳載布言，且及平城之歌，詳略不同如此。

[6]【今注】平城：縣名。治所在今山西大同市東北。

[7]【顔注】師古曰：謾，欺詆也（詆，蔡琪本、殿本同，大德本作“誰”），音“嫚”，又音莫連反。

[8]【今注】事胡：對匈奴用兵。

[9]【顔注】師古曰：痍，傷也。瘳，差也。痍，音“夷”。瘳，音丑留反。

[10]【今注】面諛：當面阿諛諂媚。《孟子·告子下》：“與讒諂面諛之人居，國欲治，可得乎？”

　　布爲河東守。^[1]孝文時，人有言其賢，召欲以爲御史大夫。^[2]人又言其勇，使酒難近。^[3]至，留邸一月，^[4]見罷。^[5]布進曰：“臣待罪河東，陛下無故召臣，此人必有以臣欺陛下者。^[6]今臣至，無所受事，罷去，此人必有毀臣者。夫陛下以一人譽召臣，一人毀去臣，臣恐天下有識者聞之，有以窺陛下。"[7]上默然，慙曰："河東吾股肱郡，故特召君耳。"布之官。[8]

[1]【今注】河東：郡名。治安邑（今山西夏縣西北）。

[2]【今注】御史大夫：秦漢三公之一，主管圖籍秘書、四方文書，握有考課、監察和彈劾百官之權。秩中二千石。

[3]【顏注】應劭曰：使酒，酗酒也。師古曰：言因酒霑洽而使氣也。近謂附近天子爲大臣也。【今注】難近：顧炎武《日知錄》卷二七認爲，"難近"即令人畏而遠之，顏注非。

[4]【顏注】師古曰：邸，諸郡朝宿之舍在京師也。

[5]【顏注】師古曰：既引見而罷，令還郡也。【今注】見罷：《漢書考正》劉攽認爲即見逐、見棄，非引見之意。

[6]【顏注】師古曰：謂妄言其賢，故云欺也。

[7]【顏注】師古曰：窺見陛下淺深也。

[8]【今注】之官：此指到任。

辯士曹丘生數招權顧金錢，[1]事貴人趙同等，[2]與竇長君善。[3]布聞，寄書諫長君曰："吾聞曹丘生非長者，勿與通。"及曹丘生歸，欲得書請布。[4]竇長君曰："季將軍不說足下，[5]足下無往。"固請書，遂行。使人先發書，[6]布果大怒，待曹丘。曹丘至，則揖布曰："楚人諺曰'得黃金百，不如得季布諾'，[7]足下何以得此聲梁楚之間哉？且僕與足下俱楚人，使僕游揚足下名於天下，顧不美乎？[8]何足下距僕深也！"[9]布乃大說。[10]引入，留數月，爲上客，厚送之。布名所以益聞者，曹丘揚之也。

[1]【顏注】孟康曰：招，來也（來，蔡琪本、大德本同，殿本作“求”）。以金錢事權貴，而求得其形勢以自炫燿也（勢，蔡琪本、大德本同，殿本作“埶”）。李奇曰：持權屬請人（大德本同，蔡琪本、殿本“權屬”後有“以”字），顧以金錢也。師古曰：二家之説皆非也。言招求貴人威權，因以請託，故得他人顧金錢也。【今注】曹丘生：王先謙《漢書補注》指出，《史記》載“生，楚人”。　招權顧金錢：《漢書考正》劉攽以爲，“招權”謂作爲形勢招權歸己。“顧金錢者”謂志在金錢。“顧”猶“念”。

[2]【顏注】李奇曰：窋者趙談也（窋，蔡琪本、大德本同，殿本作“宦”）。【今注】趙同：王先謙《漢書補注》以爲，司馬遷以父諱“談”爲“同”，《漢書》自應作“談”。案，同，蔡琪本、大德本、殿本作“談”。

[3]【顏注】服虔曰：景帝舅。【今注】竇長君：事見本書卷九七《外戚傳上》。

[4]【顏注】師古曰：欲得竇長君書與布，爲己紹介也。

[5]【顏注】師古曰：“説”讀曰“悦”也（蔡琪本、大德本、殿本無“也”字）。

[6]【顏注】師古曰：使人先致書於布。發，視也。

[7]【顏注】師古曰：諺，傳也。

[8]【顏注】師古曰：顧，念也。

[9]【今注】案，此句蔡琪本、大德本、殿本“僕”後有“之”字。

[10]【顏注】師古曰：“説”讀曰“悦”。【今注】案，何焯《義門讀書記》卷一七認爲季布既爲俠，則其交必雜。此曹丘所以卒容於季布。

　　布弟季心氣聞關中，[1]遇人恭謹，爲任俠，方數千里，士爭爲死。嘗殺人，亡吳，從爰絲匿，[2]長事爰

絲，[3] 弟畜灌夫、籍福之屬。[4] 嘗爲中司馬，[5] 中尉郅
都不敢加。[6] 少年多時時竊借其名以行。[7] 當是時，季
心以勇，布以諾，聞關中。[8]

［1］【今注】案，聞，蔡琪本、大德本、殿本作"蓋"。

［2］【今注】亡吳從爰絲匿：爰絲即爰盎，傳見本書卷四九。
陳直《漢書新證》以爲，季心"亡吳"蓋在爰盎爲吳相之時。

［3］【顏注】師古曰：絲，爰盎字。言以兄長之禮事也。

［4］【今注】弟畜：以弟輩之禮對待。　灌夫：傳見本書卷五
二。　籍福：事見本書卷五二《灌夫傳》。

［5］【顏注】如淳曰：中尉之司馬。【今注】中司馬：王先謙
《漢書補注》指出，《史記索隱》謂"《漢書》作'中尉司馬'"，
不確。若有"尉"字，則如不加注。陳直《漢書新證》認爲，《續
封泥考略》有"中騎司馬"封泥，疑與中司馬相似。西漢初官制
紛繁，無考者甚多，如淳注因下文有中尉，即指爲中尉司馬省稱，
不知中尉即後來之執金吾，其職權本可彈壓百僚。

［6］【今注】中尉：戰國始置。秦中尉掌徼循京師。西漢初中
尉爲將兵武職，掌京師治安。秩中二千石。景帝、武帝時多用刀筆
吏任此職，常案驗諸侯王謀反事。太初元年（前104），更名執金
吾。此外，漢諸侯王國亦有中尉，典武職，備盜賊。秩二千石。
郅都：傳見本書卷九〇。　不敢加：周壽昌《漢書注校補》認爲意
即雖以郅都之嚴峻，不敢有加於季心。王先謙《漢書補注》指出，
《史記》作"不敢不加禮"。

［7］【顏注】師古曰：詐自稱爲心之賓客徒黨也。【今注】少
年：秦漢時的"少年"之稱並非簡單的年齒標志，實際有特定的社
會含義。秦漢文獻中所謂"少年"，一般都表現出反傳統傾向，其
行爲甚至構成影響社會安定的重要因素。（參見王子今《説秦漢
"少年"與"惡少年"》，《秦漢社會史論考》，商務印書館2006年

版，第19—40頁）

[8]【今注】閭闉中：何焯《義門讀書記》卷一七認爲，漢初游俠之盛，"季布、袁盎扇之也"。自田蚡、竇嬰敗，公卿不敢致賓客，遂多閭里之魁。《史記》卷一〇一《袁盎鼂錯列傳》載袁盎語："夫一旦有急叩門，不以親爲解，不以存亡爲辭，天下所望者，獨季心、據孟耳。"

　　布母弟丁公，[1]爲項羽將，逐窘高祖彭城西。短兵接，漢王急，顧謂丁公曰："兩賢豈相戹哉！"[2]丁公引兵而還。及項王滅，丁公謁見高祖，以丁公徇軍中，[3]曰："丁公爲項王臣不忠，使項王失天下者也。"遂斬之，曰："使後爲人臣無效丁公也！"

　　[1]【顏注】晉灼曰：《楚漢春秋》云薛人，名固。師古曰：此母弟爲同母異父之弟。【今注】母弟：周壽昌《漢書注校補》據《左傳》僖公二十四年"得罪於母弟之寵子帶"，認爲同母弟爲母弟。又謂師古因丁公名固，則自姓丁，故以爲異父。

　　[2]【顏注】孟康曰：丁公及彭城賴齮追上，故曰兩賢也。師古曰：孟說非也。兩賢，高祖自謂并謂固耳，言吾與固俱是賢，豈相戹困也。故固感此言而止也。雖與賴齮俱追，而高祖獨與固言耳。

　　[3]【顏注】師古曰：徇，行示也，音辭俊反。

　　欒布，梁人也。彭越爲家人時，嘗與布游，[1]窮困，賣庸於齊，爲酒家保。[2]數歲別去，而布爲人所略，賣爲奴於燕。爲其主家報仇，[3]燕將臧荼舉以爲都尉。[4]荼爲燕王，布爲將。及荼反，漢擊燕，虜布。梁王彭越聞，[5]乃言上，請贖布爲梁大夫。使於齊，未反，[6]漢召彭越責以謀反，夷三族，梟首雒陽，下詔有收視者輒捕之。[7]布還，奏事彭越頭下，祠而哭之。吏捕以聞。上召罵布：[8]“若與彭越反邪？吾禁人勿收，若獨祠而哭之，與反明矣。[9]趣亨之。”[10]方提趨湯，[11]顧曰：“願一言而死。”上曰：“何言？”布曰：“方上之困彭城，敗滎陽、成皋間，項王所以不能遂西，徒以彭王居梁地，[12]與漢合從苦楚也。[13]當是之時，彭王壹顧，[14]與楚則漢破，與漢則楚破。且陔下之會，[15]微彭王，項氏不亡。[16]天下已定，彭王剖符受封，欲傳之萬世。[17]今帝徵兵於梁，[18]彭王病不行，而疑以爲反。反形未見，以苛細誅之，臣恐功臣人人自危。[19]今彭王已死，臣生不如死，請就亨。”上乃釋布，拜爲都尉。

[1]【顏注】師古曰：家人，猶言編戶之人也。【今注】彭越：傳見本書卷三四。　家人：王先謙《漢書補注》以爲即庶人。

[2]【顏注】孟康曰：酒家作保。保，庸也。可保信，故謂之保。師古曰：謂庸作受顧也。爲保，謂保可任使。【今注】爲酒家保：沈欽韓《漢書疏證》謂《鶡冠子·世兵》有“伊尹酒保”。

[3]【顏注】服虔曰：爲買者報仇也。

[4]【今注】臧荼：秦漢之際人。原爲燕國將領。秦末農民起義後，隨項羽入關。項羽封王，改封原燕王韓廣爲遼東王，而以荼爲燕王。不久攻殺韓廣，併其地。後反漢，被高祖擊敗俘獲。　都尉：此指燕王國都尉。

[5]【今注】案，蔡琪本、大德本、殿本“聞”後有“之”字。

［6］【顏注】師古曰：反，還也。

［7］【今注】收視：收斂與弔喪。

［8］【今注】案，罵布，蔡琪本、大德本、殿本作"布罵曰"。

［9］【顏注】師古曰：若，汝也。

［10］【顏注】師古曰："趣"讀曰"促"。促，急也。

［11］【顏注】師古曰：提，舉也，舉而欲投之於湯也。"趨"讀曰"趣"，趨，嚮也。

［12］【顏注】師古曰：徒，但也。

［13］【顏注】師古曰：從，音子容反。

［14］【今注】壹顧：此指傾向一方。

［15］【今注】案，陔，蔡琪本、大德本同，殿本作"垓"。

［16］【顏注】師古曰：微，無也。【今注】案，吳恂《漢書注商》以爲"微"即"非"。

［17］【今注】案，大德本"欲"前有"亦"字，蔡琪本、殿本"欲"前有"之"字。

［18］【今注】案，帝，蔡琪本、大德本、殿本作"漢壹"。

［19］【今注】案，蔡琪本、大德本、殿本"自危"後有"也"字。

　　孝文時，爲燕相，至將軍。布稱曰："窮困不能辱身，非人也；富貴不能快意，非賢也。"於是嘗有德，厚報之；有怨，必以法滅之。吳楚反時，以功封爲鄃侯，[1]復爲燕相。燕齊之間皆爲立社，號曰欒公社。布薨，子賁嗣侯，[2]孝武時坐爲太常犧牲不如令，[3]國除。

　　［1］【顏注】蘇林曰：鄃，音"輸"，清河縣也。【今注】案，楊樹達《漢書窺管》指出，欒布破膠西、菑川、濟南三國兵，解齊圍，事見本書卷三八《高五王傳》。　鄃：縣名。治所在今山東平

原縣西南。

　　[2]【顏注】師古曰："賁"音"奔"。

　　[3]【今注】太常：掌宗廟禮儀。秩中二千石。本書《景武昭宣元成功臣表》亦載：元狩六年（前117），（賁）坐爲太常雍犧牲不如令，免。

　　田叔，趙陘城人也。[1]其先，齊田氏也。叔好劍，學黃老術於樂鉅公。[2]爲人廉直，喜任俠。[3]游諸公，[4]趙人廉之趙相趙午，[5]言之趙王張敖，[6]以爲郎中。數歲，趙王賢之，未及遷。

　　[1]【顏注】蘇林曰："陘"音"刑"。【今注】陘城：縣名。戰國時韓國有"陘城"，在今山西曲沃縣北。見《史記》卷七三《白起王翦列傳》。《史記》卷一〇四《田叔列傳》司馬貞《索隱》云"陘城，今在中山國"，然錢大昕《廿二史考異·漢書三》據本書《地理志》指出，中山國有苦陘、陸成，並無陘城縣。苦陘縣，治所在今河北定州市東南；陸成縣，在今河北蠡縣南。

　　[2]【顏注】師古曰：姓樂，名鉅也。公者，老人之稱也。

　　[3]【顏注】師古曰：喜，好也，音許吏反。

　　[4]【顏注】師古曰：諸公，皆長者也。

　　[5]【今注】案，廉，蔡琪本、殿本作"舉"。

　　[6]【今注】張敖：事見本書卷三二《張耳陳餘傳》。

　　會趙午、貫高等謀弒上，[1]事發覺，漢下詔捕趙王及群臣反者。趙有敢隨王，罪三族。唯田叔、孟舒等十餘人赭衣自髡鉗，隨王至長安。趙王敖事白，得出，[2]廢爲宣平侯，乃進言叔等十人。上召見，與語，漢廷臣無能出其右者。[3]上説,[4]盡拜爲郡守、諸侯相。叔爲漢中守十餘年。[5]

[1]【今注】趙午貫高:二人並爲趙相。

[2]【顏注】師古曰:白,明也。

[3]【顏注】師古曰:材不勝。

[4]【顏注】師古曰:説,讀曰“悦”也(蔡琪本、殿本同,大德本句末無“也”字)。

[5]【今注】叔爲漢中守:何焯《義門讀書記》卷一七認爲,樂布再爲燕相,田叔守漢中,孟舒守雲中,皆十餘年。此漢初所以吏盡其職,得與民休息。漢中,郡名。治西城(今陝西安康市)。

孝文帝初立,召叔問曰:“公知天下長者乎?”[1]對曰:“臣何足以知之!”上曰:“公長者,宜知之。”叔頓首曰:“故雲中守孟舒,[2]長者也。”是時孟舒坐虜大入雲中免。上曰:“先帝置孟舒雲中十餘年矣,虜常一入,[3]孟舒不能堅守,無故士卒戰死者數百人。長者固殺人乎?”叔叩頭曰:“夫貫高等謀反,天子下明詔,趙有敢隨張王者罪三族,然孟舒自髡鉗,隨張王,以身死之,豈自知爲雲中守哉!漢與楚相距,士卒罷敝,[4]而匈奴冒頓新服北夷,來爲邊寇,孟舒知士卒罷敝,不忍出言,士爭臨城死敵,如子爲父,以故死者數百人,孟舒豈敺之哉![5]是乃孟舒所以爲長者。”於是上曰:“賢哉孟舒!”復召以爲雲中守。

[1]【今注】長者:泛指謹慎而寬大的人。“長者”在西漢前

期政治中有特殊意義，代表了一種清静放任的黄老政治精神（參見閻步克《士大夫政治演生史稿》，北京大學出版社 1996 年版，第 269—280 頁）。何焯《義門讀書記》卷一七稱："謹厚長者，其爲治乃能務與秦吏相反。年又長大，非唯歷事多，其人親受秦法酷烈之害，必事事思順民情，與之休息也。"

　　[2]【今注】雲中：郡名。治雲中縣（今内蒙古托克托縣古城村）。

　　[3]【今注】案，常，蔡琪本、大德本同，殿本作"嘗"。

　　[4]【顏注】師古曰："罷"讀爲"疲"。下亦同。

　　[5]【顏注】師古曰：歐與驅同。言不歐之令戰也。歐字從殳。殳，音普木反。【今注】歐之：《漢書考正》宋祁以爲"之"下當有"戰"字。

　　後數歲，叔坐法失官。梁孝王使人殺漢議臣爰盎，[1]景帝召叔案梁，具得其事。還報，上曰："梁有之乎?"對曰："有之。""事安在?"[2]叔曰："上無以梁事爲問也。[3]今梁王不伏誅，是廢漢法也；如其伏誅，太后食不甘味，卧不安席，此憂在陛下。"於是上大賢之，以爲魯相。[4]

　　[1]【今注】案，事見本書卷四七《文三王傳》。

　　[2]【顏注】師古曰：索其狀也。

　　[3]【顏注】師古曰：言不須更論之也。

　　[4]【今注】魯相：即相景帝子魯共王餘。

　　相初至官，民以王取其財物自言者百餘人。[1]叔取其渠率二十人笞，怒之[2]曰："王非汝主邪？何敢自言主!”魯王聞之，大憨，[3] 發中府錢，使相償之。[4] 相曰：“王自使人償之，不爾，是王爲惡而相爲善也。”[5]

[1]【今注】自言：秦漢時期的“自言”主要有三種含義，一爲自言自語、自我表白之義；二指秦漢社會貴族、吏民向官吏、政府機構揭發、言事、告白、申請某事，或者官吏之間的事務聯繫；三是法律用語，即吏民向政府提起訴訟時的一種用詞。（詳見卜憲群、劉楊《秦漢日常秩序中的社會與行政關係初探——關於“自言”一詞的解讀》，《文史哲》2013 年第 4 期）

[2]【顏注】師古曰：渠，大也。

[3]【今注】案，憨，蔡琪本、大德本同，殿本作“慚”。

[4]【顏注】師古曰：中府，王之財物藏也。【今注】中府：陳直《漢書新證》謂臨菑出土封泥叙目有“齊后中府”封泥，疑屬於詹事，可證西漢初王國有中府之官。又據本書卷六五《東方朔傳》，館陶公主亦有中府，認爲公主家亦可設中府之官。

[5]【顏注】師古曰：不爾，是則王爲惡。

魯王好獵，相常從入苑中，王輒休相就館。相常暴坐苑外，[1] 終不休，曰：“吾王暴露，獨何爲舍？”[2] 王以故不泰出遊。[3] 數年以官卒，魯以百金祠，[4] 少子仁不受，曰：“義不傷先人名。”仁以壯勇爲衛將軍舍人，[5] 數從擊匈奴。衛將軍進言仁爲郎，[6] 至二千石、丞相長史，[7] 失官。後使刺三河，還，[8] 奏事稱意，拜爲京輔都尉。[9] 月餘，遷司直。[10] 數歲，戾太子舉兵，[11] 仁部閉城門，令太子得亡，坐縱反者族。[12]

[1]【顏注】師古曰：於外自暴露而坐。

［2］【今注】舍：周壽昌《漢書注校補》據《禮記·月令》
“耕者少舍”，以爲乃“入舍休息”之意。

［3］【今注】案，泰，蔡琪本、大德本、殿本作“大”。

［4］【今注】以百金祠：沈欽韓《漢書疏證》謂以百金與其家
爲祠。

［5］【顏注】張晏曰：衞青也。【今注】衞將軍：傳見本書卷
五五。

［6］【今注】進言仁爲郎：《史記》褚少孫補《任安傳》云：
“有詔募衞將軍舍人以爲郎，將軍取舍人中富給者，令具鞍馬絳衣
玉具劍，欲入奏之。會賢大夫少府趙禹來過衞將軍，將軍呼所舉舍
人以示趙禹，禹以次問之，十餘人無一人習事有智略者……於是趙
禹悉召衞將軍舍人百餘人，以次問之，得田仁、任安……將軍不得
已，上籍以聞。”案，郎，蔡琪本、大德本、殿本作“郎中”。

［7］【今注】丞相長史：丞相重要屬官，居衆史之長，職無不
監。秩千石。

［8］【顏注】如淳曰：爲刺史於三河郡。三河謂河南、河內、
河東也。【今注】刺三河：沈欽韓《漢書疏證》以爲三河後屬司
隸，是時未置司隸官，仍以丞相史刺舉。如說有誤。

［9］【今注】京輔都尉：佐助京兆尹掌典武職甲卒之官，置於
漢武帝太初年間三輔形成後。秩比二千石。

［10］【今注】遷司直：《史記》褚少孫補《任安傳》云：
“（田）仁已刺三河，三河太守皆下吏誅死。仁還奏事，武帝說，
以仁爲能不畏彊禦，拜仁爲丞相司直，威振天下。”司直，漢武帝
元狩五年（前118）置，掌佐丞相舉不法。秩比二千石。

［11］【今注】戾太子：即衞太子劉據。傳見本書卷六三。

［12］【顏注】師古曰：遣仁掌閉城門，乃令太子得出，故云
縱反也。

贊曰：以項羽之氣，而季布以勇顯名楚，身履軍搴旗者數矣，[1]可謂壯士。及至困厄奴僇，苟活而不變，何也？[2]彼自負其材，受辱不羞，欲有所用其未足也，故終爲漢名將。賢者誠重其死。夫婢妾賤人，感槩而自殺，非能勇也，[3]其畫無俚之至耳。[4]欒布哭彭越，田叔隨張敖，赴死如歸，彼誠知所處，[5]雖古烈士，[6]何以加哉！

[1]【顏注】鄧展曰：履軍，戰勝蹈履之。李奇曰：搴，拔也。孟康曰：搴，斬取也。師古曰：謂勝敵拔取旗也。鄧、李二說皆是。“搴”音“騫”。今流俗書本改履謂屢，而加典字，云身屢典軍，非也。

[2]【顏注】師古曰：僇，古“戮”字也。奴僇，謂髠鉗爲奴而賣之也。

[3]【顏注】師古曰：感槩，謂感念局狹爲小節。槩，音工代反。【今注】感槩：王念孫《讀書雜志·漢書第十六》以爲“感槩”即“感慨”，感慨之爲感槩，猶慨然之爲槩然。

[4]【顏注】張晏曰：言其計畫道理無所至，故自殺耳。蘇林曰：俚，賴也。言其計畫無所成賴。晉灼曰：揚雄《方言》曰“俚，聊也”，許慎曰“賴也”。此爲其計畫無所聊賴，至於自殺耳。師古曰：晉說是也。【今注】案，王先謙《漢書補注》指出，《史記》作“其計畫無復之耳”。

[5]【顏注】如淳曰：太史公曰“非死者難，處死者難”也。

[6]【今注】烈士：堅貞不屈的剛強之士。

漢書　卷三八

高五王傳第八

　　高皇帝八男：呂后生孝惠帝，曹夫人生齊悼惠王
肥，薄姬生孝文帝，戚夫人生趙隱王如意，趙姬生淮
南厲王長，諸姬生趙幽王友、趙共王恢、燕靈王建。[1]
淮南厲王長自有傳。

　　[1]【顏注】鄭氏曰：諸，姬姓也。張晏曰：非一之稱也。
師古曰：諸姬，總言在姬妾之列者耳。其知姓位者，史各具言之。
不知氏族及秩次者，則云諸姬也。而趙幽以下三王非必同母，蓋
以皆不知其所生之姬姓，故總言之。《文三王傳》云“諸姬生代
孝王參、梁懷王揖”，《景十三王傳》云“屬諸姬子於栗姬”，此
意皆同。張云非一，近得之矣。《春秋左氏傳》曰“諸子仲子、
戎子”，“諸子鬻姒”，此其例也。豈以“諸”爲姓乎？鄭説非矣。
“共”讀曰“恭”。其下類此。

　　齊悼惠王肥，其母高祖微時外婦也。[1]高祖六年
立，食七十餘城。[2]諸民能齊言者皆與齊。[3]孝惠二
年，入朝。帝與齊王燕飲太后前，置齊王上坐，[4]如家
人禮。[5]太后怒，廼令人酌兩卮鴆酒置前，[6]令齊王爲
壽。[7]齊王起，帝亦起，欲俱爲壽。太后恐，自起反

卮。[8]齊王怪之，因不敢飲，陽醉去。問知其鴆，廼憂，自以爲不得脫長安。[9]内史士曰：[10]"太后獨有帝與魯元公主，[11]今王有七十餘城，而公主廼食數城。王誠以一郡上太后爲公主湯沐邑，[12]太后必喜，王無患矣。"於是齊王獻城陽郡以尊公主爲王太后。[13]吕太后喜而許之。廼置酒齊邸，樂飲，遣王歸國。後十三年薨，子襄嗣。

［1］【顏注】師古曰：謂與旁通者。

［2］【今注】案，本書卷一下《高紀下》云："以膠東、膠西、臨淄、濟北、博陽、城陽郡七十三縣立子肥爲齊王。"王先謙《漢書補注》謂《史記》云"七十城"，舉大數。

［3］【顏注】孟康曰：此時流移，故使齊言者還齊也。師古曰：欲其國大，故多封之。

［4］【今注】齊王上坐：齊王係高祖長子，惠帝之兄，故上坐。

［5］【顏注】師古曰：以兄弟齒列，不從君臣之禮，故曰家人也。坐，音材臥反。

［6］【顏注】應劭曰：鴆鳥黑身赤目，食蝮蛇野葛，以其羽畫酒中，飲之立死。

［7］【今注】爲壽：敬酒。壽，爲"醻"字之假借。"醻"的本義爲勸酒，指席間幣帛相贈，乃至一般的贈禮、報謝。

［8］【顏注】師古曰："反"音"幡"。

［9］【顏注】師古曰：脫，免也。言死於長安，不得更至齊國也。脫，音吐活反。

［10］【顏注】師古曰：内史，王官。士者，其名也。【今注】内史：此係諸侯王國内史。本書《百官公卿表》云："諸侯王，高

帝初置，……有太傅輔王，內史治國民，中尉掌武職，丞相統衆官，群卿大夫都官如漢朝。"案，王先謙《漢書補注》謂《史記》作"內史勳"。

[11]【今注】魯元公主：高祖與呂后的長女。

[12]【今注】湯沐邑：古封邑名稱。本指周天子在王畿內賜給來朝諸侯住宿和齋戒沐浴用的封邑。漢時沿用此名，指皇帝、皇后、公主以及諸侯王列侯收取賦稅以供私人奉養的封邑。

[13]【顏注】師古曰：爲齊王太后也。言以母禮事之，所以自媚也。解具在《惠紀》。【今注】案，《漢書考證》齊召南謂《史記》無此句，但曰"獻城陽郡，以爲魯元公主湯沐邑"而已。

城陽郡：治莒縣（今山東莒縣）。高祖六年（前201）歸屬齊國。惠帝二年（前193）齊王劉肥獻爲魯元公主湯沐邑。文帝二年（前178）改置城陽國。

趙隱王如意，九年立。[1]四年，高祖崩，[2]呂太后徵王到長安，鴆殺之。無子，絕。

[1]【顏注】師古曰：高祖之九年也。他皆類此。

[2]【顏注】師古曰：趙王之四年。

趙幽王友，十一年立爲淮陽王。趙隱王如意死，孝惠元年，徙友王趙，凡立十年。[1]友以諸呂女爲后，[2]不愛，愛它姬。諸呂女怒去，讒之於太后曰："王曰：'呂氏安得王？[3]太后百歲後，吾必擊之。'"太后怒，以故召趙王。趙王至，置邸不見，令衛圍守之，不得食。其群臣或竊饋之，輒捕論之。趙王餓，乃歌曰："諸呂用事兮，劉氏微；迫脅王侯兮，彊授我妃。我妃既妒兮，誣我以惡；^[4]讒女亂國兮，上曾不寤。我無忠臣兮，何故棄國？^[5]快中野兮，^[6]蒼天與直！^[7]于嗟不可悔兮，寧早自賊！^[8]爲王餓死兮，誰者憐之？呂氏絕理兮，^[9]託天報仇！"遂幽死。以民禮葬之長安。

[1]【今注】案，十年，蔡琪本、大德本、殿本作"十四年"。

[2]【今注】諸呂女：呂氏之女。不知呂氏何人之女，故泛言之。

[3]【顏注】師古曰：安猶焉也。

[4]【顏注】師古曰："惡"音一故反。

[5]【顏注】師古曰：謂不能明白之也。

[6]【今注】快：吳恂《漢書注商》疑"快"當作"決"，與下文"寧早自賊"句意同。案，蔡琪本、大德本、殿本作"快"前有"自"字。

[7]【顏注】師古曰：天色蒼蒼，故曰蒼天。言己之理直，冀天臨監之。

[8]【顏注】師古曰：賊，害也。悔不早棄趙國而快意自殺於田野之中，今乃被幽餓也。

[9]【今注】絕理：傷天害理。

高后崩，孝文即位，立幽王子遂爲趙王。二年，有司請立皇子爲王。上曰："趙幽王幽死，朕甚憐之。已立其長子遂爲趙王。遂弟辟彊及齊悼惠王子朱虛侯章、東牟侯興居有功，皆可王。"於是取趙之河閒立辟彊，^[1]是爲河閒文王。文王立十三年薨，子哀王福嗣。一年薨。無子，國除。

[1]【今注】河閒：諸侯國名。都樂成（今河北獻縣東南）。

趙王遂立二十六年，孝景時鼂錯以過削趙常山郡，[1]諸侯怨，吳楚反，遂與合謀起兵。其相建德、內史王悍諫，不聽。遂燒殺德、悍，[2]發兵住其西界，欲待吳楚俱進，北使匈奴與連和。漢使曲周侯酈寄擊之，趙王城守邯鄲，相距七月。吳楚敗，匈奴聞之，亦不肯入邊。欒布自破齊還，[3]并兵引水灌趙城。[4]城壞，王遂自殺，國除。景帝憐趙相、內史守正死，皆封其子爲列侯。

[1]【今注】鼂錯：傳見本書卷四九。　常山郡：本名恒山郡，避文帝諱改。治元氏（今河北元氏縣西北）。

[2]【顏注】師古曰：上云其相建德、內史王悍，下云燒殺德、悍，是爲相姓建名德也。而《景武功臣侯表》云“遽侯橫父建德，以趙相死事，子侯”，則是不知其姓。表傳不同，疑後人轉寫此傳，誤脫去一建字也。【今注】案，王先謙《漢書補注》謂《史記》上下文並作“建德、悍”，顏說是。

[3]【今注】破齊：破膠東、膠西、菑川圍齊之兵。

[4]【今注】趙城：此指邯鄲。

趙共王恢。十一年，梁王彭越誅，立恢爲梁王。十六年，趙幽王死，呂后徙恢王趙，恢心不樂。太后以呂產女爲趙王后，[1]王后從官皆諸呂也，內擅權，微司趙王，王不得自恣。王有愛姬，王后鴆殺之。王乃爲歌詩四章，令樂人歌之。王悲思，六月自殺。太后聞之，以爲用婦人故自殺，無思奉宗廟禮，廢其嗣。

[1]【今注】吕産：西漢諸侯王。吕后長兄周吕侯吕澤次子。

燕靈王建。十一年，燕王盧綰亡入匈奴，[1]明年，立建爲燕王。十五年薨，有美人子，[2]太后使人殺之，絕後。

[1]【今注】盧綰：傳見本書卷三四。
[2]【顏注】師古曰：王之美人生子也。

齊悼惠王子，前後凡九人爲王：太子襄爲齊哀王，次子章爲城陽景王，興居爲濟北王，將閭爲齊王，志爲濟北王，辟光爲濟南王，[1]賢爲菑川王，卬爲膠西王，雄渠爲膠東王。

[1]【顏注】師古曰：辟，音“壁”，又讀曰“闢”。

齊哀王襄，孝惠六年嗣立。[1]明年，惠帝崩，吕太后稱制。元年，以其兄子酈侯吕台爲吕王，[2]割齊之濟南郡爲吕王奉邑。[3]明年，哀王弟章入宿衛於漢，高后封爲朱虛侯，以吕禄女妻之。[4]後四年，封章弟興居爲東牟侯，皆宿衛長安。高后七年，割齊琅邪郡，[5]立營陵侯劉澤爲琅邪王。是歲，趙王友幽死于邸。三趙王既廢，高后立諸吕爲三王，擅權用事。

[1]【今注】案，本書《諸侯王表》作"孝惠七年，哀王襄嗣"。

[2]【顏注】師古曰："郲"音"數"。【今注】案，王先謙《漢書補注》謂《史記》作"酈"，徐廣注："一作'郲'。"

[3]【顏注】師古曰："奉"音扶用反。他皆類此。【今注】濟南郡：本爲齊國博陽郡。後因郡治遷到濟水之南東平陵（今山東濟南市章丘區西北），故以濟南爲名。高后二年（前186）分齊國濟南郡爲呂王奉邑。文帝十六年（前164）置濟南國。景帝三年（前154）濟南王反，國除爲郡。

[4]【今注】呂禄：西漢諸侯王。呂后之侄，建成康侯呂釋之之子。

[5]【今注】琅邪郡：秦置。治琅邪（今山東膠南西南夏河城）。漢亦置郡，移治東武（今山東諸城市）。高后六年（前182）置爲琅邪國。漢文帝元年（前179）復爲琅邪郡。

章年二十，有氣力，忿劉氏不得職。嘗入侍燕飲，高后令章爲酒吏。[1]章自請曰："臣，將種也，請得以軍法行酒。"[2]高后曰："可。"酒酣，章進歌舞，已而曰："請爲太后言耕田。"[3]高后兒子畜之，[4]笑曰："顧乃父知田耳，[5]若生而爲王子，安知田乎？"[6]章曰："臣知之。"太后曰："試爲我言田意。"[7]章曰："深耕概種，立苗欲疏；[8]非其種者，鉏而去之。"[9]太后默然。頃之，諸呂有一人醉，亡酒，[10]章追，拔劍斬之，而還報曰："有亡酒一人，臣謹行軍法斬之。"太后左右大驚。業已許其軍法，亡以罪也。因罷酒。自是後，諸呂憚章，雖大臣皆依朱虛侯。劉氏爲彊。[11]

［1］【今注】酒吏：監酒官。

［2］【今注】行酒：吴恂《漢書注商》謂監酒也，行爲巡察之義。

［3］【顏注】師古曰：欲申諷喻也。

［4］【顏注】師古曰：比之於子也。【今注】案，沈欽韓《漢書疏證》謂吕后蓋以小兒視之，非愛之也。

［5］【顏注】師古曰：顧，念也。乃，汝也。汝父，謂高帝也。

［6］【顏注】師古曰：若亦汝也。

［7］【今注】案，王先謙《漢書補注》謂《史記》作"試爲我言田"，不須加"意"字也。此"意"字即下文"章"字誤衍。

［8］【顏注】師古曰：概，稠也。概種者，言多生子孫也。疏立者，四散置之，令爲藩輔也。"概"音"冀"。

［9］【顏注】師古曰：以斥諸吕也。

［10］【顏注】師古曰：避酒而逃（蔡琪本、大德本、殿本句末有"亡"字）。

［11］【顏注】師古曰：爲，音于僞反。【今注】爲彊：因爲此而變强。

其明年，高后崩。趙王吕禄爲上將軍，吕王産爲相國，皆居長安中，聚兵以威大臣，欲爲亂。章以吕禄女爲婦，知其謀，乃使人陰出告其兄齊王，欲令發兵西，[1]朱虚侯、東牟侯欲從中與大臣爲内應，以誅諸吕，因立齊王爲帝。

［1］【顏注】師古曰：西詣京師。

齊王聞此計，與其舅駟鈞、郎中令祝午、中尉魏勃陰謀發兵。[1]齊相召平聞之，[2]乃發兵入衛王宮。魏勃紿平曰：[3]“王欲發兵，非有漢虎符驗也。[4]而相君圍王，固善。勃請爲君將兵衛衛王。”[5]召平信之，乃使魏勃將。勃既將，以兵圍相府。召平曰：“嗟乎！道家之言‘當斷不斷，反受其亂’。”遂自殺。於是齊王以駟鈞爲相，魏勃爲將軍，祝午爲内史，悉發國中兵。使祝午紿琅邪王曰：“吕氏爲亂，齊王發兵欲西誅之。齊王自以兒子，年少，不習兵革之事，願舉國委大王。大王自高帝將也，[6]習戰事。齊王不敢離兵，[7]使臣請大王幸之臨菑見齊王計事，[8]并將齊兵以西平關中之亂。”琅邪王信之，以爲然，廼馳見齊王。

[1]【今注】郎中令：此爲王國職官名。掌宮殿警衛。　中尉：此爲王國職官名。典武職，備盜賊。

[2]【顏注】師古曰：召，讀曰“邵”。

[3]【顏注】師古曰：紿，誑也。

[4]【今注】案，《資治通鑑》卷一三《漢紀》高皇帝八年胡三省注以《史記·孝文帝本紀》“三年九月，初與郡國守相爲銅虎符”爲據，認爲既有“初”字，則前此未有銅虎符也。召平、魏勃事在前，不應有銅虎符。沈欽韓《漢書疏證》説，史家以後事追稱，此類甚多。二者皆非。吴恂《漢書注商》指出《史》《漢》皆云虎符，然未嘗言銅虎符，故不存在牴牾之處。

[5]【顏注】師古曰：謂將兵及衛守之具，以禁衛王，令不得發也。

[6]【顏注】師古曰：言自高帝之時已爲將也。

[7]【顏注】服虔曰：不敢離其兵而到琅邪。

[8]【今注】臨菑：縣名。治所在今山東淄博市東北臨淄區。

齊王與魏勃等因留琅邪王，而使祝午盡發琅邪國而并將其兵。

琅邪王劉澤既欺，^[1]不得反國，乃説齊王曰：“齊悼惠王，高皇帝長子也，推本言之，大王高皇帝適長孫也，^[2]當立。今諸大臣狐疑未有所定，而澤於劉氏最爲長年，大臣固待澤決計。今大王留臣無爲也，不如使我入關計事。”齊王以爲然，乃益具車送琅邪王。

[1]【今注】既欺：被欺騙。王念孫《讀書雜志·漢書第八》謂“既欺”，本作“既見欺”，今本脱“見”字，則文不成義。

[2]【顏注】師古曰：適，讀曰“嫡”。

琅邪王既行，齊遂舉兵西攻吕國之濟南。於是齊王遺諸侯王書曰：“高帝平定天下，王諸子弟。悼惠王薨，惠帝使留侯張良立臣爲齊王。^[1]惠帝崩，高后用事，春秋高，聽諸吕擅廢帝更立，^[2]又殺三趙王，^[3]滅梁、趙、燕，以王諸吕，分齊國爲四。^[4]忠臣進諫，上或亂不聽。今高后崩，皇帝春秋富，^[5]未能治天下，固待大臣諸侯。^[6]今諸吕又擅自尊官，聚兵嚴威，劫列侯忠臣，矯制以令天下，^[7]宗廟以危。寡人帥兵入誅不當爲王者。”

[1]【今注】張良：傳見本書卷四〇。

[2]【今注】案，王先謙《漢書補注》謂《史記》作“擅廢

高帝所立"，義異。

[3]【今注】三趙王：趙隱王如意、趙幽王友、趙共王恢。

[4]【顏注】師古曰：本自齊國，更分爲濟南、琅邪、城陽，凡爲四也。

[5]【顏注】師古曰：言年幼也。比之於財，方未匱竭，故謂之富。

[6]【今注】案，王先謙《漢書補注》謂《史記》"待"作"恃"。

[7]【顏注】師古曰：撟，託也。託天子之制詔也。撟音矯。【今注】撟制：漢代把矯制當作一種極大的政治罪名予以嚴懲。張家山漢簡《二年律令·賊律》："偽寫皇帝信璽、皇帝行璽，要（腰）斬以匀（徇）。撟（矯）制，害者，棄市；不害，罰金四兩。"〔參見張家山二四七號漢墓竹簡整理小組《張家山漢墓竹簡［二四七號墓］》（釋文修訂本），文物出版社 2006 年版，第 9 頁〕之所以矯制存在"害"與"不害"的兩端，與漢代間或會出現"不奉詔"的情況有關。當矯制行爲的客觀結果給國家帶來好處時，國家不願意用矯制有益來表達，而用"不害"。（參見孫家洲《漢代矯制研究》，載曾憲義編《法律文化研究》第 4 輯，中國人民大學出版社 2008 年版，第 29 頁）但"不害"屬於特例，不是普遍現象。

　　漢聞之，相國吕産等遣大將軍潁陰侯灌嬰將兵擊之。[1]嬰至滎陽，[2]乃謀曰："諸吕舉兵關中，欲危劉氏而自立，今我破齊還報，是益吕氏資也。"乃留兵屯滎陽，使人諭齊王及諸侯，與連和，[3]以待吕氏之變而共誅之。齊王聞之，乃屯兵西界待約。[4]

[1]【今注】灌嬰：傳見本書卷四一。

[2]【今注】滎陽：縣名。治所在今河南滎陽市東北。

[3]【顏注】師古曰：諭謂曉告也。

[4]【今注】案，王先謙《漢書補注》謂《史記》"乃"下有"西取其故濟南郡"句。

　　呂禄、呂産欲作亂，朱虛侯章與太尉勃、丞相平等誅之。[1]章首先斬吕産，太尉勃等乃盡誅諸呂。而琅邪王亦從齊至長安。

　　[1]【今注】太尉：官名。漢三公之一。掌管軍事，爲武官之長。　勃：周勃。傳見本書卷四〇。　丞相：官名。漢三公之一。輔佐皇帝，掌全國政務。陳平爲丞相在漢惠帝六年（前189）。平：陳平。傳見本書卷四〇。

　　大臣議欲立齊王，皆曰："母家駟鈞惡戾，虎而冠者也。[1]訪以呂氏故，幾亂天下，[2]今又立齊王，是欲復爲呂氏也。代王母家薄氏，君子長者，且代王，高帝子，於今見在，最爲長。以子則順，[3]以善人則大臣安。"於是大臣乃謀迎代王，而遣章以誅呂氏事告齊王，令罷兵。

　　[1]【顏注】張晏曰：言鈞惡戾，如虎著冠。【今注】案，王先謙《漢書補注》謂《史記》作"琅邪王及大臣曰"。

　　[2]【顏注】如淳曰：訪猶方也。師古曰：幾，音鉅依反。【今注】案，訪，王先謙《漢書補注》謂《史記》作"方"。

　　[3]【今注】以子則順：言立代王恒爲妥。爲齊王襄乃高帝孫、代王恒乃高帝子之故。

灌嬰在滎陽，聞魏勃本教齊王反，既誅呂氏，罷齊兵，使使召責問魏勃。勃曰："失火之家，豈暇先言丈人後救火乎！"[1]因退立，股戰而栗。[2]恐不能言者，終無他語。灌將軍執視，笑曰："人謂魏勃勇，妄庸人耳，何能爲乎！"乃罷勃。[3]勃父以善鼓琴見秦皇帝。及勃少時，欲求見齊相曹參，[4]家貧無以自通，乃常獨早埽齊相舍人門外。[5]舍人怪之，以爲物而司之，得勃。[6]勃曰："願見相君無因，故爲子埽，欲以求見。"於是舍人見勃，曹參因以爲舍人。壹爲參御言事，以爲賢，言之悼惠王。王召見，拜爲內史。始悼惠王得自置二千石。[7]及悼惠王薨，哀王嗣，勃用事重於相。

[1]【顏注】師古曰：言以社稷將危，故舉兵以匡之（匡，蔡琪本、殿本作"臣"），不暇待有詔命也。

[2]【顏注】師古曰：股，脚也。戰者，懼之甚也。

[3]【顏注】師古曰：放令去。

[4]【今注】曹參：傳見本書卷三九。

[5]【今注】舍人：親近左右之通稱。

[6]【顏注】師古曰：物謂鬼神。司者，察視之。

[7]【今注】自置二千石：漢初諸侯王有權任命王國內二千石級別的高官。案，陳直《漢書新證》謂齊悼惠王、哀王、文王所設百官最爲具體。

齊王既罷兵歸，而代王立，是爲孝文帝。

文帝元年，盡以高后時所割齊之城陽、琅邪、濟南郡復予齊，而徙琅邪王王燕。益封朱虛侯、東牟侯各二千户，黄金千斤。

是歲，齊哀王薨，子文王則嗣。十四年薨，無子，國除。

城陽景王章，孝文二年以朱虛侯與東牟侯興居俱立，二年薨。子共王喜嗣。孝文十二年，徙王淮南，五年，復還王城陽，凡立三十四年薨。[1]子頃王延嗣，二十六年薨。子敬王義嗣，九年薨。子惠王武嗣，十年薨。[2]子荒王順嗣，三十六年薨。[3]子戴王恢嗣，八年薨。子孝王景嗣，二十四年薨。子哀王雲嗣，一年薨，無子，國絕。成帝復立雲兄俚爲城陽王，[4]王莽時絕。

[1]【今注】案，三十四年，蔡琪本同，大德本、殿本作“三十三年”。

[2]【今注】案，十年，蔡琪本、大德本、殿本作“十一年”。

[3]【今注】案，三十六年，蔡琪本、大德本、殿本作“四十六年”。

[4]【顔注】師古曰：俚，音“里”。

濟北王興居初以東牟侯與大臣共立文帝於代邸，[1]曰：“誅呂氏，臣無功，請與太僕滕公俱入清宮。”[2]遂將少帝出，迎皇帝入宮。

[1]【今注】代邸：代國國舍。

[2]【顔注】師古曰：滕，夏侯嬰也。

　　始誅諸呂時，朱虛侯章功尤大，大臣許盡以趙地王章，盡以梁地王興居。及文帝立，聞朱虛、東牟之初欲立齊王，故黜其功。[1]二年，王諸子，乃割齊二郡以王章、興居。章、興居意自以失職奪功。歲餘，章薨，而匈奴大入邊，漢多發兵，丞相灌嬰將擊之，文帝親幸太原。興居以爲天子自擊胡，遂發兵反。上聞之，罷兵歸長安，使棘蒲侯柴將軍[2]擊破，虜濟北王。王自殺，國除。

　　[1]【顏注】師古曰：不賞之。
　　[2]【顏注】張晏曰：柴武。

　　文帝憫濟北王逆亂以自滅，明年，盡封悼惠王諸子罷軍等七人爲列侯。[1]至十五年，齊文王又薨，無子。時悼惠王後尚有城陽王在，文帝憐悼惠王適嗣之絕，[2]於是乃分齊爲六國，盡立前所封悼惠王子列侯見在者六人爲王。齊孝王將閭以楊虛侯立，濟北王志以安都侯立，菑川王賢以武成侯立，膠東王雄渠以白石侯立，膠西王卬以平昌侯立，濟南王辟光以扐侯立。[3]孝文十六年，六王同日俱立。

　　[1]【顏注】師古曰：罷，音皮彼反，又讀曰“疲”。【今注】案，據本書《王子侯表》，管共侯罷軍、氏丘共侯寧國、營平侯信都、楊丘共侯安、楊虛侯將閭、扐侯辟光、安都侯志、平昌侯卬、武成侯賢、白石侯雄渠，皆悼惠王子，同日受封。此“七人”當作“十人”。

　　[2]【顏注】師古曰：適，讀曰“嫡”。

　　[3]【顏注】服虔曰：扐，音“勒”。扐，平原縣也。【今注】扐：縣名。治所在今山東惠民縣西。

　　立十一年，孝景三年，吳楚反，膠東、膠西、菑川、濟南王皆發兵應吳楚。欲與齊，[1]齊孝王狐疑，城守不聽。三國兵共圍齊，[2]齊王使路中大夫告於天子。[3]天子復令路中大夫還報，告齊王堅守，漢兵今破吳楚矣。路中大夫至，三國兵圍臨菑數重，無從入。三國將與路中大夫盟曰：“若反言漢已破矣，[4]齊趣下三國，不且見屠。”[5]路中大夫既許，至城下，望見齊王，曰：“漢已發兵百萬，使太尉亞夫擊破吳楚，方引兵救齊，齊必堅守無下！”三國將誅路中大夫。

　　[1]【顏注】師古曰：與之同反。【今注】與齊：楊樹達《漢書窺管》謂與齊猶言結齊連齊耳。

　　[2]【顏注】張晏曰：膠西、菑川、濟南也。

　　[3]【顏注】張晏曰：姓路，爲中大夫。【今注】中大夫：此爲王國職官名。掌議論。

　　[4]【顏注】師古曰：若，汝也。反謂反易其辭也。

　　[5]【顏注】師古曰：趣，讀曰“促”。

　　齊初圍急，陰與三國通謀，約未定，會路中大夫從漢來，其大臣乃復勸王無下三國。會漢將欒布、平陽侯等兵至齊，[1]擊破三國兵，解圍。已後聞齊初與三國有謀，[2]將欲移兵伐齊。齊孝王懼，飲藥自殺。而膠東、膠西、濟南、菑川王皆伏誅，國除。[3]獨濟北王在。

[1]【顏注】師古曰：平陽侯，曹襄。【今注】欒布：傳見本書卷三七。

[2]【今注】案，王念孫《讀書雜志·漢書第八》謂王"已後聞"三字文義不順。"後"當爲"復"。"復""後"二字篆隸皆相似，故"復"訛作"後"。

[3]【今注】案，事詳本書卷三五《荊燕吳傳》。

齊孝王之自殺也，景帝聞之，以爲齊首善，[1]以迫劫有謀，非其罪也，召立孝王太子壽，是爲懿王。二十三年薨，子厲王次昌嗣。

[1]【顏注】師古曰：言其初首無逆亂之心。

其母曰紀太后。太后取其弟紀氏女爲王后，王不愛。紀太后欲其家重寵，[1]令其長女紀翁主入王宮[2]正其後宮無令得近王，欲令愛紀氏女。王因與其姊翁主姦。

[1]【顏注】師古曰：重，音直用反。

[2]【顏注】師古曰：諸王女曰翁主，而紀氏所生，故謂之紀翁主。

齊有宦者徐甲，[1]入事漢皇太后。[2]皇太后有愛女曰脩成君，脩成君非劉氏子，[3] 太后憐之。脩成君有女娥，太后欲嫁之於諸侯。宦者甲乃請使齊，必令王上書請娥。皇太后大喜，使甲之齊。時主父偃知甲之使齊以取后事，[4] 亦因謂甲：“即事成，幸言偃女願得充王後宮。”甲至齊，風以此事。[5] 紀太后怒曰：“王有后，後宮備具。且甲，齊貧人，及爲宦者入事漢，初無補益，乃欲亂吾王家！且主父偃何爲者？乃欲以女充後宮！”甲大窮，還報皇太后曰：“王已願尚娥，[6] 然事有所害，恐如燕王。”燕王者，與其子昆弟姦，坐死。[7] 故以燕感太后。[8] 太后曰：“毋復言嫁女齊事。”事寖淫聞於上。[9] 主父偃由此與齊有隙。

[1]【顏注】師古曰：宦者，奄人。

[2]【顏注】張晏曰：皇太后，武帝之母。

[3]【顏注】蘇林曰：皇太后前嫁金氏所生。【今注】案，楊樹達《漢書窺管》謂“脩成君非劉氏子”一句乃文中自注。

[4]【今注】主父偃：傳見本書卷六四上。

[5]【顏注】師古曰：風，讀曰“諷”。

[6]【顏注】師古曰：尚，配也。

[7]【顏注】師古曰：《燕王定國傳》云“與其子女三人姦”。子昆弟者，言是其子女，又長幼非一，故云子昆弟也。一曰，子昆弟者，定國之姊妹也。言定國姦其子女及其姊妹。【今注】案，王先謙《漢書補注》謂《史記》“坐死”上有“新”字。

[8]【顏注】師古曰：言齊王與其姊妹姦，終當坐之致死，不足嫁女與之。

[9]【顏注】師古曰：寖，古“浸”字也。浸淫，猶言漸染也。【今注】案，王先謙《漢書補注》謂《史記》作“浸潯”。

"浸潯"即"侵尋"之異文，亦與"濅淫"同義。

偃方幸用事，因言："齊臨菑十萬戶，市租千金，[1]人衆殷富，鉅於長安，[2]非天子親弟愛子不得王此。今齊王於親屬益疏。"乃從容言呂太后時齊欲反，[3]及吳楚時孝王幾爲亂。[4]今聞齊王與其姊亂。於是武帝拜偃爲齊相，且正其事。偃至齊，急治王後宮宦者爲王通於姊翁主所者，辭及王。王年少，懼大罪爲吏所執誅，[5]乃飲藥自殺。[6]

[1]【顏注】師古曰：收一市之租，直千金也。【今注】市租：市場稅收。

[2]【顏注】師古曰：鉅，大也。

[3]【顏注】師古曰：從，音千容反。

[4]【顏注】師古曰：幾，音鉅依反。

[5]【今注】案，大，蔡琪本、大德本、殿本作"以"。

[6]【今注】案，據本書《諸侯王表》，事在漢武帝元朔三年（前126）。

是時趙王懼主父偃壹出敗齊，[1]恐其漸疏骨肉，乃上書言偃受金及輕重之短，[2]天子亦因囚偃。公孫弘曰：[3]"齊王以憂死，無後，非誅偃無以塞天下之望。"[4]偃遂坐誅。

[1]【今注】趙王：趙敬肅王劉彭祖。

[2]【顏注】師古曰：輕重，謂用心不平。

[3]【今注】公孫弘：傳見本書卷五八。

[4]【顏注】師古曰：塞，滿也。【今注】望：不滿。

厲王立四年，[1]國除。

[1]【今注】案，四年，大德本同，蔡琪本、殿本作“五年”。

濟北王志，吳楚反時初亦與通謀，後堅守不發兵，[1]故得不誅，徙王菑川。元朔中，[2]齊國絶。

[1]【今注】案，本書卷三五《荆燕吳傳》云：“濟北王城壞未完，其郎中令劫守王，不得發兵。”
[2]【今注】元朔：漢武帝年號（前128—前123）。

悼惠王後唯有二國：城陽、菑川。菑川地比齊，[1]武帝爲悼惠王冢園在齊，迺割臨菑東圜悼惠王冢園邑盡以予菑川，[2]令奉祭祀。

[1]【顏注】師古曰：比，近也，音頻二反。
[2]【顏注】師古曰：圜謂周繞之。

志立三十六年薨，[1]是爲懿王。子靖王建嗣，二十年薨。子頃王遺嗣，三十五年薨。子思王終古嗣。五鳳中，[2]青州刺史奏終古使所愛奴與八子及諸御婢姦，[3]終古或參與被席，[4]或白晝使臝伏，犬馬交接，[5]終古親臨觀。産子，輒曰：“亂不可知，使去其子。”[6]事下丞相御史，奏終古位諸侯王，以令置八子，袟比六百石，^[7]所以廣嗣重祖也。而終古禽獸行，亂君臣夫婦之別，悖逆人倫，^[8]請逮捕。有詔削四縣。二十八年薨。子考王尚嗣，五年薨。^[9]子孝王橫嗣，三十一年薨。子懷王交嗣，六年薨。子永嗣，王莽時絶。

　[1]【今注】案，三十六年，蔡琪本、大德本、殿本作"三十五年"。

　[2]【今注】五鳳：漢宣帝年號（前57—前54）。

　[3]【顔注】如淳曰：八子，妾號。【今注】青州：漢武帝元封五年（前106）所置十三刺史部之一。監察齊郡、濟南、千乘、平原、北海、東萊郡和菑川、膠東國吏治和強宗豪右。　刺史：職官名。漢武帝元封五年始置。分全國爲十三州部，各設刺史一人，秩六百石，常以八月巡視所部郡國，考察政情，以"六條問事"。其中除一條針對強宗豪強外，其餘五條都是針對二千石以上的高官。刺史每年秋季巡行郡國之後，於年終返回京師向皇帝報告。

　[4]【顔注】師古曰：與，讀曰"豫"（豫，蔡琪本同，大德本、殿本作"預"）。

　[5]【顔注】師古曰：贏者，露形體也，音郎果反。【今注】案，贏，蔡琪本、大德本、殿本作"蠃"。

　[6]【顔注】師古曰：去，除也，音丘呂反。

　[7]【今注】案，錢大昭《漢書辨疑》謂八子視千石，比中更。此是諸侯王之八子，故秩不同。又，袟，蔡琪本、大德本、殿本作"秩"。

　[8]【顔注】師古曰：悖，乖也，音步内反。

　[9]【今注】案，本書《諸侯王表》作"考王尚嗣，六年薨"。

　　贊曰：悼惠之王齊，最爲大國。以海内初定，子弟少，激秦孤立亡藩輔，[1]故大封同姓，以填天下。[2]時諸侯得自除御史大夫羣卿以下衆官，如漢朝，漢獨爲置丞相。自吳楚誅後，稍奪諸侯權，左官附益阿黨之法設。[3]其後諸侯唯得衣食租税，[4]貧者或乘牛車。

[1]【顏注】師古曰：激，感發也，音工歷反。

[2]【顏注】師古曰：填，音竹刃反。

[3]【顏注】張晏曰：諸侯有罪，傅相不舉奏，爲阿黨。師古曰：皆新制律令之條也。左官，解在《諸侯王表》。附益，言欲增益諸侯王也。【今注】左官：漢時仕於諸侯王國者被稱作左官，含有貶意，表示其地位低於朝廷之官。　附益：即附益法。漢武帝時爲防止官僚與諸侯王國勢力相互勾結頒布的律令。

[4]【今注】唯得衣食租税：失去行政權，僅保有經濟剝削權。

漢書　卷三九

蕭何曹參傳第九

　　蕭何，沛人也。[1]以文母害爲沛主吏掾。[2]高祖爲布衣時，數以吏事護高祖。高祖爲亭長，[3]常佑之。[4]高祖以吏繇咸陽，[5]吏皆送奉錢三，何獨以五。[6]秦御史監郡者，與從事辨之。[7]何迺給泗水卒史[8]事，弟一。[9]秦御史欲入言徵何，何固請，得毋行。[10]

　　[1]【今注】沛：縣名。治所在今江蘇沛縣。
　　[2]【顏注】服虔曰：爲人解通，無嫉害也。應劭曰：雖爲文吏，而不刻害也。蘇林曰：無害（無，蔡琪本、大德本同，殿本作“毋”），若言無比也。一曰，害，勝也，無能勝害之者。晉灼曰：《酷吏傳》趙禹爲丞相亞夫吏，府中皆稱其廉，然亞夫不任，曰：“極知禹無害，然文深，不可以居大府。”蘇説是也。師古曰：害，傷也，無人能傷害之者。蘇、晉兩説皆得其意，服、應非也。【今注】文母害：《漢書考正》劉奉世認爲，持法者，或以己意私怨陷人謂之害。故貴於文毋害。毋害者，取其爲人毋害於行，則可以爲吏矣。文、毋害者，蓋其時擇吏之二事也。亞夫所以稱禹無害，廉其一節也。故韓信又云“無行不得推擇爲吏”。餘説太泛。王先謙《漢書補注》謂《宣紀》詔云：“能使生者不怨，死者不恨，則可謂文吏矣。”文者，循理用法之謂。過於理則爲文深，

爲舞文。《集解》引《漢書音義》云“無害者，如言無比，陳留間語也”。此無害之確詁。文毋害，猶言文吏之最能者耳。又于振波結合漢簡認爲，“文”與“無害”是評價文法吏的兩個方面，文不僅僅指通曉法令，更强調執法的能力與效果；“無害”指官吏熟悉自己的本職工作，處理公文及辦理公務時處事幹練，認真負責，不出差錯。（參見于振波《秦漢時期的“文法吏”》，《中國社會科學院研究生院學報》1999 年第 2 期）　主吏掾：縣令的屬吏。

[3]【今注】亭長：主管亭部的小吏。亭，秦漢時具有軍事治安和郵驛館舍職能的基層單位。

[4]【顏注】師古曰：佑，助也。言居家時，爲何所護，及爲亭長，何又擁助也。【今注】案，王先謙《漢書補注》謂《史記》作“常左右之”。

[5]【顏注】師古曰：繇讀曰傜。傜，役也。

[6]【顏注】師古曰：出錢以資行，他人皆三百，何獨五百。奉音扶用反。【今注】案，王先謙《漢書補注》謂《索隱》劉氏云：“時錢有重者，一當百，故有送錢三者。”

[7]【顏注】張晏曰：何與共事備辨，明何素有方略也。蘇林曰：辟何與從事也。秦時無刺史，以御史監郡。師古曰：二説皆同。【今注】辨：錢大昭《漢書辨疑》謂“辨”，治也。秦時御史監郡，郡中事皆與從事共辨之。何爲泗水卒史，即從事也。蘇、顏説皆失之。

[8]【顏注】師古曰：泗水郡，沛所屬也。何爲郡卒史。【今注】泗水：郡名。治相縣（今安徽濉溪縣西北）。

[9]【顏注】師古曰：課最上。【今注】案，弟，蔡琪本、大德本、殿本作“第”。

[10]【顏注】孟康曰：當還入相秦事，故召何也。師古曰：此説非也。御史以何明辨，欲因入奏事之次，言於朝廷，徵何用之。何心不願，以情固請，而御史止，故得不行也。【今注】案，

沈欽韓《漢書疏證》謂漢刺史歲一奏事京師，秦法當然。

　　及高祖起爲沛公，何嘗爲丞督事。[1]沛公至咸陽，諸將皆争走金帛財物之府分之，[2]何獨先入收秦丞相御史律令圖書臧之。[3]沛公具知天下阸塞，戶口多少，彊弱處，民所疾苦者，以何得秦圖書也。

　　[1]【顏注】師古曰：督謂監視之也。何爲沛丞，專督衆事。

　　[2]【顏注】師古曰：走謂趣向之，走音奏（蔡琪本、大德本同，殿本“音”前無“走”字）。

　　[3]【今注】丞相御史：丞相及御史大夫兩府。

　　初，諸侯相與約，[1]先入關破秦者王其地。沛公既先定秦，項羽後至，欲攻沛公，沛公謝之得解。羽遂屠燒咸陽，與范增謀曰：“巴蜀道險，秦之遷民皆居蜀。”迺曰：“蜀漢亦關中地也。”[2]故立沛公爲漢王，而三分關中地，王秦降將以距漢王。[3]漢王怒，欲謀攻項羽。周勃、灌嬰、樊噲皆勸之，何諫之曰：[4]“雖王漢中之惡，不猶愈於死乎？”[5]漢王曰：“何爲乃死也？”何曰：“今衆弗如，百戰百敗，不死何爲？《周書》曰‘天予不取，反受其咎’。[6]語曰‘天漢’，其稱甚美。[7]夫能詘於一人之下，而信於萬乘之上者，湯武是也。[8]臣願大王王漢中，[9]養其民以致賢人，收用巴蜀，還定三秦，天下可圖也。”漢王曰：“善。”乃遂就國，以何爲丞相。何進韓信，漢王以爲大將軍，[10]說漢令引兵東定三秦。語在《信傳》。

　　[1]【今注】諸侯相與約：即懷王之約，事見本書卷一《高紀》及卷三一《項籍傳》。

　　[2]【今注】關中：古地名。秦都咸陽，漢都長安，因稱函谷關以西爲關中。秦漢時期還存在廣義的關中概念，泛指“包括巴蜀在内的‘殽函’以西的西部地區”（參見王子今《秦漢區域地理學的“大關中”概念》，《人文雜志》2003 年第 1 期）。

　　[3]【今注】秦降將：即章邯、司馬欣和董翳，分別被項羽封爲雍王、塞王和翟王。

　　[4]【今注】案，《漢書考證》齊召南謂漢王就國漢中一段，《史記》所缺，而班氏補之。何爲漢功臣之首，宜也。

　　[5]【顏注】師古曰：愈，勝也。（殿本無此注）

　　[6]【顏注】師古曰：《周書》者，本與《尚書》同類，蓋孔子所刪百篇之外（蓋，蔡琪本、殿本同，大德本作“盖”），劉向所奏有七十一篇。【今注】案，沈欽韓《漢書疏證》説《周書》見存者無此語，《太公金匱》云：“天與不取，反受其殃。”《越語》范蠡曰：“天與不取，反爲之災。”

　　[7]【顏注】孟康曰：語，古語也。言地之有漢，若天之有河漢，名號休美。臣瓚曰：流俗語云“天漢”，其言常以漢配天，此美名也。師古曰：瓚説是也。天漢，河漢也。

　　[8]【顏注】師古曰：信讀曰伸，古通用字。

　　[9]【今注】漢中：郡名。秦時治南鄭（今陝西漢中市），漢時移治西城（今陝西安康市西北）。

　　[10]【今注】大將軍：王先謙《漢書補注》謂以爲大將，而稱曰將軍，《韓信傳》可證。此時尚無大將軍官名也。

　　何以丞相留收巴蜀，填撫諭告，[1]使給軍食。漢二年，漢王與諸侯擊楚，何守關中，侍太子，治櫟陽。[2]爲令約束，[3]立宗廟、社稷、宮室、縣邑，輒奏，上可許以從事；^[4]即不及奏，輒以便宜施行，上來以聞。^[5]計戶轉漕給軍，漢王數失軍遁去，^[6]何常興關中卒，輒補缺。上以此剸屬任何關中事。^[7]

[1]【顏注】師古曰：填音竹刃反。

[2]【今注】櫟陽：縣名。秦櫟陽故城在今陝西西安市閻良區武屯鄉。

[3]【今注】爲令：即爲法令。楊樹達《漢書窺管》謂本書《司馬遷傳》云：“漢興，蕭何次律令。”蓋於此時已肇其端矣。

[4]【顏注】師古曰：可其所奏，許其所請，依以行事。

[5]【顏注】應劭曰：上來還，乃以所爲聞也。

[6]【今注】遁：即“遁”，逃走。

[7]【顏注】師古曰：剸讀與專同，又音章阮反。此即言專聲之急上者也，又俗語猶然（又，蔡琪本、大德本同，殿本作“今”）。他皆類此。屬音之欲反。

漢三年，與項羽相距京、索間，^[1]上數使使勞苦丞相。^[2]鮑生謂何曰：^[3]“今王暴衣露蓋，數勞苦君者，有疑君心。爲君計，莫若遣君子孫昆弟能勝兵者悉詣軍所，^[4]上益信君。”於是何從其計，漢王大說。^[5]

[1]【顏注】師古曰：索音山客反。【今注】京：縣名。治所在今河南滎陽縣的京襄故城。　索：邑名。在今河南滎陽縣。

[2]【顏注】師古曰：勞音來到反。次下亦同（次，蔡琪本、大德本同，殿本作“以”）。【今注】勞苦：慰勞。

[3]【顏注】師古曰：鮑生，當時有識之士，姓鮑而爲諸生也。【今注】案，沈欽韓《漢書疏證》說書中言轅生、王生之類甚

多，皆謂先生也。師古以爲諸生，妄也。

［4］【今注】勝兵：言能够當兵。

［5］【顔注】師古曰：説讀曰悦。

漢五年，已殺項羽，即皇帝位，論功行封，群臣争功，歲餘不决。上以何功最盛，先封爲酇侯，[1]食邑八千户。功臣皆曰："臣等身被堅執兵，多者百餘戰，少者數十合，攻城略地，大小各有差。今蕭何未有汗馬之勞，徒持文墨議論，不戰，顧居臣等上，何也？"[2]上曰："諸君知獵乎？"曰："知之。""知獵狗乎？"曰："知之。"上曰："夫獵，追殺獸者狗也，而發縱指示獸處者人也。[3]今諸君徒能走得獸耳，功狗也；至如蕭何，發縱指示，功人也。且諸君獨以身從我，多者三兩人；蕭何舉宗數十人皆隨我，功不可忘也！"群臣後皆莫敢言。

［1］【顔注】文穎曰：音贊。師古曰：先封何者，謂諸功臣舊未爵者（未，蔡琪本、大德本同，殿本作"有"），何最在前封也。酇屬南陽，解在《高紀》。【今注】案，《漢書考證》齊召南據《功臣表》，謂高帝六年（前201）十二月甲申封曹參、靳歙、夏侯嬰、王吸、傅寬、召歐、薛歐、陳濞、陳嬰、陳平凡十侯。至正月丙午，封張良、劉纏、蕭何、周勃、樊噲、酈商、灌嬰、周昌、武虎、董渫、孔聚、陳賀、陳豨共十三侯。其餘功臣未封者尚多，即上文所云"群臣争功，歲餘不决"者也。注"舊有爵者"，疑應作"未封爵者"。王先謙《漢書補注》説蕭何先封沛郡之鄌，而後封南陽之酇。此先封者，作"鄌"，音嵯，傳寫並作"酇"耳。

[2]【顏注】師古曰：顧猶反也。

[3]【顏注】師古曰：發縱，謂解紲而放之也。指示者，以手指示之，今俗言故狗（故，蔡琪本、大德本、殿本作“放”）。縱音子用反，而讀者乃爲蹤蹟之蹤，非也。書本皆不爲蹤字。自有逐蹤之狗，不待人發也。

　　列侯畢已受封，奏位次，皆曰：“平陽侯曹參身被七十創，攻城略地，功最多，宜第一。”上已橈功臣多封何，[1]至位次未有以復難之，然心欲何第一。關内侯鄂秋時爲謁者，[2]進曰：“群臣議皆誤。夫曹參雖有野戰略地之功，此特一時之事。夫上與楚相距五歲，失軍亡衆，跳身遁者數矣，[3]然蕭何常從關中遣軍補其處。非上所詔令召，而數萬衆會上乏絶者數矣。夫漢與楚相守滎陽數年，軍無見糧，[4]蕭何轉漕關中，給食不乏。陛下雖數亡山東，蕭何常全關中待陛下，此萬世功也。今雖無曹參等百數，何缺於漢？[5]漢得之不必待以全。奈何欲以一旦之功加萬世之功哉！蕭何當第一，曹參次之。”上曰：“善。”於是乃令何，[6]賜帶劍履上殿，入朝不趨。上曰：“吾聞進賢受上賞，蕭何功雖高，待鄂君迺得明。”於是因鄂秋故所食關内侯邑二千户，[7]封爲安平侯。是日，悉封何父母兄弟十餘人，皆食邑。乃益封何二千户，“以嘗繇咸陽時，何送我獨贏錢二也”。[8]

[1]【顏注】應劭曰：橈，屈也。師古曰：音女教反。

[2]【今注】關内侯：爵名。秦漢二十等爵制的第十九級。

案，鄂秋，蔡琪本、殿本同，大德本"秋"前有"千"字。　謁者：職官名。郎中令（光禄勳）屬官，掌賓贊受事，秩比六百石。

[3]【顏注】師古曰：跳身，謂輕身走出也。

[4]【顏注】師古曰：無見在之糧。【今注】滎陽：縣名。治所在今河南滎陽縣東北。

[5]【顏注】師古曰：數音所具反。

[6]【今注】乃令何：蔣非非認爲，劉邦將封邑、位次兩項第一賜予蕭何，促進了爲戰爭服務的軍事型國家機器向以日常行政爲要務的管理型國家權力的轉化（參見蔣非非《漢初蕭曹相位之爭》，《北京師範大學學報》2003 年第 5 期）。　案，蔡琪本、大德本、殿本"何"後有"第一"二字。

[7]【今注】案，鄂秋，蔡琪本、殿本同，大德本"秋"前有"千"字。

[8]【顏注】師古曰：贏，餘也。二謂二百也。衆人送皆三百，何獨五百，故云贏二也。

陳豨反，[1]上自將，至邯鄲。而韓信謀反關中。呂后用何計誅信。語在《信傳》。上已聞誅信，使使拜丞相爲相國，益封五千户，令卒五百人一都尉爲相國衞。諸君皆賀，召平獨弔。[2]召平者，故秦東陵侯。[3]秦破，爲布衣，貧，種瓜長安城東，瓜美，故世謂"東陵瓜"，從召平始也。平謂何曰："禍自此始矣。上暴露於外，而君守於內，非被矢石之難，而益君封置衞者，以今者淮陰新反於中，有疑君心。夫置衞衞君，非以寵君。[4]願君讓封勿受，悉以家私財佐軍。"何從其計，上説。[5]

[1]【今注】案，陳豨反於高帝十年（前197）九月，事見本書卷一下《高紀下》。

[2]【顏注】師古曰：召讀曰邵。

[3]【今注】東陵：陳治國認爲秦時尚不存在將帝王墓稱爲"陵"的做法，"東陵"封號祇是美稱（參見陳治國《秦東陵稱謂考辨》，《文博》2012年第2期）。

[4]【顏注】師古曰：恐其爲變，故守衛之。【今注】案，大德本、殿本"君"後有"也"字。

[5]【顏注】師古曰：説讀曰悦。

其秋，黥布反，[1]上自將軍擊之，[2]數使使問相國何爲。[3]曰："爲上在軍，拊循勉百姓，悉所有佐軍，如陳豨時。"[4]客又説何曰："君滅族不久矣。夫君位爲相國，功第一，不可復加。然君初入關，本得百姓心，十餘年矣，皆附君，尚復孳孳得民和。[5]上所謂數問君，畏君傾動關中。今君胡不多買田地，賤賈貰貣以自汙？上心必安。"[6]於是何從其計，上乃大説。[7]

[1]【今注】案，黥布反於高祖十一年（前196）秋七月，事見本書卷一下《高紀下》及卷三四《黥布傳》。

[2]【今注】案，蔡琪本、大德本、殿本"將"後無"軍"字。

[3]【顏注】師古曰：問其居守，何所營爲。

[4]【顏注】師古曰：悉，盡也，盡所有糧食資用出以佐軍也。

[5]【顏注】師古曰：孳字與孜同。孜孜，言不怠也。

[6]【顏注】師古曰：貰，賒也。貣音土得反。（土，蔡琪本、大德本同，殿本作"上"）

[7]【顏注】師古曰：説讀曰悦。（殿本無此注）

　　上罷布軍歸，民道遮行，[1]上書言相國彊賤買民田宅數千人。上至，何謁。上笑曰：“今相國迺利民！”[2]民所上書皆以與何，曰：“君自謝民。”後何爲民請曰：“長安地陿，上林中多空地，[3]棄，願令民得入田，毋收稾爲獸食。”[4]上大怒曰：“相國多受賈人財物，爲請吾苑！”乃下何廷尉，械繫之。數日，王衞尉侍，[5]前問曰：“相國胡大罪，陛下繫之暴也？”[6]上曰：“吾聞李斯相秦皇帝，有善歸主，有惡自予。今相國多受賈豎金，爲請吾苑，以自媚於民。[7]故繫治之。”王衞尉曰：“夫職事苟有便於民而請之，真宰相事也。陛下奈何乃疑相國受賈民錢乎！且陛下距楚數歲，陳狶、黥布反時，陛下自將往，當是時相國守關中，關中搖足則關西非陛下有也。[8]相國不以此時爲利，乃利賈人之金乎？且秦以不聞其過亡天下，夫李斯之分過，又何足法哉！陛下何疑宰相之淺也！”上不懌。[9]是日，使使持節赦出何。何年老，素恭謹，徒跣入謝。[10]上曰：“相國休矣！[11]相國爲民請吾苑不許，[12]我不過爲桀紂主，而相國爲賢相。吾故繫相國，欲令百姓聞吾過。”

[1]【顔注】師古曰：在道上遮天子行。

[2]【今注】利民：奪利於民。

[3]【今注】上林：即上林苑，秦時置。關於西漢時上林苑的範圍，參見王社教《西漢上林苑的範圍及相關問題》（《中國歷史地理論叢》1995 年第 3 輯）。

[4]【顔注】師古曰：稾，禾稈也。言恣人田之，不收其稾稅也。稾音工老反。稈音工旱反。【今注】案，沈欽韓《漢書疏

證》謂此空地本種稾給獸食，今令民田取粟也。注非。母，大德本同，蔡琪本、殿本作“毋”。

[5]【顏注】如淳曰：《百官公卿表》“衛尉王氏”，無名字。師古曰：史失之也。侍謂侍天子也。

[6]【顏注】師古曰：前問，謂進而請也。胡，何也。

[7]【顏注】師古曰：媚，愛也，求愛於民。（求，蔡琪本、大德本同，殿本作“取”）

[8]【今注】搖足：變動之意。

[9]【顏注】師古曰：懌，悅也。感衛尉之言，故慙悔而不悅也。（慙，蔡琪本、大德本同，殿本作“慚”）

[10]【今注】徒跣：光腳赤足，表示認罪。

[11]【顏注】師古曰：令出外自休息。

[12]【今注】案，吾苑，大德本同，蔡琪本、殿本作“苑吾”。

　　高祖崩，何事惠帝。何病，上親自臨視何疾，因問曰：“君即百歲後，誰可代君？”對曰：“知臣莫若主。”帝曰：“曹參何如？”何頓首曰：“帝得之矣。何死不恨矣！”[1]何買田宅必居窮辟處，[2]爲家不治垣屋。[3]曰：“令後世賢，師吾儉；不賢，母爲埶家所奪。”

[1]【今注】案，周壽昌《漢書注校補》謂《高紀》帝崩時呂后問相，帝已定何後爲參。茲云惠帝發問始爲參者，殆帝恐何意有可否也。紀、傳各就當時語書之，非有異同。

[2]【顏注】師古曰：辟讀曰僻。僻，隱也。

[3]【顏注】師古曰：垣，墻也。

孝惠二年，何薨，謚曰文終侯。子祿嗣，薨，無子。高后迺封何夫人同爲酇侯，小子延爲筑陽侯。[1]孝文元年，罷同，更封延爲酇侯。薨，子遺嗣。薨，無子。文帝復以遺弟則嗣，有罪免。景帝二年，制詔御史："故相國蕭何，高皇帝大功臣，所與爲天下也。[2]今其祀絕，朕甚憐之。其以武陽縣户二千封何孫嘉爲列侯。"[3]嘉，則弟也。薨，子勝嗣，後有罪免。武帝元狩中，[4]復下詔御史："以酇户二千四百封何曾孫慶爲酇侯，布告天下，令明知朕報蕭相國德也。"慶，則子也。薨，子壽成嗣，坐爲太常犧牲瘦免。[5]宣帝時，詔丞相御史求問蕭相國後在者，得玄孫建世等十二人，復下詔以酇户二千封建世爲酇侯。傳子至孫獲，坐使奴殺人減死論。成帝時，復封何玄孫之子南䜌長喜爲酇侯。[6]傳子至曾孫，王莽敗乃絕。[7]

[1]【顏注】師古曰：酇及筑陽皆南陽縣也。今其地並屬襄州。筑音逐。

[2]【顏注】師古曰：爲，治也。一曰共造其功業。【今注】制詔：蔡邕《獨斷》卷上：漢天子正號曰皇帝，自稱曰朕，臣民稱之曰陛下，其言曰制詔，其命令：一曰策書，二曰制書，三曰詔書，四曰戒書。

[3]【今注】武陽：縣名。馬孟龍認爲東郡之東武陽或是蕭嘉封邑所在地（參見馬孟龍《西漢侯國地理》，上海古籍出版社2013年版，第522頁）。東武陽，在今山東陽穀縣西北。

[4]【今注】元狩：漢武帝年號（前122—前117）。

[5]【今注】太常：職官名。秦稱奉常，秩中二千石，掌宗廟禮儀。

[6]【顏注】蘇林曰：攣音人足攣蹄之攣。鉅鹿，縣名也。師古曰：喜爲此縣之長。

[7]【今注】案，王先謙《漢書補注》引《侯表》，居攝元年（6），喜曾孫禹嗣。建國元年（9），更爲蕭鄉侯。莽敗，絕。

曹參，沛人也。秦時爲獄掾，而蕭何爲主吏，居縣爲豪吏矣。[1]高祖爲沛公也，參以中涓從。[2]擊胡陵、方與，[3]攻秦監公軍，大破之。[4]東下薛，[5]擊泗水守軍薛郭西。復攻胡陵，取之。徙守方與。方與反爲魏，擊之。豐反爲魏，攻之。賜爵七大夫。[6]北擊司馬欣軍碭東，取狐父、祁善置。[7]又攻下邑以西，至虞，擊秦將章邯車騎。攻轅戚及亢父，[8]先登。遷爲五大夫。北救東阿，擊章邯軍，陷陳，[9]追至濮陽。[10]攻定陶，取臨濟。[11]南救雍丘，[12]擊李由軍，[13]破之，殺李由，虜秦候一人。章邯破殺項梁也，沛公與項羽引兵而東。楚懷王以沛公爲碭郡長，將碭郡兵。於是乃封參執帛，[14]號曰建成君。遷爲戚公，屬碭郡。[15]

[1]【顏注】師古曰：言參及蕭何並爲吏之豪長也。

[2]【顏注】如淳曰：中涓，如中謁者也。師古曰：涓，絜也（絜，蔡琪本、殿本作“潔”），言其在中主知絜清洒埽之事（中，蔡琪本、大德本同，殿本作“內”；洒，蔡琪本、大德本同，殿本作“灑”），蓋親近左右也。

[3]【顏注】師古曰：音房豫。【今注】胡陵：縣名。治所在今山東魚臺縣東南。 方與：縣名。治所在今山東魚臺縣西。

[4]【顏注】孟康曰：監，御史監郡者。公，名也。晉灼曰：案《高紀》名平也。秦一郡置守尉監三人。師古曰：公者，時人

尊稱之耳。晉説是也。

　　[5]【今注】薛：縣名。治所在今山東滕州市張汪鎮皇殿崗故城。

　　[6]【今注】七大夫：爵名。此係楚爵。秦漢二十等爵制的第七級公大夫，亦可稱作"七大夫"。漢高祖五年（前202）詔曰："七大夫、公乘以上，皆高爵也。"見本書卷一下《高紀下》。

　　[7]【顔注】文穎曰：善置，置名也。晉灼曰：祁音坻。師古曰：狐父、祁，二縣名也。祁音鉅夷反，又音十夷反。父音甫。置若今之驛也。【今注】碭：縣名。治所在今安徽碭山縣南和河南夏邑縣東。　狐父：邑名。治所在今安徽碭山縣南。　祁：邑名。治所在今安徽碭山縣西北。

　　[8]【顔注】師古曰：亢父音抗甫。【今注】轅戚：縣名。治所在今山東嘉祥縣南。　亢父：縣名。治所在今山東濟寧市南。

　　[9]【今注】東阿：縣名。治所在今山東東阿縣西南。

　　[10]【今注】濮陽：縣名。治所在今河南濮陽市戚城村故城。

　　[11]【今注】定陶：縣名。治所在今山東菏澤市定陶區西北。臨濟：縣名。治所在今河南封丘縣東。

　　[12]【今注】雍丘：縣名。治所在今河南杞縣。

　　[13]【今注】李由：秦三川郡守，李斯之子。

　　[14]【顔注】鄭氏曰：楚爵（蔡琪本、大德本、殿本"爵"後有"也"字）。張晏曰：孤卿（蔡琪本、大德本、殿本"卿"後有"也"字）。【今注】執帛：沈欽韓《漢書疏證》説，《禮》"孤執皮帛"。楚僭王號，故次於執珪。高祖初起，官爵皆從楚制。關於劉邦集團承用楚制的詳情，參見卜憲群《秦制、楚制與漢制》（《中國史研究》1995年第1期）。

　　[15]【顔注】師古曰：爲戚縣之令。

　　其後從攻東郡尉軍，[1]破之成武南。[2]擊王離軍成

陽南，[3]又攻杠里，[4]大破之。追北，西至開封，擊趙
賁軍，破之，[5]圍趙賁開封城中。西擊秦將楊熊軍於曲
遇，[6]破之，虜秦司馬及御史各一人。遷爲執珪。[7]從
西攻陽武，下轘轅、緱氏，[8]絶河津。擊趙賁軍尸北，
破之。[9]從南攻犨，與南陽守齮戰陽城郭東，[10]陷陳，
取宛，虜齮，定南陽郡。[11]從西攻武關、嶢關，取
之。[12]前攻秦軍藍田南，又夜擊其北軍，大破之，遂
至咸陽，破秦。

[1]【今注】東郡：秦置。漢高祖曾罷東郡，文帝時復置，治
濮陽縣（今河南濮陽市西南）。

[2]【今注】成武：縣名。秦漢成武縣治遺址在今山東成武縣
的城湖古城。

[3]【今注】王離：秦將，王翦之孫。　成陽：縣名。治所在
今山東菏澤市西北。

[4]【今注】案，杠，殿本同，蔡琪本、大德本作“杜”。

[5]【顏注】師古曰：賁音奔。【今注】趙賁：秦將。

[6]【顏注】師古曰：曲音丘羽反。遇音顒。【今注】曲遇：
邑名。治所在今河南中牟縣東。

[7]【顏注】張晏曰：侯伯執珪，以朝位比之。如淳曰：《呂
氏春秋》“得五員者位執珪”（五，蔡琪本、大德本、殿本作
“伍”），古爵名也。【今注】執珪：楚爵位之一。也作“執圭”。
春秋時楚國始置，因以圭賜功臣，使持圭朝見得名。

[8]【今注】陽武：縣名。治所在今河南原武縣東南。　轘
轅：邑名。治所在今河南偃師市東南。　緱氏：縣名。治所在今河
南偃師市滑城村。

[9]【顏注】孟康曰：尸鄉之北。【今注】尸：鄉名。治所在

今河南偃師市西。

[10]【顏注】應劭曰：今堵陽。【今注】犨：縣名。治所在今河南平頂山市西南。　南陽：郡名。治宛（今河南南陽市宛城區）。陽城：縣名。治所在今河南方城縣東。

[11]【顏注】師古曰：《高紀》言"南陽守齮降，封爲殷侯"，而此傳言虜齮，紀傳不同，疑傳誤。【今注】宛：縣名。治所在今河南南陽市宛城區。

[12]【顏注】師古曰：嶢音堯。【今注】武關：關名。在今陝西丹鳳縣東。　嶢關：又名藍田關。在今陝西藍田縣東南。

項羽至，以沛公爲漢王。漢王封參爲建成侯。從至漢中，遷爲將軍。從還定三秦，攻下辨、故道、[1]雍、斄。[2]擊章平軍於好畤南，破之，圍好畤，取壤鄉。[3]擊三秦軍壤東及高櫟，破之。[4]復圍章平，平出好畤走。因擊趙賁、內史保軍，[5]破之。東取咸陽，更名曰新城。參將兵守景陵二十三日，[6]三秦使章平等攻參，出擊，[7]大破之。賜食邑於寧秦。[8]以將軍引兵圍章邯廢丘；[9]以中尉從漢王出臨晉關。[10]至河內，[11]下脩武，[12]度圍津，[13]東擊龍且、項佗定陶，破之。[14]東取碭、蕭、彭城。[15]擊項籍軍，漢軍大敗走。參以中尉圍取雍丘。[16]王武反於外黃，程處反於燕，[17]往擊，盡破之。柱天侯反於衍氏，[18]進破取衍氏。擊羽嬰於昆陽，追至葉。[19]還攻武彊，[20]因至滎陽。參自漢中爲將軍中尉，從擊諸侯，及項王敗，還至滎陽。[21]

[1]【顏注】鄧展曰：武都二縣也。【今注】下辨：縣名。治所在今甘肅成縣西北。　故道：縣名。治所在今陝西鳳縣東北。

［2］【顔注】蘇林曰：右扶風二縣也。氂音胎。【今注】雍：縣名。治所在今陝西鳳翔縣南。 氂：縣名。治所在今陝西扶風縣西南。

［3］【顔注】文穎曰：壤，地名也。【今注】好畤：縣名。治所在今陝西乾縣東好畤村。 壤鄉：鄉邑名。治所在今陝西武功縣東南。

［4］【顔注】師古曰：櫟音歷。【今注】高櫟：鄉邑名。治所在壤鄉附近。

［5］【今注】内史：職官名、政區名。秦漢京畿地方由内史治理，遂以職官名爲政區名。内史與郡同級，嶽麓書院藏秦簡記有“内史郡二千石官共令”（參見陳松長主編《嶽麓書院藏秦簡（肆）》，上海辭書出版社 2015 年版，第 196 頁）。此指雍王國的内史。 保：人名。

［6］【顔注】孟康曰：縣名也。

［7］【今注】案，出擊，蔡琪本、大德本、殿本“出”前有“參”字。

［8］【顔注】蘇林曰：今華陰。【今注】寧秦：縣名。治所在今陝西華陰市東南。

［9］【今注】廢丘：縣名。治所在今陝西興平市東南。

［10］【今注】臨晉關：又稱蒲津關。在今陝西大荔縣東，黃河西岸。

［11］【今注】河内：郡名。漢時治懷縣（今河南武涉縣西南）。

［12］【今注】脩武：縣名。治所在今河南獲嘉縣。

［13］【顔注】師古曰：在東郡。【今注】圍津：又稱白馬津，在今河南滑縣西北。

［14］【顔注】師古曰：且音子餘反。佗音徒何反（何，蔡琪本同，大德本、殿本作“河”）。【今注】龍且：楚將。 項佗：

項羽從父之子。

[15]【今注】蕭：縣名。治所在今安徽蕭縣西北。　彭城：縣名。治所在今江蘇徐州市銅山區。

[16]【今注】中尉：職官名。漢初爲將兵武職，後遂常置，秩中二千石，掌京師治安。

[17]【顏注】服虔曰：皆漢將。師古曰：燕，東郡之縣，故南燕國。音一千反。【今注】王武：漢將。　外黃：縣名。治所在今河南民權縣西北。　程處：漢將。　燕：縣名。治所在今河南延津縣東北。

[18]【今注】衍氏：邑名。治所在今河南鄭州市北。

[19]【顏注】師古曰：葉，南陽縣也，音式涉反。【今注】昆陽：縣名。治所在今河南葉縣。　葉：縣名。治所在今河南葉縣西南。

[20]【顏注】師古曰：武彊城在陽武。

[21]【顏注】師古曰：敗謂戰彭城而敗。

漢二年，拜爲假左丞相，[1]入屯兵關中。月餘，魏王豹反，[2]以假丞相別與信東攻魏將孫遬東張，[3]大破之。因攻安邑，[4]得魏將王襄。擊魏王於曲陽，[5]追至東垣，[6]生獲魏王豹。取平陽，[7]得豹母妻子，盡定魏地，凡五十二縣。賜食邑平陽。因從韓信擊趙相國夏說軍於鄔東，[8]大破之，斬夏說。韓信與故常山王張耳引兵下井陘，[9]擊成安君陳餘，而令參還圍趙別將戚公於鄔城中。戚公出走，追斬之。迺引兵詣漢王在所。韓信已破趙，爲相國，東擊齊，參以左丞相屬焉。攻破齊歷下軍，遂取臨淄。[10]還定濟北郡，收著、漯陰、平原、鬲、盧。[11]已而從韓信擊龍且軍於上假密，[12]

大破之，斬龍且，虜亞將周蘭。[13]定齊郡，凡得七十縣。得故齊王田廣相田光，其守相許章，及故將軍田既。[14]韓信立爲齊王，引兵東詣陳，與漢王共破項羽，而參留平齊未服者。

[1]【今注】假：代理。漢初以相職典兵，參見孫家洲《漢初以丞相、相國統兵考》（《軍事歷史》1998 年第 6 期）。

[2]【今注】魏王豹：魏豹，魏國貴族後裔。傳見本書卷三三。

[3]【顏注】蘇林曰：東張屬河東。師古曰：遬，古速字。【今注】東張：邑名。治所在今山西永濟縣北。

[4]【今注】安邑：縣名。治所在今山西夏縣西北。

[5]【今注】曲陽：邑名。治所在今山西曲沃縣南。

[6]【今注】東垣：縣名。治所在今山西垣曲縣東南。

[7]【今注】平陽：縣名。治所在今山西臨汾市西南。

[8]【顏注】蘇林曰：鄔，太原縣也。師古曰：說讀曰悅。鄔音一戶反，又音乙據反。【今注】夏說：陳餘爲代王時的代相國。沈欽韓《漢書疏證》說，《陳餘傳》“餘爲代王，留傳趙王，而使夏說以相國守代”，此夏說自爲代相也。《韓信傳》注李奇曰“夏說，代相也”，其說是矣。此作“趙”，蓋誤。 鄔：縣名。治所在今山西介休市東北。

[9]【今注】井陘：縣名。治所在今河北井陘縣西北。

[10]【今注】歷下：邑名。治所在今山東濟南市西。 臨淄：縣名。治所在今山東淄博市臨淄區齊都鎮。

[11]【顏注】師古曰：五縣名也。時未有濟北郡，史追書之耳。著音竹庶反，又音直庶反。漯音它合反。鬲與隔同。【今注】著：縣名。治所在今山東濟陽縣西。 漯陰：縣名。治所在今山東濟南市北。 平原：縣名。治所在今山東平原縣西南。 鬲：縣名。治所在今山東德州市北。 盧：縣名。治所在今山東濟南市長

清區歸德鎮盧城洼村。

［12］【顏注】文穎曰：或以爲高密。【今注】上假密：縣名。治所在今山東高密市西南。

［13］【顏注】師古曰：亞將，次將也。

［14］【顏注】師古曰：守相，爲相居守者。

漢王即皇帝位，韓信徙爲楚王。參歸相印焉。高祖以長子肥爲齊王，[1]而以參爲相國。高祖六年，與諸侯剖符，[2]賜參爵列侯，食邑平陽萬六百三十戶，世世勿絕。

［1］【今注】肥：即齊悼惠王劉肥，劉邦長子。

［2］【今注】剖符：帝王分封有功之臣時，將符節一剖爲二，雙方各持一半，以爲信物。

參以齊相國擊陳豨將張春，破之。黥布反，參從悼惠王將車騎十二萬，與高祖會擊黥布軍，大破之。南至蘄，還定竹邑、相、蕭、留。[1]

［1］【顏注】師古曰：四縣名。【今注】蘄：縣名。治所在今安徽宿州市南。　竹邑：邑名。治所在今安徽宿州市北。　相：縣名。治所在今安徽靈璧縣西北。　留：縣名。治所在今江蘇徐州市西北。

參功：凡下二國，[1]縣百二十二；得王二人，[2]相三人，[3]將軍六人，[4]大莫敖、郡守、司馬、候、御史各一人。[5]

[1]【今注】二國：魏與齊。

[2]【今注】王二人：魏豹、田廣。

[3]【今注】相三人：夏説、田光、許章。

[4]【今注】將軍六人：李由、王襄、戚公、龍且、周蘭、田既。

[5]【顏注】如淳曰：罻音敎（罻，蔡琪本、大德本、殿本作“斸”）。張晏曰：莫敎，楚卿號也。時近六國，故有令尹、莫敎之官。

孝惠元年，除諸侯相國法，[1]更以參爲齊丞相。參之相齊，齊七十城。天下初定，悼惠王富於春秋，參盡召長老諸先生，[2]問所以安集百姓。而齊故諸儒以百數，[3]言人人殊，參未知所定。聞膠西有蓋公，[4]善治黃老言，[5]使人厚幣請之。既見蓋公，蓋公爲言治道貴清静而民自定，推此類具言之。參於是避正堂，舍蓋公焉。[6]其治要用黃老術，故相齊九年，[7]齊國安集，大稱賢相。

[1]【今注】諸侯相國法：漢天子代諸侯王國置相，初名相國，惠帝元年（前194）更名丞相。景帝中五年（前145），復更名爲相，見本書卷五《景紀》。

[2]【今注】長老諸先生：蒯通、東郭先生、梁石君等或在其列，見本書卷四五《蒯通傳》。

[3]【顏注】師古曰：數音所具反。【今注】案，數，蔡琪本、殿本同，大德本作“数”。

[4]【顏注】師古曰：蓋音古盍反。【今注】膠西：郡名。治高密（今山東高密市西）。

[5]【顏注】張晏曰：黃帝、老子之書。

[6]【顏注】師古曰：舍，止也。

[7]【今注】案，自高帝五年（前202）至惠帝二年（前193），凡九年。

蕭何薨，參聞之，告舍人趣治行，[1]"吾且入相"。居無何，使者果召參。參去，屬其後相[2]曰："以齊獄市爲寄，慎勿擾也。"後相曰："治無大於此者乎？"參曰："不然。夫獄市者，所以并容也，今君擾之，姦人安所容乎？吾是以先之。"[3]

[1]【顏注】師古曰：舍人猶家人也，一説私屬官主家事者也。趣讀曰促，謂速也。治行，謂脩行治裝也（行治，蔡琪本、大德本同，殿本作"治行"）。

[2]【顏注】師古曰：屬音之欲反。

[3]【顏注】孟康曰：夫獄市者，兼受善惡，若窮極姦人，姦人無所容竄，久且爲亂。秦人極刑而天下畔，孝武峻法而獄繁，此其效也。師古曰：《老子》云："我無爲，民自化；我好静，民自正。"參欲以道化爲本，不欲擾其末也。【今注】獄市：陳直《漢書新證》謂獄市爲齊國大市之名，獄爲嶽字省文，即齊國莊嶽之市。

始參微時，與蕭何善，及爲宰相，有隙。[1]至何且死，所推賢唯參。參代何爲相國，舉事無所變更，壹遵何之約束。[2]擇郡國吏長大，[3]訥於文辭，謹厚長者，即召除爲丞相史。吏言文刻深，欲務聲名，輒斥去之。[4]日夜飲酒。卿大夫以下吏及賓客見參不事事，[5]來者皆欲有言。至者，參輒飲以醇酒，[6]度之欲有言，復飲酒，醉而後去，[7]終莫得開說，[8]以爲常。

[1]【顏注】師古曰：參自以戰鬥功多，而封賞每在何後，故怨何也。

[2]【顏注】師古曰：舉，皆也，言凡事皆無變改。

[3]【顏注】孟康曰：取年長大者。

[4]【顏注】師古曰：斥（斥，大德本、殿本同，蔡琪本作“匡”），卻也（卻，大德本同，蔡琪本、殿本作“郤”）。

[5]【顏注】如淳曰：不事丞相之事。【今注】卿大夫以下吏：秩禄六百石以下的少吏（參見楊振紅《秦漢官僚體系中的公卿大夫士爵位系統及其意義——中國古代官僚政治社會構造研究之一》，《文史哲》2008 年第 5 期）。

[6]【顏注】師古曰：醇酒不澆，謂厚酒也。

[7]【顏注】師古曰：度音大各反。飲音於禁反。

[8]【顏注】如淳曰：開謂有所啓白。

相舍後園近吏舍，吏舍日飲歌呼。[1]從吏患之，無如何，[2]迺請參遊後園。聞吏醉歌呼，從吏幸相國召按之。[3]乃反取酒張坐飲，[4]大歌呼與相和。

[1]【顏注】師古曰：呼音火故反（火，大德本、殿本同，蔡琪本作“大”）。其下同也（大德本、殿本“同”前有“並”字）。

[2]【顏注】師古曰：從吏，吏之常從相者也。從音材用反。【今注】無如何：意謂没有處置的辦法。

[3]【今注】幸：希望。　按：查辦。

[4]【顏注】師古曰：張設坐席而飲也。坐音才臥反。

　　參見人之有細過，掩匿覆蓋之，府中無事。參子窋爲中大夫。[1]惠帝怪相國不治事，以爲"豈少朕與？"[2]迺謂窋曰："女歸，試私從容問乃父[3]曰：'高帝新棄群臣，帝富於春秋，君爲相國，日飲，無所請事，何以憂天下？'然無言吾告女也。"[4]窋既洗沐歸，時間，自從其所諫參。[5]參怒而笞之二百，曰："趣入侍，[6]天下事非乃所當言也。"至朝時，帝讓參，[7]曰："與窋胡治乎？[8]乃者我使諫君也。"[9]參免冠謝曰："陛下自察聖武孰與高皇帝？"上曰："朕乃安敢望先帝！"參曰："陛下觀參孰與蕭何賢？"上曰："君似不及也。"參曰："陛下言之是也。且高皇帝與蕭何定天下，法令既明具，陛下垂拱，[10]參等守職，遵而勿失，不亦可乎？"惠帝曰："善。君休矣！"[11]

　　[1]【顏注】師古曰：窋音張律反。【今注】中大夫：職官名。漢承秦置，郎中令屬官，秩比二千石，掌議論。漢武帝太初元年（前104）改名光禄大夫。

　　[2]【顏注】師古曰：言豈以我爲年少故也。與讀曰歟。【今注】案，王念孫《讀書雜志·漢書第八》謂《索隱》："少者，不足之詞。故胡亥亦云'丞相豈少我哉'。"小司馬説是也。《晏子春秋外篇》亦云"夫子何少寡人之甚也"。

　　[3]【顏注】師古曰：乃，汝也。

　　[4]【今注】案，女，殿本同，蔡琪本作"汝"。

　　[5]【顏注】師古曰：間謂空隙也。自從其所，猶言自出其意也。【今注】洗沐：即休假，詳參廖伯源《漢官休假雜考》（《秦

漢史論叢》，中華書局 2008 年版，第 256—287 頁）。

［6］【顏注】師古曰：趣讀曰促。

［7］【顏注】師古曰：讓，責也。

［8］【顏注】師古曰：胡，何也。言共窋爲何治也。治音文吏反。【今注】案，陳景雲《兩漢訂誤》稱漢人以笞掠爲治，治即笞耳。又錢大昕《三史拾遺》謂"與窋胡治"，猶言胡與窋笞也。陳説是。

［9］【顏注】師古曰：乃者猶言曩者。

［10］【今注】垂拱：垂衣拱手。此指帝王不親理專務，無爲而治。

［11］【顏注】師古曰：且令出休息。

　　參爲相國三年，[1] 薨，謚曰懿侯。百姓歌之曰："蕭何爲法，講若畫一；[2] 曹參代之，守而勿失。載其清靖，民以寧壹。"[3]

［1］【今注】案，自漢惠帝二年（前 193）至五年（前 190），凡三年。

［2］【顏注】文穎曰：講或作較。師古曰：講，和也。畫一，言整齊也。

［3］【顏注】師古曰：載猶乘也。

　　窋嗣侯，高后時至御史大夫。傳國至曾孫襄，武帝時爲將軍，擊匈奴，薨。子宗嗣，有罪，完爲城旦。[1] 至哀帝時，乃封參玄孫之孫本始爲平陽侯，[2] 二千户，王莽時薨。子宏嗣，建武中先降河北，封平陽侯。至今八侯。

[1]【今注】完：刑罰名。指剃去犯人須鬢，留下頭髮，强制服勞役的徒刑。 城旦：刑罰名。勞動範圍廣泛，包括築城工事或製作器物等。

[2]【今注】案，錢大昕《廿二史考異·漢書三》據本書《功臣表》稱本始乃參玄孫之玄孫，傳脱玄字。

贊曰：蕭何、曹參皆起秦刀筆吏，[1]當時録録未有奇節。[2]漢興，依日月之末光，[3]何以信謹守管籥，參與韓信俱征伐。[4]天下既定，因民之疾秦法，順流與之更始，二人同心，遂安海内。淮陰、黥布等已滅，唯何、參擅功名，位冠群后，聲施後世，[5]爲一代之宗臣，[6]慶流苗裔，盛矣哉！

[1]【顏注】師古曰：刀所以削書也，古者用簡牒，故吏皆以刀筆自隨也。

[2]【顏注】師古曰：録録猶鹿鹿，言在凡庶之中也。【今注】案，沈欽韓《漢書疏證》説《晏子·諫篇》有“録録彊食”。

[3]【顏注】師古曰：《易·文言》云“聖人作而萬物覩”，又曰“見龍在田，天下文明”。贊言何、參值漢初興，故以日月爲喻耳。

[4]【顏注】師古曰：高祖出征，何每居守，故言守管籥。

[5]【顏注】師古曰：冠謂居其首。【今注】案，后，大德本、殿本作“臣”。

[6]【顏注】師古曰：言爲後世之所尊仰，故曰宗臣也。【今注】案，一代之宗臣，大德本同，蔡琪本、殿本“宗”前無“之”字。

漢書　卷四〇

張陳王周傳第十

　　張良字子房，其先韓人也。大父開地，[1]相韓昭侯、宣惠王、襄哀王。[2]父平，相釐王、[3]悼惠王。[4]悼惠王二十三年，平卒。卒二十歲，秦滅韓。良少，未宦事韓。韓破，良家僮三百人，弟死不葬，悉以家財求客刺秦王，[5]爲韓報仇，以五世相韓故。[6]

　　[1]【顏注】應劭曰：大父，祖父；開地，名也。【今注】案，《荀子·臣道》：“韓之張去疾，趙之奉陽，齊之孟嘗，可謂篡臣也”，楊倞注：“蓋張良之祖。”《韓非子·説林上》：“張譴相韓，病將死，公乘無正懷三十金而問其疾。”沈欽韓《漢書疏證》據此認爲，張譴之相，當在公仲、公叔之後，荀子與韓非俱並時目擊者，當非妄説。而史名開地，名平，無一同者。又王符《潛夫論·志氏姓》云：“及留侯張良，韓公族，姬姓也。秦始皇滅韓，良弟死不葬，良散家貨千萬，爲韓報讎，擊始皇於博浪沙中，該椎副車。秦索賊急，良乃變姓爲張，匿於下邳。”今考諸書，則良之先以張爲氏，符言非也。

　　[2]【今注】韓昭侯：名武。在位二十六年（前358—前333）。　宣惠王：在位二十一年（前332—前312）。　襄哀王：名倉。在位十六年（前311—前296）。

［3］【顏注】師古曰：釐讀曰僖。【今注】釐王：名咎。在位二十三年（前295—前273）。

［4］【今注】悼惠王：錢大昭《漢書辨疑》謂本書《古今人表》作"桓惠王"。又王先謙《漢書補注》謂《索隱》《韓世家》及《世本》並作"桓"。

［5］【今注】客：指刺客。

［6］【顏注】師古曰：從昭侯至悼惠王，凡五君。

良嘗學禮淮陽，[1]東見倉海君，[2]得力士，爲鐵椎重百二十斤。秦皇帝東游，至博狼沙中，[3]良與客狙擊秦皇帝，[4]誤中副車。[5]秦皇帝大怒，大索天下，[6]求賊急甚。良乃更名姓，亡匿下邳。[7]

［1］【今注】淮陽：郡國名。治陳（今河南淮陽縣）。

［2］【顏注】晉灼曰：海神也。如淳曰：東夷君長也。師古曰：二説並非。蓋當時賢者之號也（蓋，大德本、殿本同，蔡琪本作"盖"）。良既見之，因而求得力士。【今注】案，沈欽韓《漢書疏證》謂《越絶書》云："楚威王滅無疆，無疆之子侯，竊自立爲君長。"倉海君蓋諸粤之君長。《史記索隱》："姚察以武帝時東夷穢君降，爲倉海郡。或因以名，蓋得其近耳。"

［3］【顏注】服虔曰：河南陽武南地名也，今有亭。師古曰：狼音浪。【今注】博狼沙：地名。在今河南原陽縣東南。案，王先謙《漢書補注》謂《史記》"狼"作"浪"。《地理志》河南郡陽武縣有博狼沙。

［4］【顏注】師古曰：狙謂密伺之，音千豫反，字本作"覷"。【今注】案，王先謙《漢書補注》謂《史記索隱》引應劭云：狙，伺也。謂狙之伺物，必伏而候之，故今云"狙候"是也。

［5］【顏注】師古曰：副謂後乘也。【今注】副車：《史記》

卷五五《留侯世家》《索隱》："《漢官儀》，天子屬車三十六乘。屬車即副車，奉車郎御而從後。"

　　[6]【顏注】師古曰：索，搜也。索音山客反。

　　[7]【顏注】師古曰：更，改也。【今注】下邳：縣名。治所在今江蘇睢寧縣西北。

　　良嘗閒從容步游下邳圯上，[1]有一老父，衣褐，至良所，[2]直墮其履圯下，[3]顧謂良曰："孺子下取履！"[4]良愕然，欲毆之。[5]爲其老，迺彊忍，下取履，因跪進。[6]父以足受之，笑去。良殊大驚。父去里所，復還，[7]曰："孺子可教矣。後五日平明，[8]與我期此。"良因怪，跪曰："諾。"五日明，[9]良往。父已先在，怒曰："與老人期，後，何也？去，後五日蚤會。"[10]五日，雞鳴往。父又先在，復怒曰："後，何也？去，後五日復蚤來。"五日，良夜半往。有頃，父亦來，喜曰："當如是。"出一編書，[11]曰："讀是則爲王者師。後十年興。十三年，孺子見我，濟北穀城山下黄石即我已。"[12]遂去不見。旦日視其書，迺《太公兵法》。[13]良因異之，常習讀誦。[14]

　　[1]【顏注】服虔曰：圯音頤，楚人謂橋曰圯。應劭曰：汜水之上也。文穎曰：沂水上橋也。師古曰：下邳之水，非汜水也，又非沂水。服說是矣（矣，蔡琪本、殿本作"也"）。【今注】案，《漢書考正》張佖據許慎《說文解字》"東楚謂橋爲圯"，謂"圯"在《土部》，本從土，傳寫蓋誤從。"圯"合從"土"，作頤音。與下文"直墮其履圯下"並作"圯"字校定。劉攽疑"圯"亦自爲頤音而釋爲橋也，譬如"瞻辭"作"澹辭"矣。然則"圯"

字從水亦未爲誤，而校定亦未宜從土也。宋祁以爲，舊本"氾"從水。張佖改作土，謂從水者是"江有汜"之"汜"，音詳里反。《考正》作者謂佖説非也。近胡旦作《圯橋贊》，曰："氾音頤，何所疑憚?《説文》從圯，蓋本字原。後人從水，未容無義。佖改從土，奈應注爲氾水之氾，又何以辨應之誤耶?"用此，尤見張佖之率爾也。王念孫《讀書雜志·漢書第八》據《水經注·沂水》：沂水於卞邳縣北西流，分爲二水。一水逕城東，屈從縣南，注泗，謂之小沂水。水上有橋，徐、泗間以爲圯。昔張子房遇黄石公於圯上，即此處也。稱言文穎以氾爲沂水上橋是也。師古不審地望而非之，誤矣。沈欽韓《漢書疏證》謂《淮南·道應訓》有"公孫龍至於河上，而航在一氾，使善呼者一呼而航來"，注："氾，水厓也。"此氾上者，亦謂下邳之水邊也。王先謙《漢書補注》認爲，"氾"字當從水，而有二解：如服虔説，讀氾爲圯，則訓爲橋；如沈引《淮南》注，則訓爲水厓。疑"氾"字古本或作"沂"，故《叙傳》云"漢良受書於邳沂"，顏注引晉灼曰："沂，崖也，下邳水之崖也。"此注文穎云"沂水上橋"，蓋所見有"沂""氾"兩本，因而立注。《水經注》小沂水之名，又後人沿傳文及文説爲之附會，流傳以成典實。究之古訓，不如此也。"沂"與"圻"通，"圻"又與"垠"同，故宋祁於《叙傳》引韋昭本作"垠"，《文選》載班此文亦作"邳垠"。垠字本訓崖岸。足證班氏於此傳文必解爲下邳水崖之上，不以爲橋圯。而沈氏氾爲水崖之説爲不可易也。韋昭於作"垠"之本釋曰"垠，限也，謂橋"，《文選·大將軍讌會詩》李注引文穎"沂水上橋"之説以釋"垠"字，則妄爲牽引，而愈不可通矣。

　　[2]【顏注】師古曰：褐制若裘，今道士所服者是。

　　[3]【顏注】師古曰：直猶故也，一曰正也。【今注】直：王念孫《讀書雜志·史記第三》謂老父墮履使良取，欲以觀其能忍與否。如小司馬説，是履墮出於無意，失其指矣。直之言特也，謂特

墮其履而使取之。案，憕，蔡琪本、大德本同，殿本作"墮"。

[4]【顏注】師古曰：孺，幼也。（殿本無此注）

[5]【顏注】師古曰：愕，驚皃也（皃，蔡琪本、大德本同，殿本作"貌"）。歐，擊也，音一口反。【今注】案，王先謙《漢書補注》謂《史記》"歐"作"毆"，《集解》引徐廣曰："一云'良怒，欲罵之'。"

[6]【今注】案，周壽昌《漢書注校補》謂《釋名》云："跪，危也。兩膝隱地，體危倪也。"古無高坐，於所尊敬，跪而致物者其常。《禮記》"跪而遷屨"，是爲己納履也。此跪進履者，所謂"授坐不立"也。觀張釋之爲王生跪而結韤，可知王生亦老人也。又王先謙《漢書補注》指出，《史記》"取履"下作"父曰'履我'。良業爲取履，因長跪履之"。

[7]【顏注】師古曰：行一里許而還來。

[8]【今注】平明：天剛亮之時。

[9]【今注】案，明，蔡琪本同，大德本、殿本作"平明"。

[10]【顏注】師古曰：放良令去，戒以後會也。其下亦同。蚤音早。

[11]【顏注】師古曰：編謂聯次之也。聯簡牘以爲書，故云一編。編音鞭。

[12]【顏注】師古曰：已，語終之辭。【今注】濟北：郡名。治博陽（今山東泰安市東南）。　穀城山：在今山東東阿縣東南。楊樹達《漢書窺管》謂《後漢書》卷一八《臧宮傳》光武詔報宮引《黃石公記》曰：柔能制剛，弱能制彊。柔者德也，剛者賊也。弱者仁之助也，彊者怨之歸也，故曰：有德之君，以所樂樂人；無德之君，以所樂樂身。樂人者其樂長，樂身者不久而亡。舍近謀遠者勞而無功，舍遠謀近者逸而有終。逸政多忠臣，勞政多亂人。故曰：務廣地者荒，務廣德者彊。有其有者安，貪人有者殘。殘滅之政，雖成必敗，又謂《隋書·經籍志》有《黃石公記》三卷。

［13］【今注】太公兵法：書名。本書《藝文志》道家類有《太公》二百三十七篇，分《謀》《言》《兵》三部分。託名周初吕望作，班固自注："或有近世又以爲太公術者所增加也。"

［14］【今注】案，王先謙《漢書補注》謂《史記》作"常習誦讀之"。讀誦，蔡琪本、大德本、殿本作"誦"。

居下邳，爲任俠。項伯嘗殺人，[1]從良匿。

［1］【今注】項伯：項羽叔父。

後十年，陳涉等起，良亦聚少年百餘人。景駒自立爲楚假王，[1]在留。[2]良欲徃從之，行道遇沛公。沛公將數千人略地下邳，遂屬焉。沛公拜良爲厩將。[3]良數以《太公兵法》説沛公，沛公喜，常用其策。爲它人言，皆不省。[4]良曰："沛公殆天授。"[5]故遂從不去。[6]

［1］【今注】景駒：秦末農民起義軍首領。戰國時楚國景氏後裔。

［2］【今注】留：縣名。治所在今江蘇沛縣東南。

［3］【顔注】服虔曰：官名也。【今注】厩將：主管馬匹的軍官。

［4］【顔注】師古曰：省，視也。

［5］【顔注】師古曰：殆，近也。

［6］【今注】案，《漢書考證》齊召南謂《史記》作"故遂從之，不去見景駒"。此班氏改正《史記》之失也。《高紀》明言"沛公道得張良，遂與俱見景駒，請兵以攻豐"，可見良亦見駒，但

自此決意從沛公耳。

沛公之薛，[1]見項梁，共立楚懷王。[2]良乃説項梁曰：“君已立楚後，韓諸公子橫陽君成賢，[3]可立爲王，益樹黨。”[4]項梁使良求韓成，立爲韓王。以良爲韓司徒，[5]與韓王將千餘人西略韓地，得數城，秦輒復取之，往來爲游兵潁川。[6]

[1]【今注】薛：縣名。治所在今山東滕州市張汪鎮皇殿崗故城。

[2]【今注】楚懷王：戰國後期楚國君主懷王之孫，名心。

[3]【今注】案，錢大昭《漢書辨疑》謂本書《功臣表》傅寬“以舍人從起橫陽”，即成所封地。

[4]【顏注】師古曰：廣立六國之後共攻秦也。

[5]【今注】司徒：官名。周設此官，掌土地、人民、教化等。案，周壽昌《漢書注校補》謂“司徒”《史記》作“申徒”，徐廣云：“即司徒，語音訛轉，故字亦隨改。”《楚漢春秋》作“信都”，“信”即“申”，“都”“徒”音近而轉耳。

[6]【今注】潁川：郡名。治陽翟（今河南禹州市）。

沛公之從雒陽南出轘轅，[1]良引兵從沛公，下韓十餘城，擊楊熊軍。[2]沛公迺令韓王成留守陽翟，[3]與良俱南，攻下宛，[4]西入武關。[5]沛公欲以二萬人擊秦嶢關下軍，[6]良曰：“秦兵尚彊，[7]未可輕。臣聞其將屠者子，賈豎易動以利。[8]願沛公且留壁，[9]使人先行，爲五萬人具食，[10]益張旗幟諸山上，爲疑兵，[11]令酈食其持重寶啗秦將。”[12]秦將果欲連和俱西襲咸陽，[13]沛公欲聽之。良曰：“此獨其將欲叛，士卒恐不從。不從必危，不如因其解擊之。”[14]沛公迺引兵擊秦軍，大破之。逐北至藍田，[15]再戰，秦兵竟敗。遂至咸陽，秦王子嬰降沛公。[16]

[1]【今注】轘轅：山名。在今河南偃師市東南。

[2]【今注】案，王先謙《漢書補注》謂《史記》“擊”下有“破”字。楊熊，秦將。

[3]【今注】陽翟：縣名。治所在今河南禹州市。

[4]【今注】宛：縣名。治所在今河南南陽市宛城區。

[5]【今注】武關：在今陝西商南縣東南。

[6]【顏注】師古曰：嶢音堯。【今注】嶢關：在今陝西藍田縣東南。

[7]【今注】案，彊，蔡琪本、大德本同，殿本作“疆”。

[8]【顏注】師古曰：商賈之人志無遠大，譬猶僮豎，故云賈豎。

[9]【今注】留壁：安營扎寨。

[10]【今注】案，王先謙《漢書補注》謂《史記》徐廣注：“‘五’，一作‘百’。”

[11]【顏注】師古曰：皆所以表己軍之多，誇示敵人。幟音式志反。

[12]【顏注】師古曰：啗音徒濫反，解在《高紀》。【今注】酈食其：傳見本書卷四三。

[13]【顏注】師古曰：欲與漢王和而隨漢兵襲咸陽。【今注】案，周壽昌《漢書注校補》謂“果”下《史記》有“畔”字。咸陽，秦朝的國都，故城遺址在今陝西咸陽市渭城區窯店鎮一帶。

[14]【顏注】師古曰：解讀曰懈。

[15]【今注】案，周壽昌《漢書注校補》謂“逐”，《史記》

作"遂"，以"北"爲南北之北；此以"北"爲敗北之北也。藍田，縣名。治所在今陝西藍田縣西。

[16]【今注】子嬰：秦始皇孫，秦始皇長子扶蘇之子。

沛公入秦，[1]宮室帷帳狗馬重寶婦女以千數，意欲留居之。樊噲諫，[2]沛公不聽。良曰："夫秦爲無道，故沛公得至此。爲天下除殘去賊，宜縞素爲資。[3]今始入秦，即安其樂，此所謂'助桀爲虐'。且'忠言逆耳利於行，毒藥苦口利於病'，[4]願沛公聽樊噲言。"沛公迺還軍霸上。[5]

[1]【今注】入秦：《史記》卷五五《留侯世家》作"入秦宮"。

[2]【今注】樊噲：傳見本書卷四一。

[3]【顏注】晉灼曰：資，質也。欲令沛公反秦奢泰，服儉素以爲質（質，蔡琪本、大德本、殿本作"資"）。師古曰：縞，白素也，音工老反。

[4]【今注】案，《漢書考正》宋祁謂"逆耳""苦口"，疑作"逆於耳""苦於口"。王先謙《漢書補注》謂《史記》亦作"逆耳""苦口"。

[5]【今注】霸上：地名。在今陝西西安市東。

項羽至鴻門，[1]欲擊沛公，項伯夜馳至沛公軍，私見良，欲與俱去。良曰："臣爲韓王送沛公，今事有急，亡去不義。"迺具語沛公。沛公大驚，曰："爲之奈何？"良曰："沛公誠欲背項王邪？"沛公曰："鯫生說我距關毋内諸侯，[2]秦地可王也，故聽之。"良曰：

"沛公自度能卻項王乎?"[3]沛公默然,曰:"今爲奈何?"良因要項伯見沛公。沛公與伯飲,爲壽,[4]結婚,[5]令伯具言沛公不敢背項王,所以距關者,備它盜也。項羽後解,語在《羽傳》。[6]

[1]【今注】鴻門:地名。在今陝西西安市臨潼區東。

[2]【顏注】服虔曰:鯫音七垢反。鯫,小人也。臣瓚曰:《楚漢春秋》鯫姓(案,王先謙《漢書補注》謂《索隱》:"鯫,小魚也。臣瓚案:'《楚漢春秋》鯫生本姓解。'"此注誤作"小人",又脱三字,致語義不了)。師古曰:服説是也。音才垢反。

[3]【顏注】師古曰:卻音丘略反。

[4]【今注】爲壽:敬酒以祝健康長壽。

[5]【今注】結婚:結爲兒女親家。

[6]【今注】案,《漢書考證》齊召南認爲,此直用《史記》而失者也。鴻門之役,《史記》於《項羽本紀》中詳叙,故《留侯世家》曰"語在項羽事中"。若《漢書》既移叙其事於《高紀》,故《項羽傳》從略,但曰"語在《高紀》",不應此文復曰"語在《羽傳》"也。此史家修改所未及處。

漢元年,沛公爲漢王,王巴蜀,[1]賜良金百溢,[2]珠二斗,良具以獻項伯。漢王亦因令良厚遺項伯,使請漢中地。[3]項王許之。漢王之國,良送至褒中,[4]遣良歸韓。良因説漢王燒絶棧道,[5]示天下無還心,以固項王意。迺使良還。行,燒絶棧道。[6]

[1]【今注】巴蜀:二郡名。巴郡治江州(今重慶市嘉陵江北岸),蜀郡治成都(今四川成都市)。

　　[2]【顔注】服虔曰：二十兩曰溢。師古曰：秦以溢名金，若漢之論斤也。【今注】案，錢大昭《漢書辨疑》謂"溢"，古"鎰"字。《食貨志》云："秦兼天下，黃金以溢爲名。"

　　[3]【顔注】服虔曰：本不盡與漢中，故請求之。【今注】案，王先謙《漢書補注》指出，《史記集解》引如淳曰："本但與巴蜀，故請漢中地。"服注蓋據《高紀》、蕭何等傳但言漢中，故云。然據此傳上文明言止王巴蜀，則無漢中明矣。如注爲是。此當在項羽議封未定時。《功臣侯表》良功狀亦有"請漢中地"四字。漢中，郡名。秦時治南鄭（今陝西漢中市），漢時移治西城（今陝西安康市西北）。

　　[4]【今注】襃中：邑名。在今陝西漢中市西北。

　　[5]【顔注】師古曰：棧道，閣道也。

　　[6]【顔注】師古曰：還謂歸還韓。且行且燒，所過之處皆燒之也。

　　良歸至韓，聞項羽以良從漢王故，不遣韓王成之國，與俱東，至彭城殺之。[1]時漢王還定三秦，良乃遺項羽書曰："漢王失職，欲得關中，如約即止，[2]不敢東。"又以齊反書遺羽，曰："齊與趙欲并滅楚。"項羽以故北擊齊。

　　[1]【今注】彭城：縣名。治所在今江蘇徐州市。
　　[2]【今注】約：楚懷王與諸將約先入關中者王之。

　　良迺閒行歸漢。漢王以良爲成信侯，從東擊楚。至彭城，漢王兵敗而還。至下邑，[1]漢王下馬踞鞍而問曰：[2]"吾欲捐關已東等棄之，誰可與共功者？"[3]良曰：“九江王布，[4]楚梟將，[5]與項王有隙，[6]彭越與齊王反梁地，[7]此兩人可急使。而漢王之將獨韓信可屬大事，當一面。[8]即欲捐之，捐之此三人，楚可破也。”漢王乃遣隨何說九江王布，[9]而使人連彭越。[10]及魏王豹反，使韓信特將北擊之，[11]因舉燕、代、齊、趙。然卒破楚者，此三人力也。

[1]【顏注】師古曰：梁地之縣也（地，蔡琪本、殿本同，大德本作“國”），今屬宋州。【今注】下邑：縣名。治所在今安徽碭山縣。

[2]【今注】踞鞍：坐在馬鞍上。古時行軍中休息，常解下馬鞍作坐臥之用。

[3]【顏注】師古曰：捐關以東，謂不自有其地，將以與人，令其立功，共破楚也。

[4]【今注】九江王布：即英布。傳見本書卷三四。

[5]【顏注】師古曰：梟謂最勇健也。

[6]【今注】有隙：楊樹達《漢書窺管》謂以羽擊齊及漢敗楚彭城時布皆稱病故也。

[7]【今注】彭越：傳見本書卷三四。

[8]【顏注】師古曰：屬，委也，音之欲反。

[9]【今注】隨何：漢初辯士。

[10]【顏注】師古曰：與相連結也。

[11]【顏注】師古曰：特，獨也。專任之使將也。【今注】案，王先謙《漢書補注》謂“北”，《史記》作“兵”，是。

良多病，未嘗特將兵，常爲畫策臣，時時從。

漢三年，項羽急圍漢王於滎陽，[1]漢王憂恐，與酈食其謀橈楚權。[2] 酈生曰：“昔湯伐桀，封其後杞；[3] 武王誅紂，封其後宋。[4] 今秦無德，伐滅六國，無立錐之地。陛下誠復立六國後，此皆爭戴陛下德義，[5] 願爲臣妾。德義已行，南面稱伯，[6] 楚必斂衽而朝。”[7] 漢王曰：“善。趣刻印，先生因行佩之。”[8]

[1]【今注】滎陽：縣名。治所在今河南滎陽市東北。

[2]【顏注】師古曰：橈，弱也，音女教反，其字從木。

[3]【今注】杞：古國名。治所在今河南杞縣。

[4]【今注】宋：古國名。治所在今河南商丘市。

[5]【今注】案，周壽昌《漢書注校補》謂高帝五年（前202）即皇帝位，此三年猶爲漢王。陛下之稱，史臣追書之。

[6]【顏注】師古曰：伯讀曰霸。

[7]【顏注】師古曰：衽，衣襟也。【今注】案，王念孫《讀書雜志·漢書第八》謂《廣雅》有：“袂、衽，袖也。衽，袂也。”此云“斂衽而朝”，《史記》卷一二九《貨殖列傳》“海岱之間，斂袂而往朝焉”，是衽即袂也。

[8]【顏注】師古曰：趣讀曰促。佩謂授與六國使帶也。

酈生未行，良從外來謁漢王。漢王方食，曰：“客有爲我計橈楚權者。”具以酈生計告良曰：“於子房如何？”[1] 良曰：“誰爲陛下畫此計者？陛下事去矣。”漢王曰：“何哉？”良曰：“臣請借前箸以籌之。[2] 昔湯武伐桀紂封其後者，度能制其死命也。[3] 今陛下能制項籍死命乎？其不可一矣。武王入殷，表商容閭，[4] 式箕子門，[5] 封比干墓，[6] 今陛下能乎？其不可二矣。發鉅橋之粟，[7] 散鹿臺之財，[8] 以賜貧窮，今陛下能乎？其不可三矣。殷事以畢，偃革爲軒，[9]倒載干戈，示不復用，今陛下能乎？其不可四矣。休馬華山之陽，[10]示無所爲，今陛下能乎？其不可五矣。息牛桃林之壄，[11]示天下不復輸積，[12]今陛下能乎？其不可六矣。且夫天下游士，離親戚，棄墳墓，[13]去故舊，從陛下者，但日夜望咫尺之地。今乃立六國後，唯無復立者，[14]游士各歸事其主，從親戚，反故舊，陛下誰與取天下乎？其不可七矣。且楚唯毋彊，六國復橈而從之，[15]陛下焉得而臣之？其不可八矣。[16]誠用此謀，陛下事去矣。"[17]漢王輟食吐哺，罵曰："豎儒，幾敗迺公事！"[18]令趣銷印。[19]

[1]【今注】案，如何，蔡琪本同，大德本、殿本作"何如"。

[2]【顏注】張晏曰：求借所食之箸用指畫也。或曰，前世湯武箸明之事，以籌度今時之不若也。師古曰：或説非也。箸音直庶反。

[3]【顏注】師古曰：度音大各反。

[4]【顏注】師古曰：商容，殷賢人也。里門曰閭。表謂顯異之。

[5]【顏注】師古曰：式亦表也。一説，至其門而撫車式，所以敬之。【今注】案，王先謙《漢書補注》謂《史記》作"釋箕子之拘"，徐廣注："'釋'，一作'式'。'拘'，一作'囚'。"囚不可式，當亦"門"之誤字。蓋人習知武王釋箕子囚，而不知有式箕子門之事，故改"門"爲"囚"，而不計"式""囚"之不可通也。《史記》下云"今陛下能封聖人之墓，表賢者之閭，式智者之門乎"，正承上三者言，尤爲《史》《漢》文同之顯證。箕子，商紂王之叔，官爲太師，因諫紂王而被囚禁，後武王滅商而獲釋。

[6]【今注】比干：商紂王之叔，官爲少師，因屢諫紂王而被
挖心而死。

[7]【顔注】服虔曰：鉅橋，倉名也。師古曰：許慎云鉅鹿
之大橋，有漕粟也。【今注】鉅橋：指巨橋倉。商在巨橋（今河北
曲周縣東北衡漳水上）附近修建的糧倉。

[8]【顔注】臣瓚曰：鹿臺，臺名，今在朝歌城中。師古曰：
劉向云鹿臺大三里，高千尺也。【今注】鹿臺：相傳商紂王所築臺
名，故址在今河南湯陰縣朝歌鎮南。　案，王先謙《漢書補注》謂
"財"，當依《史記》卷五五《留侯世家》作"錢"。同書卷四
《周本紀》亦作"財"。王念孫《讀書雜志·史記第一》説同。

[9]【顔注】蘇林曰：革者，兵車革輅。軒者，朱軒也。如
淳曰：偃武備而治禮樂也。

[10]【今注】華山：在今陝西華陰市南。

[11]【顔注】晉灼曰：在弘農閺鄉南谷中。師古曰：《山海
經》云"夸父之山，北有林焉，名曰桃林，廣圍三百里"，即謂
此也。其山谷今在閺鄉縣東南，湖城縣西南，去湖城三十五里。
【今注】息牛：使從事軍需運送的牛休息。　桃林：也稱桃林塞，
地區名。約在今河南靈寶市與陝西西安市臨潼區之間。

[12]【今注】輸積：輸送聚積的物資。

[13]【顔注】師古曰：離者（離，蔡琪本、殿本同，大德本
作"左"），言其乖避而委離之，以從漢也。【今注】案，離，蔡
琪本、殿本同，大德本作"左"。

[14]【顔注】師古曰：既立六國後，土地皆盡，無以封功勞
之人，故云無復立者。唯，發語之辭。

[15]【顔注】服虔曰：唯當使楚無彊，彊則六國弱而從之。
晉灼曰：當今唯楚大，無有彊之者，若復立六國，國皆橈而從之
（蔡琪本、大德本、殿本無"國"字），陛下焉得而臣之乎？師古
曰：服説是也。【今注】案，吳恂《漢書注商》謂"彊"下似脱

"彊則" 二字，服時已然，故增字使上下文義相屬。

　　[16]【今注】案，周壽昌《漢書注校補》指出，《史記》以 "湯伐桀" 作不可者一，"武王伐紂" 作不可者二，以下遞異，至此書 "不可者七" 爲 "不可者八"，"且楚唯無彊" 至 "焉得而臣之" 直接 "誠用客之謀" 云云，無 "其不可八矣" 五字，與本書稍異。

　　[17]【今注】案，楊樹達《漢書窺管》認爲，良之起本爲韓復仇，故嘗説項梁立韓成爲韓王，而此時則力阻高祖立六國後者，知六國已無可爲也。此良之所以爲智也。

　　[18]【顏注】師古曰：輟，止也。哺，食在口中者也。幾，近也。哺音捕。幾音鉅依反。

　　[19]【顏注】師古曰：趣讀曰促。

　　後韓信破齊欲自立爲齊王，漢王怒。良説漢王，漢王使良授齊王信印。語在《信傳》。

　　五年冬，漢王追楚至陽夏南，[1] 戰不利，壁固陵，[2] 諸侯期不至。良説漢王，漢王用其計，諸侯皆至。語在《高紀》。

　　[1]【顏注】師古曰：夏音工雅反。【今注】陽夏：縣名。治所在今河南太康縣。
　　[2]【今注】固陵：縣名。治所在今河南太康縣南。

　　漢六年，封功臣。良未嘗有戰鬬功，高帝曰："運籌策帷幄中，[1] 決勝千里外，子房功也。自擇齊三萬戶。" 良曰："始臣起下邳，與上會留，此天以臣授陛下。陛下用臣計，幸而時中，臣願封留足矣，不敢當三萬戶。" 迺封良爲留侯，與蕭何等俱封。

[1]【今注】案，王先謙《漢書補注》謂《史記》"幄"作
"帳"。

上已封大功臣二十餘人，其餘日夜爭功而不決，
未得行封。上居雒陽南宮，從復道望見諸將[1]往往數
人偶語。[2]上曰："此何語？" 良曰："陛下不知乎？此
謀反耳。" 上曰："天下屬安定，何故而反？"[3] 良曰：
"陛下起布衣，與此屬取天下，今陛下已爲天子，而所
封皆蕭、曹故人所親愛，而所誅者皆平生仇怨。今軍
吏計功，天下不足以徧封，此屬畏陛下不能盡封，又
恐見疑過失及誅，故相聚謀反耳。"[4]上迺憂曰："爲將
奈何？" 良曰："上平生所憎，群臣所共知，誰最甚
者？" 上曰："雍齒與我有故怨，數窘辱我，[5]我欲殺
之，爲功多，不忍。" 良曰："今急先封雍齒，以示群
臣，群臣見雍齒先封，則人人自堅矣。" 於是上置酒，
封雍齒爲什方侯，[6]而急趣丞相御史定功行封。[7]群臣
罷酒，皆喜曰："雍齒且侯，我屬無患矣。"

[1]【顏注】師古曰：復讀曰複（復讀曰複，大德本、殿本
同，蔡琪本作"複讀曰復"）。【今注】復道：架在樓閣間的上下
兩重通道。案，王先謙《漢書補注》謂《史記》"復"作"複"。
復，大德本、殿本同，蔡琪本作"複"。

[2]【今注】偶語：私下相聚議論。案，王先謙《漢書補注》
謂《史記》作"往往相與坐沙中語"。

［3］【顏注】師古曰：屬，近也，言近始安。屬音之欲反。

［4］【今注】案，蔡琪本、大德本、殿本"謀"前有"而"字。

［5］【顏注】服虔曰：未起之時與我有故怨也。師古曰：每以勇力困辱高祖。【今注】案，王念孫《讀書雜志·漢書第八》指出，"怨"字因注文而衍。蓋正文本作"雍齒與我有故"，故服虔注申之曰"未起之時與我有故怨"。若正文有"怨"字，則服注爲贅語矣。有故，即有怨。《呂氏春秋·精諭》："齊桓公與管仲謀伐衞，退朝而入，衞姬望見君，下堂再拜，請衞君之罪。公曰：'吾與衞無故，子曷爲請！'"無故即無怨也。《史記》作"雍齒與我故"，《文選·幽通賦》注、《太平御覽·居處部二十三》引《漢書》並作"雍齒與我有故"，《新序·善謀》同，皆無"怨"字。

雍齒：沛人，曾叛劉降魏。

［6］【顏注】蘇林曰：漢中縣也。師古曰：《地理志》屬廣漢，非漢中也。今則屬益州。什音十。【今注】什方：縣名。治所在今四川什邡市。案，錢大昕《廿二史考異·漢書三》謂《功臣表》作"汁防"。

［7］【顏注】師古曰：趣音促。

劉敬說上都關中，[1]上疑之。左右大臣皆山東人，多勸上都雒陽："雒陽東有成皋，西有殽黽，[2]背河鄉雒，其固亦足恃。"[3]良曰："雒陽雖有此固，其中小，不過數百里，[4]地薄，四面受敵，此非用武之國。夫關中左殽函，右隴蜀，沃野千里，[5]南有巴蜀之饒，北有胡苑之利，[6]阻三面而固守，獨以一面東制諸侯。諸侯安定，河、渭漕輓天下，西給京師；[7]諸侯有變，順流而下，足以委輸。此所謂金城千里，天府之國。[8]劉敬説是也。”於是上即日駕，西都關中。

[1]【今注】劉敬：傳見本書卷四三。

[2]【顏注】師古曰：轂，山也。黽，池（蔡琪本、大德本、殿本“池”後有“也”字），音涵。【今注】成皋：縣名。治所在今河南滎陽市西北汜水鎮。　轂：崤山。在今河南洛寧縣西北。黽：又作“澠”。即澠池水，古水名。發源於今河南澠池。

[3]【顏注】師古曰：鄉讀曰嚮。【今注】鄉：通“向”。雒：即雒水。

[4]【今注】案，數百里，蔡琪本、大德本、殿本作“數百里田”。

[5]【顏注】師古曰：沃者，溉灌也。言其土地皆有溉灌之利，故云沃野。【今注】轂函：崤山與函谷關。　隴：隴山。在今陝西隴縣西北。　蜀：指岷山。在今四川與甘肅交界處。

[6]【顏注】師古曰：謂安定、北地、上郡之北與胡相接之地，可以畜牧者也。養禽獸謂之苑。【今注】案，陳直《漢書新證》認爲，“胡”謂湖沼之湖，“苑”謂秦之上林苑。

[7]【顏注】師古曰：輓，引也。輓音晚。

[8]【顏注】師古曰：財物所聚謂之府。言關中之地物產饒多，可備贍給，故稱天府也。

良從入關，性多疾，[1]即道引不食穀，[2]閉門不出歲餘。

[1]【今注】性：體質。

[2]【顏注】孟康曰：服辟穀藥而靜居行氣。道讀曰導。

上欲廢太子，[1]立戚夫人子趙王如意。[2]大臣多爭，未能得堅決也。[3]呂后恐，不知所爲。或謂呂后曰：
"留侯善畫計，上信用之。"呂后乃使建成侯呂澤劫
良，[4]曰："君常爲上謀臣，今上日欲易太子，[5]君安得
高枕而臥？"[6]良曰："始上數在急困之中，幸用臣策；
今天下安定，以愛欲易太子，骨肉之間，雖臣等百人
何益！"呂澤彊要曰："爲我畫計。"良曰："此難以口
舌争也。顧上有所不能致者四人。[7]四人年老，[8]皆以
上嫚侮士，[9]故逃匿山中，義不爲漢臣。然上高此四
人。今公誠能毋愛金玉璧帛，令太子爲書，卑辭安
車，[10]因使辯士固請，宜來。[11]來，以爲客，時從入
朝，令上見之，則一助也。"於是呂后令呂澤使人奉太
子書，卑辭厚禮，迎此四人。四人至，客建成侯所。

　　[1]【今注】太子：即呂后所生之劉盈。

　　[2]【今注】戚夫人：劉邦寵妃。　趙王如意：戚夫人子。傳
見本書卷三八。

　　[3]【今注】得堅決：得到最後確定。

　　[4]【今注】呂澤：據本書《外戚恩澤侯表》，當作"呂釋
之"。此誤，下文亦誤。

　　[5]【顏注】師古曰：言日日欲易之。

　　[6]【顏注】師古曰：安，焉也。

　　[7]【顏注】師古曰：顧，念也。四人，謂園公、綺里季、
夏黃公、角里先生，所謂四皓也（四皓，蔡琪本、大德本、殿本
作"商山四皓"）。

　　[8]【今注】案，年老，蔡琪本、大德本、殿本作"年老矣"。

　　[9]【顏注】師古曰：嫚與慢同。侮，古侮字。

　　[10]【今注】安車：由一馬拉的坐乘小車。因區別於立乘車，

故名。

[11]【顏注】師古曰：宜應得其來。

漢十一年，黥布反，上疾，欲使太子徃擊之。四人相謂曰："凡來者，將以存太子。太子將兵，事危矣。"迺說建成侯曰：[1] "太子將兵，有功即位不益，[2] 無功則從此受禍。且太子所與俱諸將，皆與上定天下梟將也，今迺使太子將之，此無異使羊將狼，皆不肯爲用，其無功必矣。臣聞'母愛者子抱'，今戚夫人日夜侍御，趙王常居前，上曰'終不使不肖子居愛子上'，[3] 明其代太子位必矣。君何不急請呂后承閒爲上泣[4]言：'黥布，天下猛將，善用兵，今諸將皆陛下故等夷，[5] 迺令太子將，此屬莫肯爲用，且布聞之，鼓行而西耳。[6] 上雖疾，彊載輜車，臥而護之，[7] 諸將不敢不盡力。上雖苦，彊爲妻子計。'"於是呂澤夜見呂后。呂后承閒爲上泣而言，如四人意。上曰："吾惟之，豎子固不足遣，[8] 迺公自行耳。"[9] 於是上自將而東，群臣居守，皆送至霸上。良疾，彊起至曲郵，[10] 見上曰："臣宜從，疾甚。楚人剽疾，願上慎毋與楚爭鋒。"[11] 因說上令太子爲將軍監關中兵。上謂"子房雖疾，彊臥傅太子"。是時叔孫通已爲太傅，[12] 良行少傅事。[13]

[1]【今注】案，建，大德本、殿本同，蔡琪本作"武"。

[2]【顏注】師古曰：太子嗣君，貴已極矣（極，大德本、殿本同，蔡琪本作"至"），雖更立功，位無加益矣。【今注】

案，錢大昭《漢書辨疑》謂"即"，《史記》作"則"。"則""即"聲相近，古字通。

［3］【今注】案，《漢書考正》劉攽認爲，"曰"字後人妄加。王念孫《讀書雜志·漢書第八》指出，劉説不確。"不使不肖子居愛子上"，是四皓述高帝之語如此，故下文曰"明其代太子位必矣"。若無"曰"字，則爲四皓語矣。是四皓以太子爲不肖，豈其然乎！《史記》卷五五《留侯世家》亦有"曰"字。上曰，殿本同，蔡琪本、大德本作"上"。

［4］【顏注】師古曰：因空隙之時。

［5］【顏注】師古曰：夷，平也，言故時皆齊等。

［6］【顏注】師古曰：擊鼓而行，言無所畏。

［7］【顏注】師古曰：輜車，衣車也。護謂監領諸將。【今注】輜車：陳直《漢書新證》引《釋名》"輜車，載輜重臥息其中之車也。輜厠也，所載衣物雜厠其中也"。又謂四川出土畫像磚有輜車圖，車中人係坐像，蓋此車可坐可臥也。

［8］【顏注】師古曰：惟，思也。

［9］【顏注】師古曰：乃公（乃，蔡琪本、大德本同，殿本作"迺"），汝父也。

［10］【顏注】師古曰：在新豐西，今俗謂之郵頭。【今注】曲郵：古驛站名。在今陝西西安市臨潼區南。案，强，大德本同，蔡琪本、殿本作"彊"。

［11］【顏注】師古曰：剽音匹妙反。【今注】剽疾：勇猛迅捷。

［12］【今注】叔孫通：傳見本書卷四三。　太傅：與太子少傅並稱太子二傅。西漢初掌保養、監護、輔翼太子，昭、宣以後兼掌教諭訓導。秩二千石。與太子少傅同領太子門大夫、庶子、洗馬、舍人等東宮官屬。新莽改名太子師。案，楊樹達《漢書窺管》謂據《叔孫通傳》，爲太傅在高祖九年（前198）。

[13]【今注】少傅：官名。漢始置，掌輔導太子，其地位次於太子太傅，太子對其執弟子禮，太子少傅對太子稱臣。

漢十二年，上從破布歸，疾益甚，愈欲易太子。良諫不聽，因疾不視事。叔孫太傅稱説引古，[1]以死爭太子。上陽許之，[2]猶欲易之。及宴，置酒，太子侍。四人者從太子，年皆八十有餘，須眉皓白，衣冠甚偉。[3]上怪，問曰："何爲者？"[4]四人前對，各言其姓名。上迺驚曰："吾求公，避逃我，[5]今公何自從吾兒游乎？"四人曰："陛下輕士善罵，臣等義不辱，故恐而亡匿。今聞太子仁孝，恭敬愛士，天下莫不延頸願爲太子死者，[6]故臣等來。"上曰："煩公幸卒調護太子。"[7]

[1]【今注】案，吳恂《漢書注商》謂"古"下奪一"今"字，當依《史記》補。

[2]【今注】案，周壽昌《漢書注校補》謂《史記》"陽"作"詳"，"詳"即"佯"字，與"陽"同。

[3]【顏注】師古曰：所以謂之四皓。

[4]【今注】案，王先謙《漢書補注》謂《史記》"何"上有"彼"字。

[5]【今注】案，王念孫《讀書雜志·漢書第八》謂"避逃"上更有一"公"字，而今本脱之，則語意不完。《外戚恩澤侯表》序注、《文選》謝瞻《張子房詩》注、班彪《王命論》注引此，並作"吾求公，公避逃我"，《史記》及《新序·善謀篇》作"吾求公數歲，公避逃我"，皆重一"公"字。

[6]【今注】案，天下，大德本、殿本同，蔡琪本無"天下"

二字。

　　[7]【顏注】師古曰：調謂和平之，護謂保之（保之，蔡琪本、大德本、殿本作"保安之"）。【今注】案，吳恂《漢書注商》謂"調"者，調劑之義，言濟其不及，以漧其過也。

　　四人爲壽已畢，趨去。上目送之，[1]召戚夫人指視曰：[2]"我欲易之，彼四人爲之輔，羽翼已成，難動矣。吕氏眞迺主矣。"[3]戚夫人泣涕，上曰："爲我楚舞，吾爲若楚歌。"[4]歌曰："鴻鵠高飛，一舉千里。[5]羽翼以就，横絶四海。[6]横絶四海，又可奈何！[7]雖有矰繳，尚安所施！"[8]歌數闋，[9]戚夫人歔欷流涕，[10]上起去，罷酒。竟不易太子者，良本招此四人之力也。

　　[1]【顏注】師古曰：以目瞻之訖其出也。

　　[2]【顏注】師古曰：視讀曰示。

　　[3]【顏注】師古曰：迺，汝也。

　　[4]【顏注】師古曰：若亦汝（汝，蔡琪本、大德本、殿本作"汝也"）。

　　[5]【顏注】師古曰：鵠音胡督反。

　　[6]【顏注】師古曰：就，成也。絶謂飛而直度也。

　　[7]【今注】案，王先謙《漢書補注》謂《史記》"又"作"當"。

　　[8]【顏注】師古曰：繳，弋射也。其矢爲矰。矰音增。繳音之若反。【今注】矰繳：繫絲繩以射鳥雀的箭。

　　[9]【顏注】師古曰：闋，盡也。曲終爲闋，音口穴反。

　　[10]【顏注】師古曰：歔音虛，欷音稀，又音許氣反。

　　良從上擊代，[1]出奇計下馬邑，[2]及立蕭相國，[3]所與從容言天下事甚衆，[4]非天下所以存亡，故不著。[5]良迺稱曰："家世相韓，及韓滅，不愛萬金之資，爲韓報仇彊秦，天下震動。今以三寸舌爲帝者師，封萬户，位列侯，此布衣之極，於良足矣。願棄人間事，欲從赤松子游耳。"[6]迺學道，欲輕舉。[7]高帝崩，吕后德良，迺彊食之，[8]曰："人生一世間，如白駒之過隙，[9]何自苦如此！"良不得已，彊聽食。後六歲薨。[10]謚曰文成侯。

　　[1]【今注】擊代：指漢高帝十年（前197）秋討伐自稱代王而叛漢的陳豨。

　　[2]【今注】馬邑：縣名。治所在今山西朔州市。

　　[3]【顏注】服虔曰：何時未爲相國，良勸高祖立之。

　　[4]【顏注】師古曰：從音千容反。

　　[5]【顏注】師古曰：著謂書之於史。著音竹助反。

　　[6]【顏注】師古曰：赤松子，仙人號也，神農時爲雨師，服水玉，教神農能入火自燒。至昆山上，常止西王母石室，隨風雨上下。炎帝少女追之，亦得仙俱去。

　　[7]【顏注】師古曰：道謂仙道。【今注】案，王先謙《漢書補注》謂《史記》作"乃學辟穀道引輕身"，徐廣注："一云'乃學道引欲輕舉'也。""道"下有"引"字，是。"道"讀曰"導"。惟學導引，方能輕身。師古所見本無"引"字，乃注云"道謂仙道"，是望文爲注而失其本意矣。

　　[8]【顏注】師古曰：食讀曰飤（飤，大德本、殿本同，蔡琪本作"飯"）。【今注】案，楊樹達《漢書窺管》謂高祖所謂三傑，淮陰見誅，蕭何械繫，良之辟穀，所以自全耳。及高祖已崩，

良固可以食矣，不必全由吕后之彊也。

[9]【顏注】師古曰：解在《魏豹傳》。

[10]【今注】案，王先謙《漢書補注》謂《史記》作"後八年卒"。據《侯表》，良以高后二年（前186）薨。

　　良始所見下邳圯上老父與書者，後十三歲從高帝過濟北，果得穀城山下黄石,[1]取而寶祠之。[2]及良死，并葬黄石。[3]每上冢伏臘祠黄石。[4]

[1]【今注】案，沈欽韓《漢書疏證》謂《太平御覽》卷六《天部六》有"《黄石公記》曰：'黄石，鎮星之精也。'"

[2]【今注】寶祠：珍重地供祭。案，王先謙《漢書補注》謂《史記》"寶"作"葆"，徐廣注《史記》"珍寶"字皆作"葆"。

[3]【今注】并葬黄石：謂將黄石一併葬於張良塚。

[4]【今注】冢：王先謙《漢書補注》謂《史記》衍"冢"字，當依此訂。　伏臘：伏日與臘日，夏祭曰伏，冬祭曰臘。

　　子不疑嗣侯。孝文三年坐不敬,[1]國除。

[1]【今注】案，王先謙《漢書補注》謂《功臣侯表》"不疑，孝文五年（前175）坐與門大夫殺故楚内史，贖爲城旦"，與此云"不敬"異。《史記》亦作"五年"，明此"三"字誤。

　　陳平，陽武户牖人也。[1]少時家貧，好讀書，治黄帝、老子之術。有田三十畝，與兄伯居。伯常耕田，縱平使游學。平爲人長大美色,[2]人或謂平："貧何食而肥若是？"其嫂疾平之不親家生産,[3]曰："亦食糠覈耳。[4]有叔如此，不如無有！"伯聞之，逐其婦棄之。

[1]【顏注】師古曰：陽武，縣名，屬陳留。戶牖者，其鄉名。【今注】陽武：縣名。治所在今河南原陽縣東南。案，錢大昕《廿二史考異·漢書三》謂《地理志》，陽武屬河南，不屬陳留。牖，蔡琪本同，大德本、殿本作"牖鄉"。

[2]【今注】案，王先謙《漢書補注》謂《史記》無"大"字，蓋脫。

[3]【今注】案，王先謙《漢書補注》謂"不親"，言不親身治家事。《史記》"親"作"視"，字近而訛。

[4]【顏注】孟康曰：覈，麥糠中不破者也。晉灼曰：覈音紇。京師人謂麤屑爲紇頭。

及平長，可取婦，富人莫與者，貧者平亦媿之。久之，戶牖富人張負有女孫，五嫁夫輒死，人莫敢取，平欲得之。邑中有大喪，平家貧侍喪，[1]以先往後罷爲助。張負既見之喪所，[2]獨視偉平，[3]平亦以故後去。負隨平至其家，家迺負郭窮巷，[4]以席爲門，然門外多長者車轍。[5]張負歸，謂其子仲曰："吾欲以女陳平。"[6]仲曰："平貧不事事，[7]一縣中盡笑其所爲，獨奈何予之女？"負曰："固有美如陳平長貧者乎？"卒與女。爲平貧，迺假貸幣以聘，[8]予酒肉之資以內婦。[9]負戒其孫曰："毋以貧故，事人不謹。事兄伯如事迺父，嫂如事迺母。"[10]平既取張氏女，資用益饒，游道日廣。

[1]【今注】侍喪：協助料理喪事。

［2］【今注】案，王先謙《漢書補注》引《史記索隱》"負是婦人老宿之稱，猶武負之類也。然此張負既稱富人，或恐是丈夫"。周壽昌《漢書注校補》謂下云"張負既見之喪所"，又云"負隨平至其家"，此豈老婦人行動？其爲丈夫無疑。

［3］【顏注】師古曰：視而悅其奇偉。

［4］【顏注】師古曰：負謂偕也。

［5］【今注】長者：周壽昌《漢書注校補》謂"長者"，貴人也。

［6］【今注】案，《漢書考正》劉攽謂"女"下疑少一"與"字。以女陳平，蔡琪本、大德本、殿本作"以女孫予陳平"。

［7］【顏注】師古曰：不事産業之事。

［8］【顏注】師古曰：貸音土戴反。

［9］【今注】内：通"納"。

［10］【顏注】師古曰：迺，汝也。【今注】案，嫂，蔡琪本、大德本、殿本作"事嫂"。

里中社，[1]平爲宰，[2]分肉甚均。里父老曰："善，陳孺子之爲宰！"平曰："嗟乎，使平得宰天下，亦如此肉矣！"

［1］【今注】里：漢時基層行政單位，也是民户編制組織。一里之長，西漢稱里正，東漢稱里魁。 社：里社，古代里中祭祀土地神之所。《禮記·祭法》："大夫以下成群立社曰置社。"鄭玄注："大夫不得特立社，與民族居百家以上，則共立一社，今時里社是也。"本書《郊祀志上》："高祖十年春，有司請令縣常以春二月及臘祠稷以羊彘，民里社各自裁以祠。"陳立《白虎通疏證·社稷》："凡民間所私立之社，皆稱里社。"後亦作爲鄉里之代稱。

［2］【顏注】師古曰：主切割肉也。

陳涉起王，使周市略地，^[1]立魏咎爲魏王，與秦軍相攻於臨濟。^[2]平已前謝兄伯，^[3]從少年往事魏王咎，爲大僕。^[4]說魏王，王不聽。人或讒之，平亡去。

[1]【今注】周市：秦末農民起義軍領袖陳勝之部將。魏人。
[2]【今注】臨濟：邑名。治所在今河南封丘縣東。
[3]【顏注】服虔曰：謝語其兄伯，往事魏也。
[4]【今注】大僕：太僕。秦漢列卿之一。除掌管皇帝輿馬之外，還兼主馬政。秩中二千石。

項羽略地至河上，平往歸之，從入破秦，賜爵卿。^[1]項羽之東王彭城也，漢王還定三秦而東。殷王反楚，^[2]項羽迺以平爲信武君，將魏王客在楚者往擊，殷降而還。項王使項悍拜平爲都尉，^[3]賜金二十溢。居無何，^[4]漢攻下殷。項王怒，將誅定殷者。平懼誅，迺封其金與印，使使歸項王，而平身間行杖劍亡。度河，舩人見其美丈夫，^[5]獨行，疑其亡將，要下當有寶器金玉，目之，欲殺平。平心恐，迺解衣羸而佐刺舩。^[6]舩人知其無有，迺止。

[1]【顏注】張晏曰：禮秩如卿，不治事。
[2]【今注】殷王：司馬卬。
[3]【顏注】師古曰：稈音下旦反（稈，蔡琪本、大德本、殿本作“悍”）。
[4]【顏注】師古曰：無何，猶言無幾時。
[5]【今注】案，舩，蔡琪本同，大德本、殿本作“船”。
[6]【顏注】師古曰：自露其形，示無所懷挾。【今注】羸：

通“裸”。　刺舩：撐船。案，舩，蔡琪本同，大德本、殿本作“船”。

　　平遂至脩武降漢，[1]因魏無知求見漢王，[2]漢王召入。是時，萬石君石奮爲中涓，[3]受平謁。[4]平等十人俱進，[5]賜食。王曰：“罷，就舍矣。”平曰：“臣爲事來，所言不可以過今日。”於是漢王與語而説之，[6]問曰：“子居楚何官？”平曰：“爲都尉。”是日拜平爲都尉，使參乘，典護軍。[7]諸將盡讙，[8]曰：“大王一日得楚之亡卒，未知高下，而即與共載，使監護長者！”[9]漢王聞之，愈益幸平，遂與東伐項王。至彭城，爲楚所敗，引師而還。收散兵至滎陽，以平爲亞將，屬韓王信，軍廣武。[10]

　　[1]【今注】脩武：縣名。治所在今河南獲嘉縣。
　　[2]【今注】魏無知：名情。參見本書卷七六《張敞傳》。
　　[3]【今注】石奮：傳見本書卷四六。　中涓：官名。掌侍從左右，出納帝命等。
　　[4]【今注】謁：“名片”之古稱。始於秦漢。《説文·言部》：“謁，白也。”段玉裁注：“按，謁者，若後人書刺，自言爵里姓名於上，以告所至詣者也。”《史記》卷八《高祖本紀》：“（高祖）乃紿爲謁曰‘賀錢萬’。”司馬貞《索隱》：“謁，謂以札書姓名，若今之通刺，而兼載錢穀也。”《史記》卷九七《酈生陸賈列傳》：“酈生瞋目案劍叱使者……使者懼而失謁，跪拾謁，還走。”《後漢書》卷七〇《孔融傳》：“河南尹何進當遷爲大將軍，楊賜遣融奉謁賀進，不時通，融即奪謁還府。”
　　[5]【今注】案，十人，王先謙《漢書補注》謂《史記》作

“七人”。

[6]【顏注】師古曰：説讀曰悦。

[7]【今注】護軍：陳直《漢書新證》謂護軍即《百官公卿表》之護軍都尉，本爲秦官，在楚漢之際，則爲護軍中尉。

[8]【顏注】師古曰：謹讅而議也。

[9]【今注】案，王先謙《漢書補注》謂“長者”，諸將自謂。酈食其謂高帝“不宜倨見長者”，是其例也。《史記》“護”下衍“軍”字。

[10]【今注】廣武：城名。築於廣武山上，在今河南滎陽市北。

絳、灌等或讒平曰：[1]“平雖美丈夫，如冠玉耳，其中未必有也。[2]聞平居家時盜其嫂；[3]事魏王不容，亡而歸楚；歸楚不中，又亡歸漢。[4]今大王尊官之，令護軍。臣聞平使諸將，金多者得善處，金少者得惡處。平，反覆亂臣也，願王察之。”漢王疑之，以讓無知，問曰：“有之乎？”[5]無知曰：“有。”漢王曰：“公言其賢人何也？”對曰：“臣之所言者，能也；陛下所問者，行也。今有尾生、孝已之行，[6]而無益於勝敗之數，陛下何暇用之乎？今楚漢相距，臣進奇謀之士，顧其計誠足以利國家耳。[7]盜嫂受金又安足疑乎？”漢王召平而問曰：“吾聞先生事魏不遂，事楚而去，[8]今又從吾遊，信者固多心乎？”平曰：“臣事魏王，魏王不能用臣説，故去事項王。項王不信人，其所任愛，非諸項即妻之昆弟，[9]雖有奇士不能用。臣居楚聞漢王之能用人，故歸大王。嬴身來，不受金無以爲資。誠臣計畫有可采者，願大王用之；[10]使無可用者，大王所賜金具在，請封輸官，得請骸骨。”漢王迺謝，^[11]厚賜，拜以爲護軍中尉，^[12]盡護諸將。諸將迺不敢復言。

[1]【顏注】師古曰：舊説云，絳，絳侯周勃也，灌，灌嬰也。而《楚漢春秋》高祖之臣別有絳灌，疑昧之文，不可據也。【今注】案，王念孫《讀書雜志・漢書第八》謂《史記》“或”作“咸”。案，既言“絳、灌等”，則讒平者非止一人，作“咸”者是也。

[2]【顏注】孟康曰：飾冠以玉，光好外見，中非所有也。

[3]【顏注】師古曰：盜猶私也。

[4]【顏注】師古曰：中音竹仲反。

[5]【今注】案，乎，蔡琪本、殿本同，大德本作“平”。

[6]【顏注】如淳曰：孝己，高宗之子，有孝行。師古曰：尾生，古之信士，一説即微生高。

[7]【顏注】師古曰：顧，念也。【今注】案，吴恂《漢書注商》謂“國家”下奪一“否”字，當依《史記》補也。顧，特也，顏注非。

[8]【顏注】師古曰：遂猶竟。

[9]【今注】案，周壽昌《漢書注校補》指出，諸項，伯、莊外，惟聲、它、悍、冠見各傳。桃侯劉襄爲項氏親，降漢，封侯，見《高惠高后文功臣表》。

[10]【今注】案，王先謙《漢書補注》謂《史記》“願”誤作“顧”。

[11]【今注】案，迺，蔡琪本、大德本同，殿本作“乃”。

[12]【今注】護軍中尉：武官名。漢置。本卷記漢高祖劉邦在楚漢相峙時期，以陳平爲護軍中尉，使“盡護諸將”，即協調各將領之間的關係。

其後，楚急擊，絶漢甬道，[1]圍漢王於滎陽城。漢
王患之，請割滎陽以西和。項王弗聽。漢王謂平曰：
"天下紛紛，何時定乎？"平曰："項王爲人，恭敬愛
人，士之廉節好禮者多歸之。至於行功賞爵邑，重
之，[2]士亦以此不附。今大王嫚而少禮，士之廉節者不
來；然大王能饒人以爵邑，士之頑頓者利無耻者亦多
歸漢。[3]誠各去兩短，集兩長，天下指麾即定矣。大王
資侮人，[4]不能得廉節之士。顧楚有可亂者，[5]彼項王
骨鯁之臣亞父、鍾離昧、龍且、周殷之屬，[6]不過數人
耳。大王能出捐數萬斤金，行反間，間其君臣，以疑
其心，[7]項王爲人意忌信讒，必内相誅。漢因舉兵而攻
之，破楚必矣。"漢王以爲然，乃出黃金四萬斤予平，
恣所爲，不問出入。

[1]【今注】甬道：兩側筑有圍墙的通道，以便運輸糧草。

[2]【顔注】師古曰：言愛惜之。

[3]【顔注】如淳曰：頑頓，謂無廉隅也。師古曰：頓讀曰
鈍。耆讀曰嗜。

[4]【顔注】師古曰：資謂天性也。侮，古侮字。【今注】
案，大王，蔡琪本、大德本、殿本作"然大王"。王先謙《漢書補
注》謂《史記》"資"作"恣"，義異。

[5]【顔注】師古曰：顧，念也。

[6]【顔注】師古曰：昧音秣。且音子閭反。【今注】案，
鯁，蔡琪本同，大德本、殿本作"骾"。 亞父：范增。 鍾離昧：
項羽部將。後投靠韓信，被迫自殺。昧，蔡琪本、殿本作"眛"。

龍且：項羽部將，後爲韓信所殺。 周殷：項羽部將，後叛楚
歸漢。

[7]【顏注】師古曰：間音居莧反。

平既多以金縱反閒於楚軍，宣言諸將鍾離眛等爲項王將，功多矣，然終不得列地而王，欲與漢爲一，以滅項氏，分王其地。項王果疑之，使使至漢。漢爲太牢之具，[1]舉進，見楚使，[2]即陽驚曰："以爲亞父使，迺項王使也！"復持去，以惡草具進楚使。[3]使歸，具以報項王，果大疑亞父。亞父欲急擊下滎陽城，項王不信，不肯聽亞父。亞父聞項王疑之，迺大怒曰："天下事大定矣，君王自爲之！願乞骸骨歸！"歸未至彭城，疽發背而死。[4]

[1]【今注】太牢：祭祀社稷時，牛、羊、豕三牲全備稱爲"太牢"。在這裏是食物豐盛之意。案，太，大德本、殿本同，蔡琪本作"大"。

[2]【顏注】師古曰：舉鼎俎而來（蔡琪本、大德本此注位於"見楚使"後，殿本此注位於"舉進"後）。

[3]【顏注】服虔曰：去肴肉，更以惡草之具。

[4]【顏注】師古曰：疽，癰瘡也，音千余反。

平迺夜出女子二千人滎陽東門，楚因擊之。平迺與漢王從城西門出去。[1]遂入關，收聚兵而復東。

[1]【今注】案，《漢書考正》宋祁謂"出去"當作"夜出"。王先謙《漢書補注》謂《史記》作"夜出去"。

明年，淮陰侯信破齊，自立爲假齊王，使使言之

漢王。漢王怒而罵，平躡漢王。[1]漢王寤，迺厚遇齊
使，使張良往立信爲齊王。於是封平以戶牖鄉。用其
計策，卒滅楚。

[1]【顏注】孟康曰：躡謂躡漢王足。

　　漢六年，人有上書告楚王韓信反。高帝問諸將，
諸將曰：“亟發兵阬豎子耳。”[1]高帝默然。以問平，平
固辭謝，曰：“諸將云何？”上具告之。平曰：“人之上
書言信反，人有聞知者乎？”曰：“未有。”曰：“信知
之乎？”曰：“弗知。”平曰：“陛下兵精孰與楚？”[2]上
曰：“不能過也。”平曰：“陛下將用兵有能敵韓信者
乎？”上曰：“莫及也。”平曰：“今兵不如楚精，將弗
及，而舉兵擊之，是趣之戰也，[3]竊爲陛下危之。”上
曰：“爲之奈何？”平曰：“古者天子巡狩，會諸侯。南
方有雲夢，[4]陛下弟出僞游雲夢，[5]會諸侯於陳。[6]陳，
楚之西界，信聞天子以好出游，其勢必郊迎謁。[7]而陛
下因禽之，特一力士之事耳。”高帝以爲然，迺發使告
諸侯會陳，“吾將南游雲夢”。上因隨以行。行至陳，[8]
楚王信果郊迎道中。高帝豫具武士，見信，即執縛之。
語在《信傳》。

[1]【顏注】師古曰：亟，急也，音居力反。
[2]【顏注】師古曰：與，如也。
[3]【顏注】師古曰：趣讀曰促。
[4]【顏注】師古曰：楚澤名。夢音莫風反，又讀如本字。

【今注】雲夢：“雲”“夢”二字的本義分別爲（面積不大的）水澤、草地。公元前 7 世紀初，楚人勢力大規模進入江漢平原地區，由於江漢地區低平的地貌特徵和亞熱帶季風性氣候，同一個地方一年之中可能出現草→水→草這樣的自然景觀更替，於是，雲、夢二字的含義開始逐漸向對方的本義引申：雲有了藪（無水之澤）的含義，夢也有了水澤的意思。約公元前 6 世紀末，由於含義近同，雲、夢二字開始聯爲普通名詞片語“雲夢”，用來稱呼楚地澤水較少、野草豐茂、禽獸多見，宜於王公貴族游賞、狩獵的地方。這樣的地方在楚地自然不止一處。於是，伴隨楚國勢力的拓展，不但江漢平原及其附近，就是三峽地區、淮河流域也留下“雲夢”的身影。秦漢以降，隨着中原、楚地之間的交往日益密切，人們（尤其是非楚地人）把本爲普通名詞片語的楚地方言“雲夢”再後綴上雅言同義詞“澤藪”，以便於人們對楚地方言詞雲夢的理解。久而久之，也就出現“雲夢澤”這樣的水體名稱，並進而被不懂楚語方言的後來者視爲古代楚地跨江南北的大型湖泊的專有名稱，於是造成古今學者對古雲夢澤位置、範圍、大小、性質等方面的長期爭論。（參見周宏偉《雲夢問題的新認識》，《歷史研究》2012 年第 2 期）

[5]【顏注】師古曰：弟（弟，蔡琪本、殿本作“第”），但也，語聲急也。它皆類此。【今注】案，弟，蔡琪本、大德本、殿本作“第”。

[6]【今注】陳：縣名。治所在今河南淮陽縣。

[7]【顏注】師古曰：出其郊遠迎謁也。

[8]【今注】案，王先謙《漢書補注》謂《史記》作“行未至陳”，是也，故信迎於道中，下乃至陳而會諸侯也。本書蓋奪一“未”字。

遂會諸侯於陳。[1]還至雒陽，與功臣剖符定封，封平爲戶牖侯，世世勿絕。平辭曰："此非臣之功也。"上曰："吾用先生計謀，戰勝克敵，非功而何？"平曰："非魏無知臣安得進？"上曰："若子可謂不背本矣！"[2] 迺復賞魏無知。

[1]【今注】案，王先謙《漢書補注》謂《史記》"遂會諸侯於陳"後有"盡定楚地"句。

[2]【顏注】師古曰：若，如也。

其明年，平從擊韓王信於代。至平城，[1] 爲匈奴圍，[2] 七日不得食。高帝用平奇計，使單于閼氏解，[3] 圍以得開。[4] 高帝既出，其計祕，世莫得聞。高帝南過曲逆，[5] 上其城，望室屋甚大，曰："壯哉縣！吾行天下，獨見雒陽與是耳。"顧問御史：[6] "曲逆戶口幾何？"對曰："始秦時三萬餘戶，間者兵數起，多亡匿，今見五千餘戶。"於是詔御史，更封平爲曲逆侯，盡食之，[7] 除前所食戶牖。

[1]【今注】平城：縣名。治所在今山西大同市東。

[2]【今注】案，《漢書考正》宋祁謂"圍"字上疑有"所"字。王念孫《讀書雜志·漢書第八》亦稱言《文選》劉琨《重贈盧諶詩》注、陸機《漢高祖功臣頌》注引此，皆有"所"字，《史記》同。

[3]【今注】使單于閼氏解：閼氏，漢代匈奴單于之妻的稱號，亦作"焉提"。案，王先謙《漢書補注》謂《史記》無"解"字。

[4]【顏注】師古曰：閼氏音焉支。

[5]【顏注】孟康曰：中山蒲陰縣。【今注】曲逆：縣名。治所在今河北完縣東南。

[6]【今注】御史：吳恂《漢書注商》謂掌蘭臺圖籍秘書者，乃御史中丞，非御史也。稱御史者，省文耳。

[7]【今注】盡食之：謂以全縣爲食邑。案，錢大昕《廿二史考異·漢書三》指出，漢時封縣侯戶數多少不同。如蕭何始封鄷，食八千戶，後又益封二千戶；元狩中，以鄷戶二千四百封其曾孫慶；宣帝時，以鄷戶二千封其元孫建世。封號雖同，而租入迥別。蓋一縣之戶不止此數，除侯所食外，其餘歸之有司也。高祖功臣盡食一縣者惟平一人。

　　平自初從，至天下定後，常以護軍中尉從擊臧荼、陳豨、黥布。凡六出奇計，[1]輒益邑封。奇計或頗祕，世莫得聞也。

[1]【今注】六出奇計：錢大昭《漢書辨疑》謂間疏楚君臣，一奇計也；夜出女子二千人滎陽東門，二奇計也；躡漢王立信爲齊王，三奇計也；僞游雲夢縛信，四奇計也；解平城圍，五奇計也；其六當在從擊臧荼、陳豨、黥布時，史傳無文。又吳恂《漢書注商》認爲，史遷之後陳平，纔百年間耳，尚云“奇計或頗秘，世莫得聞也”。故徒舉其凡數而已。錢氏於二千年後，乃必欲徵之以事，其亦不可以已乎！

　　高帝從擊布軍還，病創，徐行至長安。燕王盧綰反，[1]上使樊噲以相國將兵擊之。既行，人有短惡噲者。[2]高帝怒曰：“噲見吾病，迺幾我死也！”[3]用平計，召絳侯周勃受詔牀下，曰：“陳平乘馳傳載勃代噲

將,[4] 平至軍中即斬噲頭!」二人既受詔,馳傳未至
軍,行計曰:「樊噲,帝之故人,功多,[5] 又呂后弟呂
須夫,[6] 有親且貴,帝以忿怒故欲斬之,即恐後悔。寧
囚而致上,令上自誅之。」未至軍,爲壇,以節召樊
噲。噲受詔,即反接,[7] 載檻車詣長安,[8] 而令周勃代
將兵定燕。

[1]【今注】盧綰反:事詳本書卷三四《盧綰傳》。

[2]【顏注】師古曰:陳其短失過惡於上,譖毀之(譖毀之,
蔡琪本、大德本、殿本作「謂譖毀之」)。它皆類此。

[3]【顏注】孟康曰:幾幸我死也。幾音冀。

[4]【顏注】師古曰:傳音張戀反。【今注】案,大德本無
「陳」字。 馳傳:駕傳車急行。傳車,古代驛站專用車。《史記》
卷七五《孟嘗君列傳》:「秦昭王後悔出孟嘗君,求之,已去,即使
人馳傳逐之。」

[5]【顏注】師古曰:行計,謂於道中且計也。

[6]【今注】呂須:呂后妹,嫁與樊噲,生子樊伉。案,弟呂
須夫,蔡琪本、大德本、殿本作「女弟呂嬃夫」。

[7]【顏注】師古曰:反縛兩手也。

[8]【今注】檻車:囚禁犯人或裝載猛獸的有柵欄的車。

平行聞高帝崩,[1] 平恐呂后及呂須怒,[2] 迺馳傳先
去。逢使者詔平與灌嬰屯於滎陽。平受詔,立復馳至
宮,哭殊悲,因奏事喪前。呂后哀之,曰:「君出休
矣!」平畏讒之就,[3] 因固請之,得宿衞中。[4] 太后迺
以爲郎中令,曰傅教帝。[5] 是後呂須讒迺不得行。樊噲
至,即赦復爵邑。

[1]【顏注】師古曰：未至京師，於道中聞高帝崩。

[2]【今注】須，大德本同，蔡琪本、殿本作"嬃"。本卷下同，不注。

[3]【顏注】師古曰：就，成也，言畏讒毒己者得其成計（案，王先謙《漢書補注》謂"其""成"字誤倒）。

[4]【今注】案，《漢書考正》宋祁謂"之"字可刪。王念孫《讀書雜志·漢書第八》指出，平此時但請之耳，下文"太后迺以爲郎中令"，然後得其所請。若云"因固請之，得宿衞中"，則是平已得宿衞，而下文爲贅語矣。"之"字涉上文兩"之"字而衍；《史記》無。

[5]【顏注】如淳曰：傅相之。【今注】郎中令：官名。漢列卿之一。掌管宿衞殿內門户。武帝時改爲光禄勳。

惠帝六年，相國曹參薨，安國侯王陵爲右丞相，平爲左丞相。

王陵，沛人也。始爲縣豪，高祖微時兄事陵。及高祖起沛，入咸陽，陵亦聚黨數千人，居南陽，[1]不肯從沛公。及漢王之還擊項籍，陵迺以兵屬漢。[2]項羽取陵母置軍中，陵使至，則東鄉坐陵母，欲以招陵。[3]陵母既私送使者，泣曰："願爲老妾語陵，善事漢王。漢王長者，母以老妾故持二心。妾以死送使者。"遂伏劍而死。項王怒，亨陵母。陵卒從漢王定天下。以善雍齒，雍齒，高祖之仇，陵又本無從漢之意，以故後封陵，[4]爲安國侯。[5]

[1]【今注】南陽：郡名。治宛縣（今河南南陽市宛城區）。

[2]【今注】案,《漢書考證》齊召南謂陵之初從,傳與表判然不同。據此傳,則在漢王還定三秦率五諸侯伐楚之後,故下文云"陵又本無從漢之意"也。但本書卷四二《張蒼傳》言陵解張蒼之厄,乃在沛公初定南陽、未入武關以前。王先謙《漢書補注》指出,據《高紀》,帝入南陽時陵降,特未從入關耳。救張蒼在南陽,於事理固無礙也。

[3]【顏注】師古曰:鄉讀曰嚮。

[4]【今注】後封:周壽昌《漢書注校補》謂"後封"即最後始封。《史記》卷五六《陳丞相世家》作"晚封"。

[5]【今注】安國:縣名。治所在今河北安國縣東南。

陵爲人少文任氣,[1]好直言。爲右丞相二歲,惠帝崩。高后欲立諸呂爲王,問陵。陵曰:"高皇帝刑白馬而盟曰:'非劉氏而王者,天下共擊之。'今王呂氏,非約也。"太后不說。[2]問左丞相平及絳侯周勃等,皆曰:"高帝定天下,王子弟;今太后稱制,[3]欲王昆弟諸呂,無所不可。"太后喜。罷朝,陵讓平、勃曰:"始與高帝啑而盟,諸君不在邪?[4]今高帝崩,太后女主,欲王呂氏,諸君縱欲阿意背約,何面目見高帝於地下乎!"平曰:"於面折廷爭,臣不如君;[5]全社稷,定劉氏後,君亦不如臣。"陵無以應之。於是呂太后欲廢陵,迺陽遷陵爲帝太傅,實奪之相權。[6]陵怒,謝病免,杜門竟不朝請,[7]十年而薨。[8]

[1]【今注】少文任氣:少掩飾而使性直行。

[2]【顏注】師古曰:說讀曰悦。

[3]【今注】稱制:古代皇帝駕崩或病篤及皇帝年幼時,代行

皇帝職權。

[4]【顏注】師古曰：唉，小歡也，音所甲反。【今注】案，蔡琪本、大德本、殿本"而"前有"血"字。王念孫《讀書雜志·漢書第八》謂《史記·吕太后本紀》作"唉血盟"，無"而"字。

[5]【顏注】師古曰：廷爭，謂當朝廷而諫爭。【今注】面折：當面批評。

[6]【今注】案，周壽昌《漢書注校補》謂"之"猶其也。古訓如此。本書卷三一《項籍傳》"籍以故疑范增，稍奪之權"，語相類。

[7]【顏注】師古曰：杜，塞也，閉塞其門也。請音才性反。杜字本作敓，音同。

[8]【今注】案，十年，王先謙《漢書補注》謂《史記》作"七年"。

　　陵之免，吕太后徙平爲右丞相，以辟陽侯審食其爲左丞相。[1]食其亦沛人也。漢王之敗彭城西，楚取太上皇、吕后爲質，食其以舍人侍吕后。其後從破項籍爲侯，幸於吕太后。及爲相，不治，[2]監宫中，如郎中令，公卿百官皆因決事。

[1]【顏注】師古曰：食其音異基。【今注】審食其：吕后寵臣。

[2]【顏注】鄭氏曰：不立治處（立，蔡琪本、殿本同，大德本作"二"），使止宫中也。李奇曰：不治丞相職事也。師古曰：李説是也。

　　吕須常以平前爲高帝謀執樊噲，數讒平曰："爲丞相不治事，日飲醇酒，戲婦人。”平聞，日益甚。呂太后聞之，私喜。[1]面質呂須於平前，[2]曰：“鄙語曰‘兒婦人口不可用’，顧君與我何如耳，無畏呂須之譖。”[3]

[1]【今注】私喜：王先謙《漢書補注》謂平不以能加於辟陽之上，又無治迹，不爲呂后所畏忌，故后喜之。吳恂《漢書注商》謂呂后之喜陳平好醇酒婦人，與高帝之喜蕭何求田問舍，其意略同。蓋高帝喜何無異志，呂后喜平徒耽逸樂，罔顧國事，而己得專恣自由，不復有所忌憚，其於辟陽侯，毫髮無預也。吳説是。

[2]【顏注】師古曰：質，對也。

[3]【顏注】師古曰：顧，念也。

呂太后多立諸呂爲王，平僞聽之。[1]及呂太后崩，平與太尉勃合謀，卒誅諸呂，立文帝，平本謀也。審食其免相，文帝立，舉以爲相。[2]

[1]【顏注】師古曰：謂且順從之，不乖牾也。

[2]【顏注】如淳曰：舉猶皆也。衆人之議皆以爲勃、平功多矣。師古曰：言文帝以平、勃俱舊臣，有功，皆欲以爲相。【今注】案，楊樹達《漢書窺管》謂舉當讀爲舉賢才之舉，此但言舉平以爲相耳。如、顏説均未合。

太尉勃親以兵誅呂氏，功多；平欲讓勃位，迺謝病。文帝初立，怪平病，[1]問之。平曰：“高帝時，勃功不如臣；及誅諸呂，臣功亦不如勃。願以相讓勃。”於是迺以太尉勃爲右丞相，位第一；平徙爲左丞相，位第二。賜平金千斤，益封三千户。

[1]【今注】怪平病：周壽昌《漢書注校補》謂怪其無故以病謝。

居頃之，上益明習國家事，朝而問右丞相勃曰："天下一歲決獄幾何？"[1]勃謝不知。問"天下錢穀一歲出入幾何？"勃又謝不知。汗出洽背，[2]媿不能對。上亦問左丞相平。平曰："有主者。"[3]上曰："主者爲誰乎？"平曰："陛下即問決獄，責廷尉；[4]問錢穀，責治粟内史。"[5]上曰："苟各有主者，而君所主何事也？"平謝曰："主臣！[6]陛下不知其駑下，使待罪宰相。[7]宰相者，上佐天子理陰陽，順四時，下遂萬物之宜，[8]外填撫四夷諸侯，内親附百姓，使卿大夫各得任其職也。"上稱善。勃大慙，出而讓平曰："君獨不素教我乎！"平笑曰："君居其位，獨不知其任邪？且陛下即問長安盜賊數，又欲强對邪？"[9]於是絳侯自知其能弗如平遠矣。居頃之，勃謝免相，[10]而平顓爲丞相。[11]

[1]【顔注】師古曰：臨朝問也。幾音居豈反。【今注】決獄：判決的案件。

[2]【顔注】師古曰：洽，霑也。【今注】案，洽背，王先謙《漢書補注》謂《史記》作"沾背"。

[3]【今注】案，有，蔡琪本、大德本、殿本作"各有"。

[4]【今注】廷尉：職官名。漢承秦置。掌刑獄，爲主管司法

的最高長官。列卿之一，秩中二千石。

[5]【今注】治粟内史：官名。秦漢皆置，秩中二千石，掌穀貨。秦和漢初稱治粟内史，景帝後元元年（前143）更名大農令，武帝太初元年（前104）改稱大司農。

[6]【顏注】文穎曰：惶恐之辭也，猶今言死罪也。孟康曰：主臣，主群臣也，若今言人主。晉灼曰：主，擊也。臣，服也。言其擊服，惶恐之辭。師古曰：文、晉二説是也。

[7]【顏注】師古曰：駑，凡馬之稱，非駿者也，故以自喻。駑音奴。

[8]【顏注】師古曰：遂，申也。

[9]【今注】案，《漢書考正》劉攽謂盜賊數亦自有主者。謂不當問細故也。強，大德本同，蔡琪本、殿本作“彊”。

[10]【今注】案，勃謝免相，蔡琪本、大德本、殿本作“勃謝病請免相”。

[11]【顏注】師古曰：頗與專同。【今注】案，周壽昌《漢書注校補》謂此後無左右丞相。

孝文二年，平薨，謚曰獻侯。傳子至曾孫何，坐略人妻棄市。[1]王陵亦至玄孫，坐酎金國除。[2]辟陽侯食其免三歲而爲淮南王所殺，[3]文帝令其子平嗣侯。淄川王反，辟陽近淄川，[4]平降之，國除。

[1]【今注】棄市：處死。古時常於鬧市處死罪犯，並抛尸於市，故曰“棄市”。

[2]【今注】酎金：漢代天子以酒祭祀宗廟時諸侯貢獻的助祭金。

[3]【今注】案，三，蔡琪本、大德本、殿本作“後三”。

[4]【今注】辟陽近淄川：辟陽在今河北衡水市冀州區東南，

淄川王國國都劇縣在今山東壽光縣東南，兩地相近。

　　始平曰：“我多陰謀，道家之所禁。[1]吾世即廢，亦已矣，不能復起，以吾多陰禍也。”[2]其後曾孫陳掌以衛氏親戚貴，[3]願得續封之，然終不得也。

[1]【顏注】師古曰：此平謂陳平。

[2]【今注】陰禍：古人以爲行善則積陰功，行惡則積陰禍。

[3]【顏注】師古曰：掌妻，衛子夫之姊。

　　周勃，沛人也。[1]其先卷人也，[2]徙沛。勃以織薄曲爲生，[3]常以吹簫給喪事，[4]材官引强。[5]

[1]【今注】案，也，蔡琪本、殿本同，大德本無“也”字。

[2]【顏注】師古曰：卷，縣名也，《地理志》屬河南，音丘權反。其下亦同。【今注】卷：縣名。治所在今河南原陽縣西。

[3]【顏注】蘇林曰：薄一名曲。《月令》曰“具曲植”。師古曰：許慎云葦薄爲曲也。

[4]【顏注】師古曰：吹簫以樂喪賓，若樂人也（王先謙《漢書補注》謂顏注本臣瓚《索隱》引“賓”作“殯”，是）。【今注】案，沈欽韓《漢書疏證》引《鹽鐵論·散不足》：“今俗因人之喪以求酒肉，幸與小坐而責辨，歌舞俳優，連笑伎戲。”稱此沿秦俗之弊。

[5]【顏注】服虔曰：能引强弓弩官也（强，大德本、殿本同，蔡琪本作“彊”。本注下同）。孟康曰：如今挽强司馬也。師古曰：强音其兩反。【今注】案，陳直《漢書新證》謂勃與申屠嘉傅之材官蹶張相似。《漢官儀》云：“民年二十三爲正，一歲以爲衛

士，一歲以爲材官。”蓋即漢代之正卒。北邊爲騎士，內郡爲材官。水鄉爲樓船士。“引强”專指强弓而言，漢人稱弓，可以簡稱爲“彊”。强，大德本、殿本同，蔡琪本作“彊”。

　　高祖爲沛公初起，勃以中涓從攻胡陵，[1]下方與。[2]方與反，與戰，卻敵。攻豐。[3]擊秦軍碭東。[4]還軍留及蕭。[5]復攻碭，破之。下下邑，[6]先登。[7]賜爵五大夫。[8]攻蘭、虞，[9]取之。擊章邯車騎殿。[10]略定魏地。攻轅戚、東緡，以往至栗，[11]取之。攻齧桑，[12]先登。擊秦軍阿下，[13]破之。追至濮陽，[14]下甄城。[15]攻都關、定陶，[16]襲取宛朐，[17]得單父令。[18]夜襲取臨濟，攻壽張，[19]以前至卷，破李由雍丘下。[20]攻開封，[21]先至城下爲多。[22]後章邯破項梁，沛公與項羽引兵東如碭。自初起沛還至碭，一歲二月。楚懷王封沛公號武安侯，爲碭郡長。沛公拜勃爲襄賁令。[23]從沛公定魏地，攻東郡尉於成武，[24]破之。[25]攻長社，[26]先登。攻潁陽、緱氏，[27]絶河津。擊趙賁軍尸北。[28]南攻南陽守齮，[29]破武關、嶢關。攻秦軍於藍田。[30]至咸陽，滅秦。

　　[1]【今注】胡陵：縣名。治所在今山東魚臺縣東南。

　　[2]【顏注】師古曰：音房豫。【今注】方與：縣名。治所在今山東魚臺縣北。

　　[3]【今注】豐：邑名。治所在今江蘇豐縣。

　　[4]【今注】碭：秦郡名。治碭縣（今河南永城市北）。

　　[5]【今注】蕭：縣名。治所在今安徽蕭縣西北。

　　[6]【今注】下邑：縣名。治所在今安徽碭山縣。

　　[7]【今注】先登：先攻上城墻。

　　[8]【今注】五大夫：爵名。秦漢二十等爵制第九級。

　　[9]【今注】攻蘭虞：《漢書考證》齊召南指出，《史記》作
"攻蒙、虞"，是也。此承"下邑"之文。本書卷三九《曹參傳》
亦曰"攻下邑以西，至虞"。據本書《地理志》，梁國即秦碭郡也，
下邑、蒙、虞三縣俱屬梁國。此文"蘭"應作"蒙"。王先謙《漢
書補注》亦認爲，地無"蘭虞"名，齊説是。蒙，縣名。治所在
今河南商丘市東北。虞，縣名。治所在今河南虞城縣北。

　　[10]【顏注】師古曰：殿之言填也，謂鎮軍後以扞敵。勃擊
破章邯之殿兵也。殿音丁見反。【今注】殿：《漢書考正》劉奉世
謂殿、最、多，皆功之高下名品也。周壽昌《漢書注校補》以爲，
殿，爲高帝殿後也。"擊章邯車騎"句，"殿"一字句。王先謙
《漢書補注》稱殿若是名品，則下功也，傳不當書。劉説謬。顏、
周二説並通。據本書《曹參傳》"擊秦將章邯車騎"，則是以"章
邯車騎"爲句矣。周説較優。

　　[11]【顏注】師古曰：緡音昏。【今注】轅戚：縣名。治所在
今山東嘉祥縣西南。　東緡：縣名。治所在今山東金鄉縣東北。
栗：縣名。治所在今河南夏邑縣。

　　[12]【今注】齧桑：邑名。治所在今江蘇沛縣西南。

　　[13]【今注】阿下：東阿（今山東東阿縣西南）城下。

　　[14]【今注】濮陽：縣名。治所在今河南濮陽市西南。

　　[15]【今注】鄿：《漢書考證》齊召南謂"鄿"當作"甄"。
甄城，邑名。治所在今山東鄄城縣北，與東阿、濮陽相近。鄿城，
在今安徽宿州市，距東阿、濮陽甚遠。

　　[16]【今注】都關：縣名。治所在今山東鄄城縣西。　定陶：
縣名。治所在今山東河澤市定陶區西北。

　　[17]【今注】宛朐：縣名。治所在今山東菏澤市西南。王先

謙《漢書補注》謂"宛朐"即"冤句"。

[18]【顏注】師古曰：音善甫。【今注】單父：縣名。治所在今山東單縣。

[19]【今注】壽張：縣名。治所在今山東東平縣西。

[20]【今注】雍丘：縣名。治所在今河南杞縣。

[21]【今注】開封：縣名。治所在今河南開封市南。

[22]【顏注】文穎曰：勃士卒至者多也。如淳曰：《周禮》"戰功曰多"。師古曰：多謂功多也。

[23]【顏注】師古曰：賁音肥。【今注】襄賁：沈欽韓《漢書疏證》謂《史記》作"虎賁令"，徐廣曰："一云'句盾令'。"《史記》是也。高祖方用勃爲將，安得遠縣棄之！

[24]【今注】東郡：治濮陽（今河南濮陽市西南）。　成武：縣名。治所在今山東成武縣。

[25]【今注】案，王先謙《漢書補注》謂《史記》有"擊王離軍，破之"六字。並指出本書《曹參傳》亦有"擊王離軍成陽南"，正在項羽渡河救趙之前。此誤脫。

[26]【今注】長社：縣名。治所在今河南長葛縣東北。

[27]【今注】潁陽：縣名。治所在今河南許昌市建安區。緱氏：縣名。治所在今河南偃師市東南。

[28]【顏注】師古曰：賁音奔。尸即尸鄉。

[29]【今注】南陽守齮：南陽郡守呂齮。

[30]【今注】案，王先謙《漢書補注》謂《史記》"攻"作"破"，是。

項羽至，以沛公爲漢王。漢王賜勃爵爲威武侯。從入漢中，拜爲將軍。還定三秦，賜食邑懷德。[1]攻槐里、好畤，最。[2]北擊趙賁、內史保於咸陽，[3]最。北救漆。[4]擊章平、姚卬軍。西定汧[5]還下郿、頻陽。[6]

圍章邯廢丘，[7] 破之。西擊益已軍，破之。[8] 攻上
邽。[9] 東守嶢關。擊項籍。攻曲遇，最。[10] 還守敖
倉，[11] 追籍。籍已死，因東定楚地泗水、東海郡，[12]
凡得二十二縣。還守雒陽、櫟陽，[13] 賜與潁陰侯共食
鍾離。[14] 以將軍從高祖擊燕王臧荼，破之易下。所將
卒當馳道爲多。[15] 賜爵列侯，剖符世世不絶。食絳八
千一百八十户。[16]

[1]【今注】懷德：縣名。治所在今陝西大荔縣東南。

[2]【顏注】如淳曰：於將率之中功爲最也。【今注】槐里：
縣名。治所在今陝西興平市東南。　好畤：縣名。治所在今陝西乾
縣東好畤村。

[3]【今注】内史：初爲史官名。始置於西周，或稱作册内
史、作命内史，掌管著作簡册，策命諸侯卿大夫，佐天子制禄頒
賞，依據法令考核政事，督察百官，爲機要之任，除冢宰之外，他
卿均無以與之相比。春秋時沿置。戰國秦亦置内史，掌治京畿地
方，相當於後世的京兆尹。西漢景帝前元二年（前 155）分京師地
區爲左右内史。漢武帝太初元年（前 104）更名右内史爲京兆尹，
左内史爲左馮翊，與右扶風合稱“三輔”，分治關中之地，各有
屬縣。

[4]【顏注】師古曰：漆，扶風縣。【今注】案，錢大昭《漢
書辨疑》謂“救”，當從《史記》作“攻”。　漆：縣名。治所在
今陝西彬縣。

[5]【顏注】師古曰：汧亦扶風縣，音口肩反。【今注】汧：
縣名。治所在今陝西隴縣南。案，汧，蔡琪本、大德本同，殿本作
“汧”。

[6]【顏注】師古曰：鄜即岐州鄜縣也。頻陽在櫟陽東北。

郿音媚。【今注】郿：縣名。治所在今陝西眉縣東。　頻陽：縣名。治所在今陝西富平縣東北。

[7]【今注】廢丘：縣名。秦置，治所在今陝西興平市東南南佐村。西漢改名槐里縣。

[8]【顏注】如淳曰：章邯將也。【今注】案，王先謙《漢書補注》謂《史記》“西”作“破西丞”，“益已”作“盜巴”。

[9]【顏注】師古曰：邦音圭。【今注】上邽：縣名。治所在今甘肅天水市麥積區。

[10]【顏注】師古曰：曲音丘禹反。遇音顒。【今注】曲遇：邑名。治所在今河南中牟縣。　案，王先謙《漢書補注》謂《史記》作“曲逆”，誤。

[11]【今注】敖倉：秦漢時重要糧倉，兵家必爭之地。在今河南滎陽市東北敖山。秦和兩漢在此設倉，積聚關東漕糧，經黃河轉輸關中和西北邊塞。

[12]【今注】泗水：郡名。漢改名沛郡，治相縣（今安徽濉溪縣西北）。　東海郡：治郯縣（今山東郯城縣西北）。

[13]【今注】櫟陽：縣名。治所在今陝西西安市閻良區武屯鄉。

[14]【今注】鍾離：縣名。治所在今安徽鳳陽縣東。

[15]【顏注】師古曰：當高祖所行之前。【今注】案，《漢書考正》劉敞謂馳道猶言乘輿耳。言勃將卒在馳道有功也。戰功曰多。沈欽韓《漢書疏證》提出馳道乃敵人馳車衝突之道，當之者功爲多也。注非。王先謙《漢書補注》引《史記索隱》：“或以馳道爲秦之馳道，故《賈山傳》云‘秦爲馳道，東窮燕齊’也。”認爲諸說顏、劉爲優。

[16]【今注】案，一，蔡琪本、大德本、殿本作“二”。王先謙《漢書補注》謂《史記》“二百”作“一百”。

　　以將軍從高帝擊韓王信於代，降下霍人。[1]以前至武泉，[2]擊胡騎，破之武泉北。轉攻韓信軍銅鞮，[3]破之。還，降太原六城。[4]擊韓信胡騎晉陽下，破之，下晉陽。後擊韓信軍於硰石，[5]破之，追北八十里。還攻樓煩三城，因擊胡騎平城下，所將卒當馳道爲多。勃遷爲太尉。

　　[1]【今注】霍人：縣名。治所在今山西繁峙縣西南。
　　[2]【顏注】孟康曰：縣屬雲中也。【今注】武泉：縣名。治所在今内蒙古呼和浩特市東北。
　　[3]【今注】銅鞮：縣名。治所在今山西沁縣南。
　　[4]【今注】太原：郡名。治晉陽（今山西太原市西南）。
　　[5]【顏注】應劭曰：硰音沙。孟康曰：地名也。齊恭曰：硰音赤坐反。師古曰：齊音是也。【今注】案，王先謙《漢書補注》謂“後”是“復”之誤。　硰石：邑名。治所在今山西静樂縣東北。

　　擊陳豨，屠馬邑。所將卒斬豨將軍乘馬降。[1]轉擊韓信、陳豨、趙利軍於樓煩，[2]破之。得豨將宋最、鴈門守圂。[3]因轉攻得雲中守遫、丞相箕肆、將軍博。[4]定鴈門郡十七縣，雲中郡十二縣。因復擊豨靈丘，[5]破之，斬豨丞相程縱、將軍陳武、都尉高肆。[6]定代郡九縣。[7]

　　[1]【顏注】師古曰：姓乘馬，名降也。乘音食孕反。【今注】案，王先謙《漢書補注》謂《史記》“降”作“絺”。
　　[2]【今注】趙利：陳豨部將。

［3］【顏注】師古曰：圉者，鴈門守之名，音下頓反。【今注】鴈門：郡名。治善無（今山西左玉縣東南）。

［4］【顏注】師古曰：遫（遫，蔡琪本、大德本、殿本作"遬"），古速字也。肆音弋二反。博者，亦稀將之名也。【今注】雲中：郡名。治雲中（今内蒙古呼和浩特市西南）。案，王先謙《漢書補注》謂《史記》"肆"作"肆"，"博"作"勳"，無"軍"字。案，遫，蔡琪本、大德本、殿本作"遬"。

［5］【今注】靈丘：縣名。治所在今山西靈丘縣東。

［6］【今注】案，王先謙《漢書補注》指出，《史記》"斬狶"下有"得狶"二字，謂既斬狶，又得縱等也。本書《高紀》"周勃定代，斬陳狶於當城"，與《史記》言"斬狶靈丘"異。蓋靈丘、當城相距近也。後不更言斬狶事，則此處終言之爲是。疑本書奪"得狶"二字也。

［7］【今注】代郡：治代縣（今河北蔚縣東北）。

燕王盧綰反，勃以相國代樊噲將，[1]擊下薊，[2]得綰大將抵、丞相偃、守陘、[3]太尉弱、御史大夫施屠渾都。[4]破綰軍上蘭，後擊綰軍沮陽。[5]追至長城，定上谷十二縣，[6]右北平十六縣，[7]遼東二十九縣，[8]漁陽二十二縣。[9]最從高帝得相國一人，[10]丞相二人，將軍、二千石各三人；別破軍二，下城三，定郡五，縣七十九，得丞相、大將各一人。

［1］【今注】案，錢大昭《漢書辨疑》謂時高帝怒噲，使陳平即軍中斬噲，故勃代之。又周壽昌《漢書注校補》指出，勃爲丞相在孝文初，此是虛稱。

［2］【顏注】師古曰：即幽州薊縣也，音計。【今注】薊：縣

名。治所在今北京市西南。

[3]【顏注】張晏曰：盧縮郡守，陘其名也。師古曰：陘音刑。

[4]【顏注】師古曰：姓施屠，名渾都。渾音胡昆反。

[5]【顏注】服虔曰：沮音阻。師古曰：縣名，屬上谷。【今注】案，王先謙《漢書補注》謂“後”《史記》作“復”，是。沮陽：縣名。治所在今河北懷來縣大古城村。

[6]【今注】上谷：郡名。治沮陽。

[7]【今注】右北平：郡名。漢初治無終（今天津市薊州區），後徙治平剛（今內蒙古寧城縣西）。

[8]【今注】遼東：郡名。治襄平（今遼寧遼陽市）。案，錢大昭《漢書辨疑》謂“遼東”上《史記》有“遼西”二字。案本書《地理志》，遼西縣十四，遼東縣十八，合之得三十二縣，較絳侯所定者多三縣，後又有析置者耳。且下云“定郡五”，若無遼西，止四郡矣。當從《史記》爲是。

[9]【今注】漁陽：郡名。治漁陽（今北京市懷柔區北房鎮梨園莊東）。案，錢大昭《漢書辨疑》稱“二十二縣”當作“十二縣”。王先謙《漢書補注》謂《史記》亦作“二十二縣”。

[10]【顏注】師古曰：最者，凡也。摠言其攻戰克獲之數（摠，蔡琪本、大德本同，殿本作“總”）。

　　勃爲人木強敦厚，[1]高帝以爲可屬大事。[2]勃不好文學，每召諸生説士，[3]東鄉坐責之：[4]“趣爲我語。”[5]其椎少文如此。[6]

[1]【顏注】師古曰：木謂質樸。強音其兩反（強，大德本同，蔡琪本、殿本作“彊”）。【今注】案，楊樹達《漢書窺管》謂張釋之稱勃言事曾不能出口，是其木強教厚之證。強，大德本

同，蔡琪本、殿本作"彊"。

[2]【顏注】師古曰：屬，委也，音之欲反。

[3]【今注】案，士，大德本同，蔡琪本、殿本作"事"。

[4]【顏注】如淳曰：勃自東向（向，蔡琪本、殿本作"鄉"），責諸生説士（士，蔡琪本、殿本作"事"），不以賓主之禮也。師古曰：鄉讀曰嚮。

[5]【顏注】蘇林曰：音趣舍。臣瓚曰：令直言物稱經也（物稱經也，蔡琪本、大德本、殿本作"勿稱經書也"）。師古曰：二説皆非也。趣讀曰促。謂令速言也。

[6]【顏注】服虔曰：謂訥鈍也。應劭曰：今俗名拙語爲椎儲。師古曰：椎謂樸鈍如椎也。音直推反。

勃既定燕而歸，高帝已崩矣，以列侯事惠帝。惠帝六年，置太尉官，以勃爲太尉。十一年，[1]高后崩。呂禄以趙王爲漢上將軍，呂產以呂王爲相國，秉權，欲危劉氏。[2]勃與丞相平、朱虛侯章共誅諸呂。語在《高后紀》。

[1]【今注】案，十一，蔡琪本、大德本、殿本作"十"。

[2]【今注】案，王先謙《漢書補注》謂《史記》有"勃爲太尉，不得入軍門。陳平爲丞相，不得任事"四語。

於是陰謀以爲："少帝及濟川、淮陽、恒山王皆非惠帝子，[1]呂太后以計詐名它人子，殺其母，養之後宮，令孝惠子之，立以爲後，用彊呂氏。今已滅諸呂，少帝即長用事，吾屬無類矣，[2]不如視諸侯賢者立之。"遂迎立代王，是爲孝文皇帝。

［1］【今注】少帝：劉弘，爲呂后所立。　濟川：濟川王劉太。　淮陽：淮陽王劉武。　恒山：恒山王劉朝。

［2］【顔注】師古曰：云被誅滅無遺種。

東牟侯興居，朱虛侯章弟也，曰："誅諸呂，臣無功，請得除宮。"［1］迺與太僕汝陰滕公入宮。［2］滕公前謂少帝曰："足下非劉氏，不當立。"迺顧麾左右執戟，皆仆兵罷。［3］有數人不肯去，宦者令張釋諭告，亦去。［4］滕公召乘輿車載少帝出。少帝曰："欲持我安之乎？"［5］滕公曰："就舍少府。"［6］迺奉天子法駕，［7］迎皇帝代邸，［8］報曰："宮謹除。"皇帝入未央宮，有謁者十人持戟衞端門，［9］曰："天子在也，足下何爲者？"不得入。太尉往喻，迺引兵去，皇帝遂入。是夜，有司分部誅濟川、淮陽、常山王及少帝於邸。

［1］【今注】除宮：清宮，掃除宮廷異己勢力。

［2］【今注】汝陰滕公：即夏侯嬰。傳見本書卷四一。

［3］【顔注】師古曰：仆，頓也，仆音赴（蔡琪本、大德本、殿本無"仆"字）。

［4］【顔注】師古曰：《荆燕吳傳》云張擇，今此作釋，參錯不同，未知孰是也。

［5］【顔注】師古曰：言往何所也。

［6］【今注】少府：官名。漢列卿之一。掌管山海池澤之税、飲食起居、器物製作等事，爲皇帝私府。秩中二千石。

［7］【今注】法駕：皇帝的乘輿。

［8］【今注】代邸：代王在京師的府邸。

［9］【顔注】師古曰：端門，殿之正門。

　　文帝即位，以勃爲右丞相，賜金五千斤，邑萬户。
居十餘月，[1]人或説勃曰：“君既誅諸吕，立代王，威
震天下，而君受厚賞處尊位以厭之，則禍及身矣。”[2]
勃懼，亦自危，迺謝請歸相印。上許之。歲餘，陳丞
相平卒，上復用勃爲相。十餘月，上曰：“前日吾詔列
侯就國，或頗未能行，丞相朕所重，其爲朕率列侯之
國。”迺免相就國。

　　[1]【今注】案，王先謙《漢書補注》謂《史記》作“居月
餘”。

　　[2]【顔注】師古曰：厭謂當之也。言既有大功，又受厚賞
而居尊位，以久當之不去，即禍及矣。厭音一涉反，又音烏狎反。

　　歲餘，每河東守尉行縣至絳，[1]絳侯勃自畏恐誅，
常被甲，令家人持兵以見。其後人有上書告勃欲反，
下廷尉，[2]逮捕勃治之。勃恐，不知置辭。[3]吏稍侵辱
之。勃以千金與獄吏，獄吏迺書牘背示之，[4]曰“以
公主爲證”。公主者，孝文帝女也，勃太子勝之尚
之，[5]故獄吏教引爲證。初，勃之益封，[6]盡以予薄
昭。[7]及繫急，薄昭爲言薄太后，太后亦以爲無反事。
文帝朝，太后以冒絮提文帝，[8]曰：“絳侯綰皇帝璽，
將兵於北軍，[9]不以此時反，今居一小縣，顧欲反
邪！”[10]文帝既見勃獄辭，迺謝曰：“吏方驗而出
之。”[11]於是使持節赦勃，[12]復爵邑。勃既出，曰：
“吾嘗將百萬軍，安知獄吏之貴也！”

［1］【今注】河東：郡名。治安邑（今山西夏縣西北）。　行：巡視。

［2］【今注】案，吳恂《漢書注商》謂《史記》"下廷尉"之下，更有"廷尉下其事長安"七字，班氏省之，事遂失其真矣。

［3］【顏注】師古曰：置，立也。辭，對獄之辭。【今注】案，吳恂《漢書注商》謂"置辭"，措辭也。

［4］【顏注】李奇曰：吏所執簿也。師古曰：牘，木簡，以書辭也，音讀。

［5］【顏注】師古曰：尚，配也，解在《張耳傳》。【今注】勃太子：周勃的長子周勝之。楊樹達《漢書窺管》謂漢諸侯之子稱太子，列侯之子亦然。如此傳及本書《淮南厲王劉長傳》云棘蒲侯柴武太子奇，《趙破奴傳》云破奴與其太子安國亡入漢，皆是也。

［6］【今注】案，王先謙《漢書補注》謂《史記》"益封"下有"受賜"二字。

［7］【今注】薄昭：薄太后之弟，文帝之舅。

［8］【顏注】應劭曰：陌額絮也。晉灼曰：《巴蜀異志》謂頭上巾爲冒絮。師古曰：冒，覆也，老人所覆其頭（蔡琪本、大德本、殿本"所"後有"以"字）。提，擲也。提音徒計反。

［9］【顏注】應劭曰：言勃誅諸呂，廢少帝，手貫國璽時尚不反（貫，蔡琪本、大德本同，殿本作"綰"），況今更有異乎？師古曰：綰謂引其組（蔡琪本、大德本、殿本"引"後有"結"字），音烏版反。【今注】北軍：西漢初設置在長安城内的禁衛軍。南軍屬衛尉統領，負責保衛皇宮；北軍屬中尉統領，負責保衛京城。

［10］【顏注】師古曰：顧猶倒也（倒，大德本、殿本同，蔡琪本作"到"）。

［11］【今注】案，王先謙《漢書補注》謂《史記》"吏"下衍"事"字。

[12]【今注】案，使，蔡琪本、大德本、殿本作“使使”。

勃復就國，孝文十一年薨，謚曰武侯。子勝之嗣，尚公主不相中，[1]坐殺人，死，國絶。一年，文帝乃擇勃子賢者河内太守亞夫復爲侯。[2]

[1]【顔注】如淳曰：猶言不相合當也。師古曰：意不相可也。中音竹仲反。

[2]【今注】案，蔡琪本、大德本、殿本此句作“弟亞夫復爲侯”。

亞夫爲河内守時，許負相之：[1]“君後三歲而侯。侯八歲，爲將相，持國秉，[2]貴重矣，於人臣無二。後九年而餓死。”亞夫笑曰：“臣之兄以代父侯矣，有如卒，子當代，我何説侯乎？然既以貴如負言，又何説餓死？指視我。”[3]負指其口曰：“從理入口，此餓死法也。”[4]居三歲，兄絳侯勝之有罪，文帝擇勃子賢者，皆推亞夫，迺封爲條侯。[5]

[1]【顔注】應劭曰：許負，河内溫人，老嫗也。

[2]【顔注】師古曰：秉音彼命反。

[3]【顔注】師古曰：視讀曰示。

[4]【顔注】師古曰：從，豎也，音子容反。

[5]【顔注】師古曰：縣在勃海。《地理志》作蓨字（蓨，大德本同，蔡琪本、殿本作“脩”），其音同耳。【今注】條：縣名。治所在今河北景縣南。

　　文帝六年,[1]匈奴大入邊。以宗正劉禮爲將軍軍霸上,[2]祝茲侯徐厲爲將軍軍棘門,[3]以河內守亞夫爲將軍軍細柳,[4]以備胡。上自勞,[5]至霸上及棘門軍,直馳入,將以下騎出入送迎。已而之細柳軍,軍士吏被甲,銳兵刃,彀弓弩,持滿。[6]天子先驅至,不得入。[7]先驅曰:“天子且至!”軍門都尉曰:“軍中聞將軍之令,不聞天子之詔。”有頃,上至,又不得入。於是上使使持節詔將軍曰:“吾欲勞軍。”亞夫迺傳言開壁門。壁門士請車騎曰:“將軍約,軍中不得驅馳。”[8]於是天子迺按轡徐行。至中營,將軍亞夫揖,[9]曰:“介胄之士不拜,請以軍禮見。”[10]天子爲動,改容式車。[11]使人稱謝:[12]“皇帝敬勞將軍。”成禮而去。既出軍門,群臣皆驚。文帝曰:“嗟乎,此真將軍矣!鄉者霸上、棘門如兒戲耳,[13]其將固可襲而虜也。至於亞夫,可得而犯邪!”稱善者久之。月餘,三軍皆罷。迺拜亞夫爲中尉。[14]

　　[1]【今注】案,六年,蔡琪本、大德本、殿本作“後六年”。

　　[2]【今注】宗正:職官名。漢承秦置。管理皇族和外戚事務。列卿之一,秩中二千石。

　　[3]【今注】棘門:地名。在今陝西咸陽市東北。

　　[4]【今注】細柳:地名。在今陝西咸陽市西南,渭河北岸。

　　[5]【今注】案,蔡琪本、大德本、殿本“勞”後有“軍”字。

　　[6]【顏注】師古曰:彀,張也,音遘。【今注】案,周壽昌《漢書注校補》謂弓弩上弦爲彀。持滿,則力拽使滿。持滿不發,

亦軍容也。

[7]【顏注】師古曰：先驅，導駕者也，若今之武候隊矣（候，殿本作“侯”）。

[8]【今注】驅馳：縱馬疾馳。

[9]【今注】案，沈欽韓《漢書疏證》謂《史記》作“持兵揖”，此脫兩字也。

[10]【顏注】應劭曰：禮，介者不拜。

[11]【顏注】師古曰：古者立乘，凡言式車者，謂俛身撫式，以禮敬人。式，車前橫木也。【今注】改容：改變臉色，變得嚴肅。

[12]【顏注】師古曰：謝，告也。

[13]【顏注】師古曰：鄉讀曰嚮。【今注】案，王先謙《漢書補注》謂《史記》“如”上有“軍”字，語意乃足。

[14]【今注】中尉：秦置，掌京城治安，屬官有丞、候、司馬、千人等。西漢初，置爲將兵武職。後遂常置，主京師治安事務，又稱備盜賊中尉，爲列卿之一，秩中二千石。

文帝且崩時，戒太子曰：“即有緩急，[1]周亞夫真可任將兵。”文帝崩，亞夫爲車騎將軍。[2]

[1]【今注】緩急：指危急之事。

[2]【今注】車騎將軍：武官名。漢文帝元年（前179）始置，以薄昭爲之，掌征伐。其後灌嬰、周亞夫、金日磾曾任此職。

孝景帝三年，吳楚反。亞夫以中尉爲太尉，東擊吳楚。因自請上曰：“楚兵剽輕，難與爭鋒。[1]願以梁委之，絕其食道，迺可制也。”[2]上許之。[3]

　　[1]【顏注】師古曰：剽音匹妙反。

　　[2]【今注】案，迺，蔡琪本、大德本同，殿本作"乃"。

　　[3]【顏注】師古曰：《吳王傳》云亞夫至淮陽，問鄧都尉，爲畫此計，亞夫乃從之。今此云自請而後行。二傳不同，未知孰是。【今注】案，沈欽韓《漢書疏證》謂鄧爲畫計，而亞夫先上請。兩傳雖異，可互參。

　　亞夫既發，至霸上，趙涉遮說亞夫曰：[1]"將軍東誅吳楚，勝則宗廟安，不勝則天下危，能用臣之言乎？"亞夫下車，禮而問之。涉曰："吳王素富，懷輯死士久矣，[2]此知將軍且行，必置閒人於殽黽阸陝之閒。且兵事上神密，將軍何不從此右去，走藍田，[3]出武關，抵雒陽，[4]閒不過差一二日，[5]直入武庫，擊鳴鼓。諸侯聞之，以爲將軍從天而下也。"[6]大尉如其計。[7]至雒陽，使吏搜殽黽閒，果得吳伏兵。乃請涉爲護軍。

　　[1]【今注】遮說：攔路而言。

　　[2]【顏注】師古曰：輯與集同。【今注】懷輯：籠絡。

　　[3]【顏注】師古曰：右謂少西去也。走音奏。

　　[4]【顏注】師古曰：祇（蔡琪本、大德本、殿本作"抵"），至也。

　　[5]【顏注】師古曰：謂右去行遲止一二日也（一，蔡琪本、殿本同，大德本作"得"）。

　　[6]【顏注】師古曰：不意其猝至。

　　[7]【今注】案，大，蔡琪本、大德本、殿本作"太"。

亞夫至，會兵滎陽。[1]吳方攻梁，梁急，請救。亞夫引兵東北走昌邑，[2]深壁而守。梁王使使請亞夫，亞夫守便宜，不往。梁上書言景帝，景帝詔使救梁。亞夫不奉詔，堅壁不出，而使輕騎兵弓高侯等絕吳楚兵後食道。[3]吳楚兵乏糧，飢，欲退，數挑戰，終不出。夜，軍中驚，內相攻擊擾亂，至於帳下。[4]亞夫堅臥不起。[5]頃之，復定。吳奔壁東南陬，[6]亞夫使備西北。已而其精兵果奔西北，不得入。吳楚既餓，迺引而去。亞夫出精兵追擊，大破吳王濞。吳王濞棄其軍，與壯士數千人亡走，保於江南丹徒。[7]漢兵因乘勝，遂盡虜之，降其縣，購吳王千金。月餘，越人斬吳王頭以告。凡相守攻三月，而吳楚破平。於是諸將迺以太尉計謀爲是。[8]由此梁孝王與亞夫有隙。

[1]【顏注】師古曰：會，集也。

[2]【顏注】師古曰：走音奏。【今注】昌邑：縣名。治所在今山東金鄉縣西北。

[3]【今注】弓高侯：韓頹當。

[4]【今注】帳下：主帥的中軍帳下。

[5]【今注】案，王先謙《漢書補注》謂《史記》"堅"作"終"。

[6]【顏注】如淳曰：陬，隅也。師古曰：音子侯反，又音鄒。

[7]【今注】丹徒：縣名。治所在今江蘇鎮江市東南。

[8]【今注】案，計謀，大德本、殿本同，蔡琪本作"謀計"。

歸，復置太尉官。五歲，迺爲丞相，[1]景帝甚重之。上廢栗太子，[2]亞夫固爭之，不得。上由此疏之。而梁孝王每朝，常與太后言亞夫之短。

[1]【今注】案，迺，蔡琪本、大德本、殿本作“遷”。

[2]【今注】栗太子：劉榮，栗妃之子。

竇太后曰：“皇后兄王信可侯也。”上讓曰：“始南皮及章武先帝不侯，[1]及臣即位，迺侯之，信未得封也。”竇太后曰：“人生各以時行耳。[2]竇長君在時，竟不得侯，死後，迺其子彭祖顧得侯。[3]吾甚恨之。帝趣侯信也！”[4]上曰：“請得與丞相計之。”與丞相計之，[5]亞夫曰：“高帝約‘非劉氏不得王，非有功不得侯。不如約，天下共擊之’。今信雖皇后兄，無功，侯之，非約也。”上默然而沮。[6]

[1]【顏注】師古曰：南皮竇彭祖，太后弟長君之子。章武，太后母弟廣國。

[2]【顏注】師古曰：言富貴當及己身也。【今注】案，周壽昌《漢書注校補》謂“人生”，《史記》作“人主”。《索隱》：“謂人主各當其時而行事，不必一一相法也。”

[3]【顏注】師古曰：顧，反也。

[4]【顏注】師古曰：趣讀曰促。

[5]【今注】案，蔡琪本、大德本、殿本無“與丞相計之”五字。

[6]【顏注】師古曰：沮者，止壞之意也，音才與反。

其後匈奴王徐盧等五人降漢，[1]上欲侯之以勸後。[2]亞夫曰："彼背其主降陛下，陛下侯之，即何以責人臣不守節者乎？"上曰："丞相議不可用。"迺悉封徐盧等爲列侯。亞夫因謝病免相。

[1]【顏注】師古曰：《功臣表》云唯徐盧。【今注】案，王先謙《漢書補注》謂按表，容城侯徐盧外，有桓侯賜、迺侯陸彊、易侯僕黮、范陽侯范代、翕侯邯鄲，俱匈奴王，以中三年（前147）十二月丁丑同日封，尚不止五人。

[2]【今注】勸後：鼓勵後來者。

頃之，上居禁中，召亞夫賜食。獨置大胾，[1]無切肉，又不置箸。亞夫心不平，顧謂尚席取箸。[2]上視而笑曰："此非不足君所乎？"[3]亞夫免冠謝上。上曰："起。"亞夫因趨出。上目送之，曰："此鞅鞅，非少主臣也！"[4]

[1]【顏注】師古曰：胾，大臠，音側吏反。【今注】大胾：大塊的肉。

[2]【顏注】應劭曰：尚席，主席者也。

[3]【顏注】孟康曰：設胾無箸者，此非不足滿於君所乎？嫌恨之也。如淳曰：非故不足君之食具，偶失之也。師古曰：孟說近之。帝言賜君食而不設箸，此由我意於君有不足乎？

[4]【今注】鞅鞅：同"怏怏"，心中不滿。 非少主臣：不是少年君主的順臣。

居無何，亞夫子爲父買工官尚方甲楯五百被可以葬者。[1]取庸苦之，不與錢。[2]庸知其盜買縣官器，[3]

怨而上變告子，事連汙亞夫。書既聞，上下吏。[4]吏簿責亞夫，[5]亞夫不對。上罵之曰："吾不用也。"[6]召詣廷尉。廷尉責問曰："君侯欲反何？"亞夫曰："臣所買器，迺葬器也，何謂反乎？"吏曰："君縱不欲反地上，[7]即欲反地下耳。"吏侵之益急。初，吏捕亞夫，亞夫欲自殺，其夫人止之，以故不得死，遂入廷尉，因不食五日，歐血而死。國絕。

[1]【顏注】如淳曰：工官，官名也。張晏曰：被，具也。五百具甲楯也。師古曰：被音皮義反。【今注】工官：主管製造器物的官。陳直《漢書新證》疑指郡國之工官而言。郡國工官所造兵器，可能運至京師，而亞父子盜買之。　尚方：主管製造皇家所用武器的官署。　甲楯：鎧甲和盾牌。

[2]【顏注】師古曰：庸謂賃也。苦謂極苦使也。

[3]【今注】縣官：指皇帝。

[4]【今注】上下吏：皇帝下令將案件交給有司處治。

[5]【顏注】如淳曰：簿音主簿之簿，簿問其辭情。師古曰：簿問者，書之於簿，一一問之也。

[6]【顏注】孟康曰：言不用汝對，欲殺之也。如淳曰：恐獄吏畏其復用事，不敢折辱也。師古曰：孟說是也。一云，帝責此吏云不勝其任，吾不用汝，故召亞夫令詣廷尉也。【今注】案，沈欽韓《漢書疏證》謂帝怒亞夫屈強不置對，直下廷尉考劾，不用問也。

[7]【今注】案，王先謙《漢書補注》謂《史記》"君"下有"侯"字，與上文合。

一歲，上迺更封絳侯勃它子堅爲平曲侯，續絳侯後。傳子建德，爲太子太傅，坐酎金免官。後有罪，國除。[1]

[1]【今注】案，王先謙《漢書補注》謂本書《高惠高后文功臣表》建德"元鼎五年坐酎金免侯"，《史記》作"坐酎金不善，元鼎五年，有罪，國除"。蓋本作"元鼎五年，坐酎金不善，有罪，國除"，史文誤倒，非"酎金不善"之外別有罪也。兩文同在元鼎五年（前112），本無不合。明此文有誤。

亞夫果餓死。死後，上迺封王信爲蓋侯。[1]至平帝元始二年，[2]繼絕世，復封勃玄孫之子恭爲絳侯，[3]千户。

[1]【今注】案，王先謙《漢書補注》謂據本書諸《表》，信封在死前。死後，大德本同，蔡琪本、殿本作"後"。

[2]【今注】元始：漢平帝年號（1—5）。

[3]【今注】案，楊樹達《漢書窺管》謂《平紀》及《高惠高后文功臣表》皆云勃玄孫共，"共""恭"字同。此云玄孫之子，與彼不同，疑傳誤也。

贊曰：聞張良之智勇，以爲其貌魁梧奇偉，[1]反若婦人女子。故孔子稱"以貌取人，失之子羽"。[2]學者多疑於鬼神，[3]如良受書老父，亦異矣。高祖數離困阸，良常有力，[4]豈可謂非天乎！陳平之志，見於社下，傾側擾攘楚、魏之間，卒歸於漢，而爲謀臣。及呂后時，事多故矣，[5]平竟自免，以智終。王陵廷争，杜門自絕，亦各其志也。周勃爲布衣時，鄙樸庸人，[6]

至登輔佐，匡國家難，誅諸吕，立孝文，爲漢伊周，[7]何其盛也！始吕后問宰相，高祖曰："陳平智有餘，王陵少戆，可以佐之；[8]安劉氏者必勃也。"又問其次，云"過此以後，非迺所及"。[9]終皆如言，聖矣夫！

[1]【顔注】應劭曰：魁梧，丘虚壯大之意也。蘇林曰：梧音悟。師古曰：魁，大貌也。悟者（悟，蔡琪本、大德本同，殿本作"梧"。本注下同），言其可驚悟，今人讀爲吾，非也。【今注】案，王念孫《讀書雜志·漢書第十六》認爲，師古以"梧"爲驚悟，則義與"魁"大不相屬，故又加一"可"字以增成其義，其失也鑿矣。魁、梧，皆大也。梧之言吴也。《方言》："吴，大也。"《後漢書》卷五八《臧洪傳》"洪體貌魁梧"，李注："梧，音吾。"蓋舊有此讀。"魁梧奇偉"四字平列，"魁"與"梧"同義，"奇"與"偉"同義。應劭以"魁梧"爲"丘虚壯大"之意，是也。

[2]【顔注】師古曰：子羽，孔子弟子澹臺滅明字，貌惡而行善，故云然也。

[3]【顔注】師古曰：謂無鬼神之事也。【今注】案，王先謙《漢書補注》謂《史記》作"學者多言無鬼神"。

[4]【顔注】師古曰：離，遭也。

[5]【顔注】師古曰：故謂中屯難也。

[6]【今注】鄙樸庸人：粗鄙之人。

[7]【顔注】師古曰：處伊尹、周公之任。

[8]【顔注】師古曰：戆，愚也，舊音下紺反，今讀音竹巷反。

[9]【顔注】師古曰：乃（乃，蔡琪本、大德本同，殿本作"迺"），汝也，言汝亦不及見也。

漢書　卷四一

樊酈滕灌傅靳周傳第十一

　　樊噲，沛人也，[1]以屠狗爲事。[2]後與高祖俱隱於芒碭山澤閒。[3]

　　[1]【今注】沛：縣名。治所在今江蘇沛縣。
　　[2]【顏注】師古曰：時人食狗亦與羊豕同，故噲專屠以賣。
　　[3]【今注】芒碭：芒山和碭山的合稱。在今河南永城市東北。

　　陳勝初起，蕭何、曹參使噲求迎高祖，立爲沛公。[1]噲以舍人從攻胡陵、方與，[2]還守豐，擊泗水監豐下，破之。[3]復東定沛，破泗守薛西。[4]與司馬𥊊戰碭東，[5]卻敵，斬首十五級，賜爵國大夫。[6]常從，沛公擊章邯軍濮陽，[7]攻城先登，斬首二十三級，賜爵列大夫。[8]從攻陽城，[9]先登。下戶牖，[10]破李由軍，[11]斬首十六級，賜上聞爵。[12]後攻圍都尉、東郡守尉於成武，[13]卻敵，斬首十四級，捕虜十六人，[14]賜爵五大夫。[15]從攻秦軍，出亳南，[16]河間守軍於杠里，破之。[17]擊破趙賁軍開封北，[18]以卻敵先登，斬候一人，首六十八級，捕虜二十六人，[19]賜爵卿。[20]從攻破揚熊於曲遇。[21]攻宛陵，[22]先登，斬首八級，捕虜四十四人，賜爵封號賢成君。[23]從攻長社、轘轅，[24]絕河津，[25]東攻秦軍尸鄉，[26]南攻秦軍於犨。[27]破南陽守齮於陽城。[28]東攻宛城，[29]先登。西至酈，[30]以郤敵，斬首十四級，捕虜四十人，賜重封。[31]攻武關，[32]至霸上，[33]斬都尉一人，首十級，捕虜百四十六人，降卒二千九百人。

[1]【顏注】師古曰：高祖時亡在外，故求而迎之。【今注】陳勝：傳見本書卷三一。　蕭何：傳見本書卷三九。　曹參：傳見本書卷三九。

[2]【顏注】師古曰：皆縣名。“方”音“房”。“與”音“豫”。【今注】胡陵：縣名。治所在今山東魚臺縣東南。　方興：縣名。治所在今山東魚臺縣西北。

[3]【顏注】師古曰：泗水，郡名。監謂御史監郡者也，破之於豐縣下。【今注】豐：邑名。治所在今江蘇豐縣。　泗水：郡名。治相縣（今安徽濉溪縣西北）。

[4]【顏注】師古曰：破郡守於薛縣之西。【今注】薛：縣名。治所在今山東微山縣東北。

[5]【顏注】師古曰：秦將章邯之司馬也。“尼”讀與“夷”同。【今注】案，王先謙《漢書補注》謂《史記》“尼”作“尼”。

[6]【顏注】文穎曰：即官大夫也，爵第六級。【今注】國大夫：即官大夫。爵名。秦漢二十等爵制的第六級。

[7]【今注】蒲陽：縣名。治所在今河南濮陽市西南。

[8]【顏注】文穎曰：即公大夫也，爵第七級。【今注】列大夫：即公大夫。爵名。秦漢二十等爵制的第七級。

[9]【今注】陽城：即成陽。縣名。治所在今山東鄄城縣東南。案，《漢書考證》齊召南謂"陽城"，《史記》作"城陽"。以上下文推之，城陽地既太遠，陽城亦尚懸隔。胡三省謂應作"成陽"是也。二史皆傳寫誤耳。

[10]【顏注】師古曰：陽武縣之鄉。【今注】户牖：鄉名。治所在今河南蘭考縣北。

[11]【今注】李由：李斯之子，時爲秦三川郡守。

[12]【顏注】張晏曰：得徑上聞也。如淳曰：《吕氏春秋》曰"魏文侯東勝齊於長城，天子賞文侯以上聞"。晉灼曰：名通於天子也。【今注】上聞爵：爵名。也作"上間爵"。錢大昭《漢書辨疑》認爲即公乘爵，爲秦二十等爵制的第八級。王先謙《漢書補注》謂《史記》作"上間"。

[13]【顏注】師古曰：圉即陳留圉縣。【今注】案，王先謙《漢書補注》謂《史記》作"從攻圉東郡守尉於成武"，無"圉都尉"三字。圉，縣名。治所在今河南杞縣西南。都尉，即秦官郡尉，漢景帝時改稱都尉，爲漢朝地方一郡之内掌佐太守典武職甲卒的最高武官。東郡，治蒲陽。成武，縣名。治所在今山東成武縣。後，殿本作"從"。

[14]【顏注】師古曰：生獲曰虜。

[15]【今注】五大夫：爵名。秦漢二十等爵制第九級。

[16]【顏注】鄭氏曰：亳，成湯封邑，今河南偃師湯亭是。【今注】亳：邑名。在今山東曹縣東南。

[17]【顏注】師古曰："杠"音"江"。【今注】河間：郡名。治樂成（今河北獻縣東南）。 杠里：邑名。治所在今山東鄄城縣。

[18]【顏注】師古曰："賁"音"奔"。【今注】開封：縣名。治所在今河南開封市南。

[19]【顏注】師古曰：既斬候一人，又更斬它首六十八。【今注】案，王先謙《漢書補注》謂《史記》"二十六"作"二十

七"。

[20]【今注】爵卿：秦漢二十等爵制中自第十級（左庶長）至第十八級（大庶長）相當於卿。

[21]【顏注】師古曰：曲，音丘羽反。"遇"音"顒"。【今注】曲遇：邑名。治所在今河南中牟縣。

[22]【今注】宛陵：邑名。治所在今河南新鄭縣東北。

[23]【顏注】張晏曰：食祿比封君而無邑也。臣瓚曰：秦制，列侯乃有封爵。師古曰：瓚說非也。楚漢之際，權設寵榮，假其位號，或得邑地，或空受爵，此例多矣。約以秦制，於義不通。

[24]【今注】長社：邑名。治所在今河南長葛市西。 轘轅：山名。在今河南偃師市東南。

[25]【今注】河津：即平陰津。在今河南孟津縣東。

[26]【今注】尸鄉：邑名。在今河南偃師市西南。

[27]【今注】犨：邑名。在今河南平頂山市西南。

[28]【今注】南陽：郡名。治宛縣（今河南南陽市宛城區）。陽城：縣名。治所在今河南方城縣。

[29]【今注】宛城：古城名。在今河南南陽市宛城區。

[30]【顏注】師古曰：南陽之縣也，音直益反。【今注】酈：縣名。治所在今河南南陽市西北。

[31]【顏注】張晏曰：益祿也。如淳曰：正爵名也。臣瓚曰：增封也。師古曰：諸家之說皆非也。重封者，加二號耳。

[32]【今注】武關：古關名。在今陝西商南縣西南丹江北岸。戰國秦置。

[33]【今注】霸上：古地名。一作"灞上"，在今陝西西安市東白鹿原北首。因地處霸水之濱得名。

項羽在戲下，[1]欲攻沛公。沛公從百餘騎因項伯面

見項羽，[2]謝無有閉關事。[3]項羽既饗軍士，中酒，[4]
亞父謀欲殺沛公，[5]令項莊拔劍舞坐中，[6]欲擊沛公，
項伯常屏蔽之。[7]時獨沛公與張良得入坐，[8]樊噲居營
外，聞事急，迺持盾入。初入營，營衛止噲，[9]噲直撞
入，立帳下。[10]項羽目之，問爲誰。張良曰："沛公參
乘樊噲也。"[11]項羽曰："壯士。"賜之巵酒彘肩。噲既
飲酒，拔劍切肉食之。[12]項羽曰："能復飲乎？"噲曰：
"臣死且不辭，豈特巵酒乎！且沛公先入定咸陽，[13]暴
師霸上，以待大王。[14]大王今日至，聽小人之言，與
沛公有隙，臣恐天下解心疑大王也。"[15]項羽默然。沛
公如厠，麾噲。既出，[16]沛公留車騎，[17]獨騎馬，噲
等四人步從，從山下走歸霸上軍，[18]而使張良謝項羽。
羽亦因遂已，[19]無誅沛公之心。是日微樊噲奔入營譙
讓項羽，沛公幾殆。[20]

[1]【今注】項羽：傳見本書卷三一，紀見《史記》卷七。
戲下：地名。在今陝西西安市臨潼區東北。

[2]【今注】項伯：項羽叔父，與張良相好。

[3]【今注】閉關事：詳見本書卷三一《項籍傳》。

[4]【顏注】張晏曰：酒酣也。師古曰：飲酒之中也。不醉
不醒，故謂之中。中，音竹仲反。【今注】案，顧炎武《日知錄》
卷二七認爲，中酒，謂酒半也。《呂氏春秋》謂之"中飲"。凡事
之半曰中。中酒，猶今人言"半席"。本書卷五七《相如傳》"酒
中樂酣"，師古曰："酒中，飲酒之半也。"一人注書，前後不同。
周壽昌《漢書注校補》謂時飲酒未終宴，賓主各懷意慮，何暇計及
醉醒，又豈能如尋常燕飲以中酒爲盡歡耶？此"中"字讀如本音，
不得音竹仲反，明矣。《相如傳》顏注"音竹仲反"，亦同此誤。

王先謙《漢書補注》稱"中酒"二字，唐、宋詩人用之，皆讀平聲，足證顏氏之非。

　　[5]【今注】亞父：范增。

　　[6]【今注】項莊：項羽部將。秦末下相（今江蘇宿遷市西南）人。戰國時楚國貴族後裔。

　　[7]【今注】案，王先謙《漢書補注》謂《史記》"屏"作"肩"，誤。《項羽紀》作"翼蔽"，與"屏蔽"義同。

　　[8]【今注】張良：傳見本書卷四〇。

　　[9]【顏注】師古曰：營衞，謂營壘之守衞者。

　　[10]【顏注】師古曰：謂以盾撞擊人。撞，音丈江反。

　　[11]【今注】參乘：也作"驂乘"。陪乘，古代乘車，尊者在左，御者居中，又一人在右，稱參乘或車右。

　　[12]【今注】案，王先謙《漢書補注》謂《史記》"食"下有"盡"字。

　　[13]【今注】咸陽：秦朝國都。故城遺址在今陝西咸陽市渭城區窰店鎮一帶。

　　[14]【顏注】師古曰：時項羽未爲王，故《高紀》云"以待將軍"。此言大王，史追書耳。

　　[15]【今注】解心：産生思想分歧。

　　[16]【今注】案，蔡琪本、大德本、殿本"既出"前有"去"字。

　　[17]【顏注】師古曰：沛公所乘之車及從者之騎。

　　[18]【今注】案，王先謙《漢書補注》謂《史記》"山"上有"閒道"二字。本書卷一上《高紀上》作"從閒道走軍"。此二字不可少。

　　[19]【顏注】師古曰：已，止也。

　　[20]【顏注】師古曰：微，無也。譙，責也。殆，危也。譙，音才笑反。幾，音鉅依反。

後數日，[1]項羽入屠咸陽，立沛公爲漢王。漢王賜噲爵爲列侯，[2]號臨武侯。遷爲郎中，[3]從入漢中。[4]

[1]【今注】案，王先謙《漢書補注》謂《史記》作"明日"。本書卷一上《高紀上》作"後數日"，此班改正者。

[2]【今注】列侯：爵名。即徹侯。秦漢二十等爵制的第二十級，爲最高爵位。因避漢武帝劉徹諱，改稱通侯或列侯。

[3]【今注】郎中：官名。戰國時齊與三晉（韓、趙、魏）設郎中，爲侍衛之官。秦漢沿置，屬光禄勳。初時郎中分部爲車郎、户郎、騎郎諸職，分別爲皇帝的車騎侍從和守衛門户。其後則五官、左、右三中郎將署與虎賁中郎將署均置郎中。東漢轉爲尚書臺的屬官，初任稱郎中，一年後稱尚書郎，主管曹司事務。

[4]【今注】漢中：郡名。秦時治南鄭（今陝西漢中市），漢時移治西城（今陝西安康市西北）。

還定三秦，別擊西丞白水北，[1]雍輕車騎雍南，[2]破之。從攻雍、斄城，先登。[3]擊章平軍好時，[4]攻城，先登陷陣，斬縣令丞各一人，首十一級，虜二十人，遷爲郎中騎將。[5]從擊秦車騎壤東，[6]卻敵，遷爲將軍。攻趙賁，下郿、槐里、柳中、咸陽；[7]灌廢丘，最。[8]至櫟陽，[9]賜食邑杜之樊鄉。[10]從攻項籍，屠煮棗，[11]擊破王武、程處軍於外黃。[12]攻鄒、魯、瑕丘、薛。[13]項羽敗漢王於彭城，[14]盡復取魯、梁地。噲還至滎陽，[15]益食平陰二千户，[16]以將軍守廣武一歲。[17]項羽引東，從高祖擊項籍，下陽夏，[18]虜楚周將軍卒四十人。[19]圍項籍陳，大破之。[20]屠胡陵。[21]

[1]【顏注】服虔曰：西丞，縣名也。晉灼曰：白水，今廣魏縣也（大德本、殿本"今廣"後有"平"字，蔡琪本無）。《地理志》無西丞，似秦將名也。師古曰：二説竝非也（竝，大德本同，蔡琪本、殿本作"並"）。西謂隴西郡西縣也。白水，水名，經西縣東南流而過。言擊西縣之丞於白水之北。【今注】西：縣名。治所在今甘肅天水市西南。　丞：官名。秦漢時自中央到地方長官的副職多稱丞。　白水：水名。即今甘肅天水附近的白水江。

[2]【今注】雍輕車騎雍南：前一個"雍"指雍王章邯。後一個"雍"指雍縣，治所在今陝西鳳翔縣南。案，雍輕車騎，蔡琪本、大德本、殿本作"擁輕車騎"。

[3]【顏注】師古曰："斄"讀與"邰"同，縣名，即后稷所封，今武功故城是，音"胎"。【今注】斄：縣名。治所在今陝西武功縣西南。

[4]【今注】章平：章邯之弟。　好畤：縣名。治所在今陝西乾縣東好畤村。

[5]【今注】郎中騎將：官名。又稱騎郎將。郎中令屬官。

[6]【顏注】師古曰：地名也。【今注】壤：鄉名。治所在今陝西武功縣東南。

[7]【顏注】師古曰：柳中即細柳地也，在長安西。【今注】郿：縣名。治所在今陝西眉縣東。　槐里：縣名。治所在今陝西興平市東南。　柳中：即細柳，地名。在今陝西咸陽市西南。

[8]【顏注】李奇曰：以水灌廢丘也。張晏曰：最，功第一也。晉灼曰：京輔治華陰灌北也。師古曰：《高紀》言"引水灌廢丘"，李説是也。或者云漢王自彭城敗還始灌廢丘，此時未也。此説非矣。彭城還，更灌廢丘，始平定之，無廢丘。此時已當灌矣。【今注】廢丘：邑名。治所在今陝西興平市東南。

[9]【今注】櫟陽：縣名。治所在今陝西西安市閻良區武屯鄉。

［10］【顔注】師古曰：杜縣之鄉也，今曰樊川。【今注】杜：縣名。治所在今陝西西安市東南。　樊鄉：鄉名。治所在今陝西西安市東南，秦及漢初杜縣之鄉。

［11］【顔注】晉灼曰：《地理志》無也。清河有煑棗城，《功臣表》有煑棗侯。師古曰：既云攻項籍，屠煑棗，則其地當在大河之南，非清河之城明矣，但未詳其處耳。【今注】煑棗：邑名。治所在今山東東平縣南。

［12］【今注】外黄：縣名。治所在今河南民權縣東北。

［13］【今注】鄒：縣名。治所在今山東鄒城市。　魯：縣名。治所在今山東曲阜市。　瑕丘：縣名。治所在今山東濟寧市兗州區東北。

［14］【今注】彭城：縣名。治所在今江蘇徐州市。

［15］【今注】滎陽：縣名。治所在今河南滎陽市東北。

［16］【今注】平陰：縣名。治所在今河南孟津縣東。

［17］【顔注】師古曰：即滎陽之廣武。【今注】廣武：邑名。治所在今河南滎陽市東北。

［18］【顔注】師古曰：夏，音工雅反。【今注】陽夏：縣名。治所在今河南太康縣。

［19］【顔注】師古曰：周殷。

［20］【顔注】師古曰：於陳縣圍之。【今注】陳：縣名。治所在今河南淮陽縣。

［21］【今注】胡陵：縣名。治所在今山東魚臺縣東南。

項籍死，漢王即皇帝位，以噲有功，益食邑八百户。其秋，燕王臧荼反，[1]噲從攻虜荼，定燕地。楚王韓信反，[2]噲從至陳，取信，定楚。更賜爵列侯，與剖符，世世勿絶，食舞陽，[3]號爲舞陽侯，除前所食。以將軍從攻反者韓王信於代。[4]自霍人以往至雲中，[5]與絳侯等共定之，[6]益食千五百户。因擊陳豨與曼丘臣軍，[7]戰襄國，[8]破栢人，[9]先登，降之定清河、常山凡二十七縣，[10]殘東垣，[11]遷爲左丞相。[12]破得綦母印、尹潘軍於無終、廣昌。[13]破豨別將胡人王黄軍代南，[14]因擊韓信軍參合。軍所將卒斬韓信，擊豨胡騎橫谷，[15]斬將軍趙既，虜代丞相馮梁、守孫奮、大將王黄、將軍大將一人、太僕解福等十人。[16]與諸將共定代鄉邑七十三。後燕王盧綰反，[17]噲以相國擊綰，破其丞相抵薊南，[18]定燕縣十八，鄉邑五十一。益食千三百户，定食舞陽五千四百户。從，[19]斬首百七十六級，虜二百八十七人。[20]別，破軍七，下城五，定郡六，縣五十二，得丞相一人，將軍十三人，[21]二千石以下至三百石十二人。[22]

　　[1]【今注】臧荼：秦漢之際人。原爲燕國將領。秦末農民起義後，隨從項羽入關。項羽封王，改封原燕王韓廣爲遼東王，而以荼爲燕王。不久攻殺韓廣，併其地。後反漢，被高帝擊敗俘獲。

　　[2]【今注】韓信：傳見本書卷三四。

　　[3]【今注】舞陽：縣名。治所在今河南舞陽縣西北。

　　[4]【今注】代：指代地，包括今山西大同市以東、河北張家口市以西部分地區。

　　[5]【今注】霍人：縣名。治所在今山西繁峙縣東北。　雲中：縣名。治所在今内蒙古呼和浩特市東南。

　　[6]【今注】絳侯：周勃。傳見本書卷四〇。

　　[7]【今注】陳豨：秦末漢初宛句（今山東菏澤市西南）人。初爲劉邦郎中。劉邦征匈奴至平城返，封爲列侯，任趙相國，監趙，住邊境，統領邊兵。慕戰國時魏信陵君之爲人，廣招賓客，爲

周昌所告，恐被誅乃陰使人聯絡逃亡匈奴的韓王信，舉兵反漢，自立爲代王。劉邦親自率兵征伐，被漢將樊噲擊殺。　曼丘臣：韓王信部將，隨韓王信叛漢，後亡降於匈奴。

[8]【今注】襄國：縣名。治所在今河北邢臺市西南。

[9]【今注】栢人：縣名。治所在今河北内丘縣東北。

[10]【今注】清河：郡名。治清陽（今河北清河縣東南）。常山：郡名。治元氏（今河北元氏縣西北）。

[11]【顔注】張晏曰：殘有所毀也。臣瓚曰：殘謂多所殺傷也（謂，蔡琪本、大德本同，殿本作"爲"）。師古曰：瓚説是。【今注】東垣：縣名。治所在今河北石家莊市長安區東古城村東垣故城遺址。

[12]【今注】左丞相：官名。戰國時秦武王以樗里疾、甘茂爲左右丞相，秦及漢初沿置，漢文帝時以周勃爲右丞相，陳平爲左丞相。文帝以後則僅置丞相一人。

[13]【顔注】師古曰：姓綦母，名卬也。"綦"音"其"。【今注】綦母卬：秦漢之際將領，姓綦母，名卬。　無終：縣名。治所在今天津薊州區。　廣昌：縣名。治所在今河北淶源縣北。

[14]【今注】代：縣名。治所在今河北蔚縣東北。

[15]【今注】橫谷：地名。在今河北蔚縣西北。

[16]【今注】案，王先謙《漢書補注》謂《史記》作"將軍太卜、太僕解福等十人"，是太卜乃將軍名，在十人之内，皆噲所虜獲者也。此作"將軍大將一人"，文不成義，且與上"大將"復出，明傳寫妄改。　太僕：秦漢列卿之一。除掌管皇帝輿馬之外，還兼主馬政。秩中二千石。

[17]【今注】盧綰：漢初諸侯王。豐（今江蘇豐縣）人。秦末農民戰争時，隨劉邦起兵於沛，入漢中，爲將軍。漢東擊項羽時，官太尉，爲劉邦所信任。後與劉賈擊滅臨江王共尉，又從劉邦破燕王臧荼，封燕王。趙相國陳豨發動叛亂，盧綰暗中勾結，事

敗，逃亡匈奴，匈奴單于封其爲東胡盧王。死於匈奴。

[18]【顏注】師古曰：抵，至也。一說，抵者，其丞相之名也，音丁禮反。 【今注】案，抵，蔡琪本、大德本同，殿本作"抵"。 薊：縣名。治所在今北京市西南。

[19]【今注】案，王先謙《漢書補注》謂"從"字上當有"凡"字，此總計其功，高帝功臣爲大將者傳皆有之。《曹參傳》稱"參功凡"云云，《酈商》《灌嬰》《靳歙傳》皆稱"凡"，可證。《周勃傳》作"最"，最亦凡也，其例正同。

[20]【今注】案，八十七人，王先謙《漢書補注》謂《史記》作"八十八人"。

[21]【今注】案，十三人，王先謙《漢書補注》謂《史記》作"十二人"。

[22]【今注】案，十二人，王先謙《漢書補注》謂《史記》作"十一人"。

噲以呂后弟呂須爲婦，[1]生子伉，[2]故其比諸將最親。先黥布反時，[3]高帝嘗病，[4]惡見人，臥禁中，詔户者無得入群臣。[5]群臣絳、灌等莫敢入。[6]十餘日，噲迺排闥直入，[7]大臣隨之。上獨枕一宦者臥。噲等見上流涕曰："始陛下與臣等起豐沛，定天下，何其壯也！今天下已定，又何憊也！[8]且陛下病甚，大臣震恐，不見臣等計事，顧獨與一宦者絕乎？[9]且陛下獨不見趙高之事乎？"[10]高帝笑而起。

[1]【今注】呂須：秦末漢初單父（今山東單縣）人。呂后妹，嫁與樊噲，生子樊伉。因呂后之故，特受榮寵。呂后當權，封其爲臨光侯，專權用事。呂后死，呂須與諸呂企圖奪取政權。周勃

等誅呂產、呂祿，須亦被笞殺。

[2]【顏注】師古曰："伉"音"抗"，又音"剛"。

[3]【今注】黥布：傳見本書卷三四。

[4]【顏注】師古曰：黥布未反之前。

[5]【今注】戶者：守衛門戶之人。

[6]【今注】絳：絳侯周勃。　灌：灌嬰。

[7]【顏注】師古曰：閨，宮中小門也，一曰門屏也，音土
曷反。

[8]【顏注】師古曰：憊，力極也，音蒲拜反。

[9]【顏注】師古曰：顧猶反也。

[10]【顏注】師古曰：謂始皇崩，趙高矯爲詔命，殺扶蘇而
立胡亥。

　　其後盧綰反，高帝使噲以相國擊燕。是時高帝病
甚，人有惡噲黨於呂氏，[1]即上一日宮車晏駕，則噲欲
以兵盡誅戚氏、趙王如意之屬。[2]高帝大怒，迺使陳平
載絳侯代將，[3]而即軍中斬噲。[4]陳平畏呂后，執噲詣
長安。至則高帝已崩，呂后釋噲，[5]得復爵邑。

[1]【顏注】師古曰：惡謂毀譖，言其罪惡也。

[2]【今注】戚氏：漢高祖劉邦的寵姬。能歌善舞，擅長奏
瑟、擊築。劉邦爲漢王時，於定陶（今山東菏澤市定陶區）得之。
生子如意，封趙王。漢惠帝劉盈元年（前194），戚氏爲呂后所害。

趙王如意：漢高祖少子。母戚姬。高帝七年（前200）封代王，
九年徙爲趙王。因母有寵，劉邦數欲立爲太子，以大臣與呂后反對
而罷。劉邦懼呂后謀害，乃以周昌爲趙相護衛之。惠帝亦力庇之，
然終被呂后召至長安鳩殺。

［3］【今注】陳平：傳見本書卷四〇。

［4］【顏注】師古曰：即，就也。

［5］【顏注】師古曰：釋，解也，解免其罪。

孝惠六年，噲薨，謚曰武侯，子伉嗣。而伉母呂須亦爲臨光侯，高后時用事顓權，[1]大臣盡畏之。高后崩，大臣誅呂須等，因誅伉，舞陽侯中絶數月。孝文帝立，迺復封噲庶子市人爲侯，復故邑。薨，謚曰荒侯。子佗廣嗣。六歲，其舍人上書言：“荒侯市人病不能爲人，[2]令其夫人與其弟亂而生佗廣，佗廣實非荒侯子。”[3]下吏，免。平帝元始二年，[4]繼絶世，封噲玄孫之子章爲舞陽侯，邑千户。

［1］【顏注】師古曰：“顓”與“專”同。

［2］【顏注】師古曰：言無人道也。

［3］【今注】案，周壽昌《漢書注校補》謂《史記》“六歲”下云“侯家舍人得罪他廣，怨之”，則舍人上書有因；其卷九五《樊酈滕灌傳》贊云“余與他廣通，爲言高祖功臣之興時若此云”，是他廣能存故家遺乘，亦佳公子也。

［4］【今注】元始：漢平帝年號（1—5）。

酈商，高陽人也。[1]陳勝起，商聚少年得數千人。沛公略地六月餘，商以所將四千人屬沛公於岐。[2]從攻長社，先登，賜爵封信成君。從攻緱氏，[3]絶河津，破秦軍雒陽東。從下宛、穰，[4]定十七縣。別將攻旬關，[5]西定漢中。[6]

[1]【顏注】師古曰："酈"音"歷"。【今注】高陽：邑名。治所在今河南杞縣西南。

[2]【今注】案，王先謙《漢書補注》謂據本書卷一《高紀》、卷四三《酈食其傳》，"秦三年二月，沛公過高陽，食其言其弟商爲將，將陳留兵，距二世元年沛公起事已年餘矣。此傳文異，蓋史公據樊他廣所述録之，以廣異聞，班氏因之"。《正義》謂"沛公略地至陳留，商起兵，乃六月餘得四千人從高祖"，曲爲之説，非也。　岐：地名。《史記》卷九五《樊酈滕灌列傳》《正義》曰："岐當與陳留、高陽相近也。"地或在今河南開封市南。

[3]【今注】緱氏：縣名。治所在今河南偃師市東南。

[4]【今注】穰：縣名。治所在今河南鄧州市。

[5]【顏注】師古曰：漢中旬水上之關也，今在洵陽縣。【今注】旬關：關名。在今陝西旬陽縣。

[6]【顏注】師古曰：先言攻旬關（攻，大德本同，蔡琪本、殿本作"取"）、定漢中，然後云沛公爲漢王，是則沛公從武關、藍田而來，商時別從西道平定漢中。

　　沛公爲漢王，賜商爵信成君，以將軍爲隴西都尉。[1]別定北地郡，[2]破章邯別將於烏氏、枸邑、泥陽，[3]賜食邑武城六千户。[4]從擊項籍軍，與鍾離眛戰，[5]受梁相國印，[6]益食四千户。從擊項羽二歲，[7]攻胡陵。

[1]【今注】隴西：郡名。治狄道（今甘肅臨洮縣）。

[2]【今注】案，《漢書考證》齊召南謂《史記》作"定北地、上郡"，則二郡也，此文似脱"上"字。　北地：郡名。治義渠（今甘肅寧縣西北）。

[3]【顏注】師古曰：烏氏，安定縣也。枸邑，今在豳州。

泥陽，北地縣。“氐”音“支”。“枸”音“苟”。【今注】案，《漢書考證》齊召南謂《史記》作“破雍將軍烏氐，周類軍枸邑，蘇馹軍於泥陽”，蓋烏氐守將佚其姓名，而枸邑、泥陽守將姓名具存也。此傳質言，但云破章邯別將於烏氐、枸邑、泥陽耳。　烏氐：縣名。治所在今甘肅平涼市西北。　枸邑：縣名。治所在今陝西旬邑縣東北。　泥陽：縣名。治所在今甘肅寧縣東。

　　[4]【今注】案，王先謙《漢書補注》謂《史記》作“武成”，“城”“成”通用字。　武城：縣名。治所在今陝西渭南市華州區東。

　　[5]【今注】案，王先謙《漢書補注》謂《史記》作“以隴西都尉從擊項籍軍五月，出鉅野，與鍾離昧戰，疾鬭”。

　　[6]【顏注】師古曰：漢以梁相國印授之。

　　[7]【今注】案，王先謙《漢書補注》謂《史記》“二歲”下有“三月”二字。

　　漢王即帝位，燕王臧荼反，商以將軍從擊荼，戰龍脱，[1]先登陷陳，破荼軍易下，[2]卻敵，遷爲右丞相，賜爵列侯，與剖符，世世勿絶，食邑涿郡五千户。[3]別定上谷，[4]因攻代，受趙相國印。[5]與絳侯等定代郡、鴈門，[6]得代丞相程縱、守相郭同、[7]將軍以下至六百石十九人。還，以將軍將太上皇衞一歲。十月，以右丞相擊陳豨，殘東垣。又從擊黥布，攻其前垣，[8]陷兩陳，得以破布軍，更封爲曲周侯，食邑五千一百户，除前所食。凡別破軍三，降定郡六，縣七十三，得丞相、守相、大將各一人，[9]小將二人，[10]二千石以下至六百石十九人。

［1］【顏注】孟康曰：地名也。【今注】龍脱：地名。在今河北保定市徐水區西。

［2］【顏注】師古曰：今易縣。【今注】易：縣名。治所在今河北保定市東北。

［3］【今注】涿郡：李慈銘《越縵堂讀史札記‧史記二》謂"涿郡"乃"涿縣"之誤。封酈商時尚未置涿郡，而且封列侯無有以郡者。涿縣，在今河北涿州市。

［4］【今注】上谷：郡名。治沮陽（今河北懷來縣大古城村）。

［5］【顏注】師古曰：初受梁相國印，今又受趙相國印。

［6］【今注】代郡：治代縣（今河北蔚縣東北）。　鴈門：郡名。治善無（今山西左玉縣東南）。

［7］【顏注】師古曰：守相，謂爲相而居守者。

［8］【顏注】李奇曰：前鋒堅蔽若垣牆也。或曰，軍前以大車自障若垣也。師古曰：二説皆非也。謂攻其壁壘之前垣。

［9］【今注】案，蔡琪本、大德本、殿本"大將"後有"軍"字。

［10］【今注】案，蔡琪本、大德本、殿本"小將"後有"軍"字。

　　商事孝惠帝、吕后。吕后崩，商疾不治事。[1]其子寄，字況，與吕禄善。[2]及高后崩，大臣欲誅諸吕，吕禄爲將軍，軍於北軍，[3]太尉勃不得入北軍，[4]於是廼使人劫商，令其子寄給吕禄。[5]吕禄信之，與出游，而太尉勃廼得入據北軍，遂以誅諸吕。商是歲薨，謚曰景侯。子寄嗣。天下稱酈況賣友。[6]

　　［1］【顏注】文穎曰：商有疾病，不能治官事。

[2]【今注】吕禄：西漢初外戚。建成侯釋之之子。單父（今山東單縣）人。吕后時封趙王，爲上將軍，居北軍。吕后崩，爲酈寄所紿説，解印以兵授太尉周勃，造成吕氏集團的全面失敗。其本人被斬首。

[3]【今注】北軍：西漢初設置在長安城内的禁衛軍。南軍屬衛尉統領，負責保衛皇宫；北軍屬中尉統領，負責保衛京城。

[4]【今注】太尉：職官名。始置於秦，西漢沿置，與丞相、御史大夫並稱“三公”，主掌武事，秩萬石。

[5]【今注】案，事詳本書卷一《高紀》。

[6]【今注】案，王先謙《漢書補注》謂《史記》“友”作“交”。

　　孝景時，吴、楚、齊、趙反，上以寄爲將軍，圍趙城，[1]七月不能下。[2]欒布自平齊來，[3]迺滅趙。孝景中二年，寄欲取平原君爲夫人，[4]景帝怒，下寄吏，免。上迺封商它子堅爲繆侯，[5]奉商後。傳至玄孫終根，武帝時爲大常，[6]坐巫蠱誅，[7]國除。元始中，賜高祖時功臣自酈商以下子孫爵皆關内侯，[8]食邑凡百餘人。

[1]【今注】趙城：趙王國國都邯鄲（今河北邯鄲市西南）。

[2]【今注】案，王先謙《漢書補注》謂《史記》“七月”作“十月”。

[3]【今注】欒布：傳見本書卷三七。

[4]【顔注】蘇林曰：景帝王皇后母臧兒也。

[5]【顔注】師古曰：繆，所封邑名。

[6]【今注】大常：太常，職官名。漢初名奉常，景帝時改名

太常，掌宗廟禮儀。位列九卿之首，秩中二千石。

[7]【今注】巫蠱：指漢武帝時巫蠱之禍。詳見本書卷六《武紀》、卷四五《江充傳》、卷六三《戾太子劉據傳》。

[8]【今注】關內侯：爵名。秦漢二十等爵制的第十九級，次於列侯。有侯號、封户而無封土，居京畿，有徵收租稅之權。也有特殊者，在關內有封土，食其租稅。

夏侯嬰，沛人也。爲沛厩司御，[1]每送使客，[2]還過泗上亭，[3]與高祖語，未嘗不移日也。[4]嬰已而試補縣吏，與高祖相愛。高祖戲而傷嬰，人有告高祖。高祖時爲亭長，重坐傷人，[5]告故不傷嬰，[6]嬰證之。移獄覆，[7]嬰坐高祖繫歲餘，掠笞數百，終脱高祖。

[1]【今注】司御：掌管養馬架車的人。
[2]【今注】案，送，蔡琪本、大德本同，殿本作“逢”。
[3]【今注】泗上亭：即泗水亭。在今江蘇沛縣東。
[4]【今注】移日：形容時間長。
[5]【顏注】如淳曰：爲吏傷人，其罪重。
[6]【顏注】蘇林曰：自告情故，不傷嬰也。
[7]【今注】獄覆：翻案。

高祖之初與徒屬欲攻沛也，[1]嬰時以縣令史爲高祖使。[2]上降沛一日，[3]高祖爲沛公，賜爵七大夫，[4]以嬰爲太僕，常奉車。[5]從攻胡陵平，嬰與蕭何降泗水監平，[6]平以胡陵降，賜嬰爵五大夫。從擊秦軍碭東，[7]攻濟陽，[8]下户牖，破李由軍雍丘，[9]以兵車趣攻戰疾，破之，[10]賜爵執帛。[11]從擊章邯軍東阿、濮陽下,^[12]以兵車趣攻戰疾，破之，賜爵執圭。^[13]從擊趙賁軍開封，揚熊軍曲遇。嬰從捕虜六十八人，降卒八百五十人，得印一匱。^[14]又擊秦軍雒陽東，以兵車趣攻戰疾，賜爵封，轉爲滕令。^[15]因奉車^[16]從攻定南陽，戰於藍田、芷陽，^[17]至霸上。沛公爲漢王，賜嬰爵列侯，號昭平侯，復爲太僕，從入蜀漢。^[18]

[1]【顏注】師古曰：謂始亡在外，未被樊噲召時。

[2]【今注】縣令史：縣中掌文書的小吏。

[3]【顏注】師古曰：謂父老開城門迎高祖時也。

[4]【今注】七大夫：爵名。即公大夫，秦漢二十等爵制的第七級。

[5]【顏注】師古曰：爲沛公御車。【今注】案，王先謙《漢書補注》謂《史記》作“賜嬰爵七大夫，以爲太僕”。

[6]【顏注】張晏曰：胡陵，平所止縣，何嘗給之，故與降。【今注】案，胡陵平，蔡琪本、大德本同，殿本無“平”字。

[7]【今注】碭：縣名。治所在今河南永城市東北。

[8]【今注】濟陽：縣名。治所在今河南蘭考縣東北。

[9]【今注】雍丘：縣名。治所在今河南杞縣。

[10]【顏注】師古曰：趣，讀曰“促”，謂急速也。次下亦同。【今注】案，李慈銘《越縵堂讀史札記・史記二》謂《史記》無“破之”二字。上既云“破李由軍”矣，此涉下文而誤衍。

[11]【今注】執帛：戰國時楚爵位之一。秩居執圭之下。

[12]【今注】東阿：邑名。在今山東陽穀縣東北。

[13]【今注】執圭：戰國時楚爵位之一。春秋時楚國始置，因以圭賜功臣，使持圭朝見得名。

[14]【顏注】師古曰：時自相署置官之印。

[15]【顏注】鄧展曰：今沛郡公丘縣。【今注】滕：縣名。

治所在今山東滕州市西。　令：萬戶以上縣的行政長官。本書《百官公卿表》："縣令、長，皆秦官，掌治其縣。萬戶以上爲令，秩千石至六百石。減萬戶爲長，秩五百石至三百石。"

[16]【顏注】師古曰：因此又每奉車從攻戰，以至霸上。

[17]【顏注】師古曰：芷陽後爲霸陵縣。【今注】案，王先謙《漢書補注》謂《史記》有"以兵車趣攻戰疾"句。　藍田：縣名。治所在今陝西藍田縣西。　芷陽：縣名。治所在今陝西西安市東北。

[18]【今注】蜀漢：蜀郡與漢中郡。此指漢中郡。

還定三秦，從擊項籍。至彭城，項羽大破漢軍。漢王不利，馳去。見孝惠、魯元，[1]載之。漢王急，馬罷，虜在後，[2]常蹳兩兒棄之，[3]嬰常收載行，面雍樹馳。[4]漢王怒，欲斬嬰者十餘，卒得脱，而致孝惠、魯元於豐。

[1]【今注】魯元：西漢呂后女。趙王張敖后，子偃爲魯王。高后元年（前187）卒，謚號魯元太后。

[2]【顏注】師古曰：罷，讀曰"疲"。

[3]【顏注】服虔曰："蹳"音"撥"。晉灼曰：音"足跋物"之"跋"。師古曰：服音是。

[4]【顏注】服虔曰：高祖欲斬之，故嬰圍樹走，面向樹也。應劭曰：古者立乘，嬰恐小兒墮墜，各置一面擁持之。樹，立也。蘇林曰：南方謂抱小兒爲雍樹（蔡琪本、大德本、殿本"方"後有"人"字）。面者，以面首向臨之也。師古曰：面，偝也。雍，抱持之。言取兩兒，令面背己，而抱持之以馳，故云面雍樹馳。服言圍樹而走，義尤踈越（踈，蔡琪本、大德本同，殿本作

"疎"），雍，讀曰"擁"。

漢王既至滎陽，收散兵，復振，賜嬰食邑沂陽。[1]
擊項籍下邑，[2]追至陳，卒定楚。至魯，[3]益食
茲氏。[4]

[1]【顏注】師古曰：沂，音魚依反。【今注】案，王先謙
《漢書補注》謂《史記》"沂陽"作"祈陽"。沂陽，鄉名。今地
不詳。

[2]【今注】下邑：邑名。治所在今安徽碭山縣。

[3]【今注】魯：縣名。治所在今山東曲阜市。

[4]【顏注】師古曰：茲氏，縣名，《地理志》屬太原。【今
注】茲氏：縣名。治所在今山西汾陽市東南。

漢王即帝位，燕王臧荼反，嬰從擊荼。明年，從
至陳，取楚王信。更食汝陰，[1]剖符，世世勿絕。從擊
代，至武泉、雲中，[2]益食千户。因從擊韓信軍胡騎晉
陽旁，[3]大破之。追北至平城，[4]爲胡所圍，七日不得
通。高帝使使厚遺閼氏，[5]冒頓乃開其圍一角。[6]高帝
出欲馳，嬰固徐行，弩皆持滿外鄉，[7]卒以得脱。[8]益
食嬰細陽千户。[9]從擊胡騎句注北，[10]大破之。擊胡騎
平城南，三陷陳，功爲多，賜所奪邑五百户。[11]從擊
陳豨、黥布軍，陷陳卻敵，益千户，定食汝陰六千九
百户，除前所食。

[1]【今注】汝陰：縣名。治所在今安徽阜陽市。

［2］【今注】武泉：縣名。治所在今内蒙古呼和浩特市東北。

［3］【今注】晉陽：縣名。治所在今山西太原市西南。

［4］【今注】平城：縣名。治所在今山西大同市東北。

［5］【今注】閼氏：漢代匈奴單于之妻的稱號，亦作"焉提"。

［6］【今注】冒頓：匈奴單于。姓攣鞮。秦二世元年（前209）殺父頭曼自立。建立奴隸制軍事政權，增設官職，加强軍力，東滅東胡，西逐月氏，控制西域諸國，北服丁零，南併樓煩、白羊，進占河套一帶，勢力强大。西漢初年，匈奴經常南下，成爲漢初西北地區最强勁的敵對勢力。

［7］【顏注】師古曰：故示閒暇，所以固士卒心，而令敵不測也。鄉，讀曰"嚮"。

［8］【顏注】師古曰：卒，終也。

［9］【顏注】師古曰：益其邑使食之。【今注】細陽：縣名。治所在今安徽太和縣東南。

［10］【今注】句注：句注山。在今山西代縣西北。

［11］【顏注】孟康曰：時有罪過奪邑者，以賜之。

嬰自上初起沛，常爲太僕竟高祖。[1]以太僕事惠帝。惠帝及高后德嬰之脫孝惠、魯元於下邑間也，乃賜嬰北第第一，[2]曰"近我"，以尊異之。惠帝崩，以太僕事高后。高后崩，代王之來，[3]嬰以太僕與東牟侯入清宫，[4]廢少帝，以天子法駕迎代王代邸，[5]與大臣共立文帝，復爲太僕。八歲薨，謚曰文侯。傳至曾孫頗，[6]尚平陽公主，坐與父御婢奸，自殺，國除。

［1］【今注】案，太，大德本、殿本同，蔡琪本作"大"。又，大德本、殿本"僕"後有"從"字；蔡琪本、大德本、殿本"高

祖"後有"崩"字。

[2]【顏注】師古曰：北第者，近北闕之第，嬰最第一也。故張衡《西京賦》云"北闕甲第，當道直啓"。

[3]【今注】代王：漢文帝劉恒。

[4]【今注】東牟侯：劉興居。齊悼惠王劉肥之子。

[5]【今注】天子法駕：皇帝的車駕。

[6]【顏注】師古曰：顣，音普河反。

初嬰爲滕令奉車，故號滕公。及曾孫頗尚主，主隨外家姓，號孫公主，[1]故滕公子孫更爲孫氏。

[1]【今注】案，錢大昕《廿二史考異・漢書三》謂漢景帝女平陽公主，本陽信公主，王皇后生；元帝女平陽公主，衛倢伃生；其外家皆非孫氏。此夏侯頗所尚之平陽公主蓋別一人，不知何帝女也。王先謙《漢書補注》據《衛青傳》指出，平陽侯曹壽尚武帝姊陽信長公主，後壽有惡疾，就國。上詔青尚平陽主。參之《功臣表》，曹壽即曹時也，其子襄以元光五年（前130）嗣侯，是曹時卒於元光四年，後七年當元朔五年（前124），青爲大將軍而尚平陽主，卒後與主合葬，不容更有夏侯頗尚平陽主之事。且《表》云"元光三年，頗嗣侯，十八年，元鼎二年，坐尚公主與父御姦，自殺"，是元鼎初公主尚爲頗所尚，其時平陽主適衛青久矣。足證頗所尚者，必非平陽主也。況平陽主外家非孫姓，尤明此"平陽"二字有誤。

灌嬰，睢陽販繒者也。[1]高祖爲沛公，略地至雍丘，章邯殺項梁，而沛公還軍於碭，嬰以中涓從，[2]擊破東郡尉於成武及秦軍於杠里，疾鬬，賜爵七大夫。

又從攻秦軍亳南、開封、曲遇，戰疾力，[3]賜爵執帛，號宣陵君。從攻陽武以西至雒陽，[4]破秦軍尸北。北絕河津，南破南陽守齮陽城東，遂定南陽郡。西入武關，戰於藍田，疾力，至霸上，賜爵執圭，號昌文君。

[1]【顏注】師古曰：繒者，帛之總名。【今注】睢陽：縣名。治所在今河南商丘市睢陽區。

[2]【今注】中涓：官名。亦稱"涓人"。宮內近侍。戰國始置，掌清潔事務。秦漢沿置，主通書謁出入。

[3]【顏注】孟康曰：攻戰速疾也。師古曰：疾，急速也。力，強力也（強，蔡琪本、殿本作"彊"）。

[4]【今注】陽武：縣名。治所在今河南原陽縣東南。

　沛公爲漢王，拜嬰爲郎中，從入漢中，十月，[1]拜爲中謁者。[2]從還定三秦，下櫟陽，降塞王。[3]還圍章邯廢丘，未抚。[4]從東出臨晉關，擊降殷王，[5]定其地。擊項羽將龍且、魏相項佗軍定陶南，[6]疾戰，破之。賜嬰爵列侯，號昌文侯，食杜平鄉。[7]

[1]【今注】案，王先謙《漢書補注》據《高紀》指出，漢王元年（前206）四月入漢中，五月即出襲雍，圍廢丘，八月降塞王。稽合本傳，此"十月"當作"四月"。

[2]【今注】中謁者：官名。爲大謁者之副，負責賓客的引見、接待等事務。

[3]【今注】塞王：即司馬欣。

[4]【今注】案，抚，蔡琪本、大德本、殿本作"拔"。

[5]【今注】殷王：即司馬卬。

[6]【今注】案，王先謙《漢書補注》謂本書卷三九《曹參傳》“東擊龍且、項佗定陶，破之”無“魏相”，則“魏相”非人姓名，蓋項佗爲魏相國。　　定陶：縣名。治所在今山東菏澤市定陶區西北。

[7]【顏注】師古曰：杜縣之平鄉。【今注】案，李慈銘《越縵堂讀史札記·漢書四》謂“食杜平鄉”四字衍。王先謙《漢書補注》亦稱諸傳賜名號侯，無即賜食邑者。此“食杜平鄉”與下復出，李以爲衍文，是。《史記》亦誤。

　　復以中謁者從降下碭，以至彭城。[1]項羽擊破漢王，漢王遁而西，嬰從還，軍於雍丘。王武、魏公申徒反，[2]從擊破之。攻下外黃，西收軍於滎陽。楚騎來衆，漢王迺擇軍中可爲騎將者，皆推故秦騎士重泉人李必、駱甲習騎兵，[3]今爲校尉，[4]可爲騎將。漢王欲拜之，必、甲曰：“臣故秦民，恐軍不信臣，臣願得大王左右善騎者傅之。”[5]嬰雖少，然數力戰，迺拜嬰爲中大夫，[6]令李必、駱甲爲左右校尉，將郎中騎兵擊楚騎於滎陽東，大破之。受詔別擊楚軍後，絕其饟道，[7]起陽武至襄邑。[8]擊項羽之將項冠於魯下，破之，所將卒斬右司馬、騎將各一人。[9]擊破柘公王武軍燕西，[10]所將卒斬樓煩將五人，[11]連尹一人。[12]擊王武別將桓嬰白馬下，[13]破之，所將卒斬都尉一人。以騎度河南，送漢王到雒陽，從北迎相國韓信軍於邯鄲。[14]還至敖倉，[15]嬰遷爲御史大夫。[16]

　　[1]【今注】案，蔡琪本同，大德本、殿本“以至”二字之間

有"北"字。

[2]【顏注】張晏曰：故秦將，降爲公，今反。

[3]【顏注】師古曰：重泉，縣名也，《地理志》屬左馮翊。【今注】重泉：縣名。治所在今陝西蒲城縣東南。

[4]【今注】校尉：武官名。秦置左右校尉，領兵，其地位略次於將軍。秦末，項梁初起事，部署吳中豪傑爲校尉、候、司馬。漢代校尉爲略次於將軍的武官。武帝時置中壘、屯騎、步兵、越騎、長水、胡騎、射聲、虎賁八校尉，分領特種軍隊；又有城門校尉，掌京師城門屯兵。東漢略同。

[5]【顏注】如淳曰："傅"音"附"，猶言隨從者。

[6]【今注】案，吳恂《漢書注商》認爲學者頗有以中大夫絶句者，非也。蓋"拜"字統包中大夫令及左右校尉而言，未見中大夫稱"拜"，而校尉言"令"者。中大夫令，武職，與中大夫迥別，故本書卷四《文紀》後五年，以中大夫令勉爲車騎將軍。景帝初，改衛尉爲中大夫令，學者以《百官公卿表》於景帝時始見斯名，故於前此者往往以"令"字下屬，顏氏於《文紀》以"令"勉爲姓名，蓋開其端也。

[7]【顏注】師古曰：釀，古"餉"字。

[8]【今注】襄邑：縣名。治所在今河南睢縣。

[9]【顏注】張晏曰：主右方之馬，左亦如之。晉灼曰：下所謂左右千人之騎。

[10]【顏注】師古曰：柘，縣名。公者，柘之令也。王武，其人姓名也。燕亦縣名，古南燕國也。音一千反。【今注】案，王先謙《漢書補注》謂本書卷三九《曹參》、卷四一《樊噲》《靳歙傳》及本傳上文皆不言王武是柘公，則柘公自別一人，非即王武也。顏説誤。　燕：縣名。治所在今河南延津縣東北。

[11]【顏注】李奇曰：樓煩，縣名，其人善騎射，故名射士爲樓煩，取其稱也。師古曰：解在《項羽傳》。【今注】樓煩：縣

名。治所在今山西寧武縣。

［12］【顏注】蘇林曰：楚官也。【今注】連尹：武官名。楚國設此官。《左傳》襄公十五年記"屈蕩爲連尹"。《正義》引服虔説："連尹，射官；言射相連屬也。"

［13］【今注】白馬：縣名。治所在今河南滑縣東。

［14］【今注】案，李慈銘《越縵堂讀史札記・漢書四》謂《史記》"從"作"使"。疑"從"字誤。 邯鄲：縣名。治所在今河北邯鄲市。

［15］【今注】敖倉：秦所置糧倉。在今河南滎陽市東北敖山上。

［16］【今注】御史大夫：職官名。秦始置，西漢沿置，與丞相、太尉並稱"三公"。佐丞相理國政，兼司監察。秩中二千石。

三年，以列侯食邑杜平鄉。受詔將郎中騎兵東屬相國韓信，擊破齊軍於歷下，[1]所將卒虜車騎將華母傷，[2]及將吏四十六人。降下臨淄，[3]得相田光。追齊相田橫至嬴、博，[4]擊破其騎，所將卒斬騎將一人，生得騎將四人。攻下嬴、博，破齊將軍田吸於千乘，[5]斬之。東從韓信攻龍且、留公於假密，[6]卒斬龍且，[7]生得右司馬、連尹各一人，樓煩將十人，身生得亞將周蘭。[8]

［1］【今注】歷：縣名。治所在今山東濟南市。

［2］【顏注】師古曰：華，音下化反。

［3］【今注】臨淄：縣名。治所在山東淄博市東北。

［4］【顏注】師古曰：二縣名。【今注】嬴：縣名。治所在今山東萊蕪市西北。 博：邑名。治所在今山東泰安市東南。

[5]【今注】千乘：邑名。治所在今山東高青縣東南。

[6]【顏注】師古曰：留，縣名，公，留令也。攻龍且及留令於假密。【今注】假密：縣名。治所在今山東高密市西。

[7]【顏注】師古曰：嬰所將之卒也。其下亦同。

[8]【顏注】師古曰：亞，次也。

齊地已定，韓信自立爲齊王，使嬰別將擊楚將公杲於魯北，破之。轉南，破薛郡長，[1]身虜騎將。入攻博陽，前至下相以東南僮、取慮、徐。[2]度淮，盡降其城邑，至廣陵。[3]項羽使項聲、薛公、郯公復定淮北，嬰度淮擊破項聲、郯公下邳，[4]斬薛公，下下邳、壽春。[5]擊破楚騎平陽，[6]遂降彭城。虜柱國項佗，[7]降留、薛、沛、酇、蕭、相。[8]攻苦、譙，[9]復得亞將。與漢王會頤鄉。[10]從擊項籍軍陳下，破之。所將卒斬樓煩將二人，虜將八人。[11]賜益食邑二千五百户。

[1]【顏注】師古曰：長，亦如郡守也，時每郡置長。

[2]【顏注】師古曰：僮及取慮及徐，三縣名也。取，音“趨”，又音“秋”；“慮”音“廬”。【今注】下相：縣名。治所在今江蘇宿遷市西南。　僮：縣名。治所在今安徽泗縣東北。　取慮：縣名。治所在今安徽靈璧縣東北。　徐：縣名。治所在今江蘇泗洪縣南。

[3]【顏注】蘇林曰：別將兵屯廣陵也。師古曰：此說非也。謂從下相以東南盡降城邑，乃至廣陵皆平定。【今注】廣陵：縣名。治所在今江蘇揚州市西北。

[4]【今注】下邳：縣名。治所在今江蘇睢寧縣西北。

[5]【今注】壽春：縣名。治所在今安徽壽縣。

[6]【顏注】師古曰：此平陽在東郡。【今注】平陽：邑名。在今山東鄒城市。

[7]【顏注】師古曰：佗，音徒何反。【今注】柱國：官名。戰國時楚國設置。原爲保衛國都之官。柱國原爲國都之意。《戰國策·齊策三》：“安邑者，魏之柱國也；晉陽者，趙之柱國也；鄢郢者，楚之柱國也。”高誘注：“柱國，都也。”後爲楚最高武官，亦稱上柱國。位僅次於令尹。

[8]【顏注】師古曰：凡六縣也，“鄴”音才何反。【今注】留：縣名。治所在今江蘇沛縣東南。　薛：縣名。治所在今山東微山縣東北。　鄴：縣名。治所在今河南永城市西。　蕭：縣名。治所在今安徽蕭縣西北。　相：縣名。治所在今安徽淮北市西北。

[9]【顏注】師古曰：二縣也。【今注】苦：縣名。治所在今河南鹿邑縣。　譙：縣名。治所在今安徽亳州市。殿本作“醮”。

[10]【今注】頤鄉：鄉名。治所在今河南鹿邑縣東。

[11]【今注】案，王先謙《漢書補注》謂《史記》作“虜騎將八人”，此奪“騎”字。

項籍敗垓下去也，[1]嬰以御史大夫將車騎別追項籍至東城，[2]破之。所將卒五人共斬項籍，皆賜爵列侯。降左右司馬各一人，卒萬二千人，盡得其軍將吏。下東城、歷陽。[3]度江，破吳郡長吳下，[4]得吳守，遂定吳、豫章、會稽郡。[5]還定淮北，凡五十二縣。

[1]【今注】垓下：地名。在今安徽靈璧縣東南。

[2]【今注】東城：縣名。治所在今安徽定遠縣東南。

[3]【今注】歷陽：縣名。治所在今安徽和縣。

[4]【顏注】如淳曰：雄長之長也。師古曰：此説非也。吳郡長，當時爲吳郡長，嬰破之於吳下。【今注】吳郡：陳直《漢書

新證》以爲吳郡或是項羽自置之郡。　吳：縣名。治所在今江蘇蘇州市。

　　[5]【今注】豫章：郡名。治南昌（今江西南昌市）。　會稽：郡名。治吳縣。

　　漢王即帝位，賜益嬰邑三千户。以車騎將軍從擊燕王荼。[1]明年，從至陳，取楚王信。還，剖符，世世勿絶，食潁陰二千五百户。[2]

　　[1]【今注】車騎將軍：武官名。西漢初將車騎士，故名。後遂爲高級武官稱號，位次大將軍。

　　[2]【今注】案，李慈銘《越縵堂讀史札記·漢書四》謂《史記》此下有"號曰潁陰侯"五字，不可省。潁陰，縣名。治所在今河南許昌市。

　　從擊韓王信於代，至馬邑，[1]別降樓煩以北六縣，斬代左將，[2]破胡騎將於武泉北。復從擊信胡騎晉陽下，所將卒斬胡白題將一人。[3]又受詔并將燕、趙、齊、梁、楚車騎，擊破胡騎於磝石。[4]至平城，爲胡所困。[5]

　　[1]【今注】馬邑：縣名。治所在今山西朔州市。

　　[2]【今注】案，李慈銘《越縵堂讀史札記·漢書四》謂《史記》作"左相"，是。此誤。

　　[3]【顔注】服虔曰（服虔，蔡琪本同，大德本、殿本作"師古"）：胡名也。【今注】白題：西漢時匈奴屬國名。

　　[4]【顔注】師古曰：磝，音千坐反。【今注】磝石：邑名。

治所在今山西静樂縣東北。

[5]【今注】案，王先謙《漢書補注》謂《史記》有"從還軍東垣"五字，不可省。

從擊陳豨，別攻豨丞相侯敞軍曲逆下，[1]破之，卒斬敞及特將五人。[2]降曲逆、盧奴、上曲陽、安國、安平。[3]攻下東垣。

[1]【今注】曲逆：縣名。治所在今河北順平縣東南。

[2]【顏注】師古曰：卒謂所將之卒也。特，獨也，各獨爲將。【今注】特將：周壽昌《漢書注校補》認爲係楚漢間所置將名。本書《高惠高后文功臣表》陳豨"以特將將卒五百人，前元年從起宛朐"是也。卷三四《韓信傳》亦有特將，似皆其所部裨將。

[3]【今注】盧奴：縣名。治所在今河北定州市。　上曲陽：縣名。治所在今河北曲陽縣西。　安國：縣名。治所在今河北安國市東南。　安平：縣名。治所在今河北安平縣。

黥布反，以車騎將軍先出，攻布別將於相，破之，斬亞將樓煩將三人。又進擊破布上柱國及大司馬軍。[1]又進破布別將肥銖。嬰身生得左司馬一人，所將卒斬其小將十人，追北至淮上。益邑二千五百户。[2]布已破，高帝歸，定令嬰食潁陰五千户，除前所食邑。凡從所得二千石二人，別破軍十六，降城四十六，定國一，郡二，縣五十二，得將軍二人，柱國、相各一人，二千石十人。

[1]【今注】大司馬：官名。上古時設司馬以掌軍政。周代以司馬爲夏官。春秋戰國時楚也置大司馬以掌兵。

[2]【今注】案，大德本同，蔡琪本、殿本"益邑"二字之間有"食"字。

嬰自破布歸，高帝崩，以列侯事惠帝及呂后。呂后崩，呂禄等欲爲亂。齊哀王聞之，[1]舉兵西，呂禄等以嬰爲大將軍往擊之。嬰至滎陽，乃與絳侯等謀，因屯兵滎陽，風齊王以誅呂氏事，[2]齊兵止不前。絳侯等既誅諸呂，齊王罷兵歸。嬰自滎陽還，與絳侯、陳平共立文帝。於是益封嬰三千户，賜金千斤，爲太尉。

[1]【今注】齊哀王：劉襄。齊悼惠王劉肥之子。

[2]【顔注】師古曰：風，讀曰"諷"。

三歲，絳侯勃免相，嬰爲丞相，罷太尉官。是歲，匈奴大入北地，上令丞相嬰將騎八萬五千擊匈奴。匈奴去，濟北王反，[1]詔罷嬰兵。後歲餘，以丞相薨，謚曰懿侯。傳至孫彊，有罪，絶。武帝復封嬰孫賢爲臨汝侯，奉嬰後，後有罪，國除。

[1]【今注】濟北王：劉興居。齊悼惠王劉肥之子。

傅寬，以魏五大夫騎將從，爲舍人，起橫陽。[1]從攻安陽、杠里，[2]趙賁軍於開封，及擊楊熊曲遇、陽武，斬首十二級，賜爵卿。從至霸上。沛公爲漢王，

賜寬封號共德君。[3]從入漢中，爲右騎將。定三秦，賜
食邑雕陰。[4]從擊項籍，待懷，[5]賜爵通德侯。從擊項
冠、周蘭、龍且，所將卒斬騎將一人敖下，[6]益食邑。

[1]【今注】横陽：邑名。治所在今河南商丘市西南。

[2]【今注】安陽：縣名。治所在今河南安陽市西南。

[3]【顏注】師古曰：共，讀曰“恭”。

[4]【顏注】孟康曰：縣名，屬上郡。【今注】雕陰：縣名。
治所在今陝西甘泉縣南。

[5]【顏注】服虔曰：待高帝於懷。懷，縣名也。師古曰：
《地理志》屬河內，即今懷州。【今注】懷：縣名。治所在今河南
武陟縣西南。

[6]【顏注】師古曰：敖，地名。敖倉蓋取此名也。《左氏
傳》曰“敖、鄗之間”。【今注】敖：山名。在今河南滎陽市東北。

屬淮陰，[1]擊破齊歷下軍，擊田解。屬相國參，殘
博，[2]益食邑。因定齊地，剖符，世世勿絕，封陽陵
侯，二千六百戶，除前所食。爲齊右丞相，備齊。[3]五
歲爲齊相國。

[1]【顏注】張晏曰：韓信也。信時爲相國，云淮陰者，終
言之也。

[2]【顏注】師古曰：參，曹參也。博，太山縣也（太，蔡
琪本、大德本同，殿本作“大”）。

[3]【顏注】張晏曰：時田橫未降，故設屯備。

四月，擊陳豨，屬太尉勃，以相國代丞相噲擊

豨。[1]一月，徙爲代相國，將屯。[2]二歲，爲丞相，[3]將屯。孝惠五年薨，謚曰景侯。傳至曾孫偃，謀反，誅，國除。

[1]【今注】案，王先謙《漢書補注》據本書卷四〇《周勃傳》指出，勃遷爲太尉，擊陳豨。盧綰反，勃以相國代樊噲擊綰。此文"以相國"上當更有"勃"字。"擊豨"當爲"擊盧綰"，史文脱誤也；《史記》亦誤。

[2]【顏注】如淳曰：既爲相國，有警則將卒而屯守也。師古曰：此説非也。時代國常有屯兵以備邊寇，寬爲代相，兼將此屯兵也。【今注】將屯：統領防備匈奴的屯兵。

[3]【今注】案，李慈銘《越縵堂讀史札記·漢書四》謂《史記》"丞相"上有"代"字，是也。時改諸王國之相國爲丞相。

靳歙，以中涓從，起宛朐。[1]攻濟陽。[2]破李由軍。擊秦軍開封東，斬騎千人將一人，[3]首五十七級，捕虜七十三人，賜爵封臨平君。又戰藍田北，斬車司馬二人，[4]騎長一人，[5]首二十八級，捕虜五十七人。至霸上。沛公爲漢王，賜歙爵建武侯，遷騎都尉。[6]

[1]【顏注】師古曰："歙"音"翕"。宛，音於元反。朐，音其于反。【今注】宛朐：縣名。治所在今山東菏澤市定陶區西南。

[2]【今注】濟陽：邑名。治所在今河南蘭考縣東北。

[3]【顏注】如淳曰：騎將率號爲千人。漢儀注邊郡置部都尉、千人、司馬、候也。

[4]【顏注】張晏曰：主車也。

[5]【顏注】張晏曰：騎之長。

[6]【今注】騎都尉：武官名。秦末漢初爲統領騎兵之武職，無固定職掌，不統兵時爲侍衛武官。

　　從定三秦。別西擊章平軍於隴西，破之，定隴西六縣，所將卒斬車司馬、候各四人，騎長十二人。從東擊楚，至彭城。漢軍敗還，保雍丘，擊反者王武等。略梁地，別西擊邢説軍菑南，破之，[1]身得説都尉二人，司馬、候十二人，降吏卒四千六百八十人。破楚軍滎陽東。食邑四千二百户。[2]

　　[1]【顔注】師古曰：菑，縣名也，後爲考城。説，讀曰"悦"。【今注】菑：縣名。治所在今河南民權縣東。
　　[2]【今注】案，王先謙《漢書補注》謂《史記》"食邑"上有"三年賜"三字。

　　別之河内，[1]擊趙賁軍朝歌，[2]破之，所將卒得騎將二人，車馬二百五十四。從攻安陽以東，至棘蒲，[3]下十縣。別攻破趙軍，得其將司馬二人，候四人，降吏卒二千四百人。從降下邯鄲。別下平陽，身斬守相，所將卒斬兵守郡一人，[4]降鄴。從攻朝歌、邯鄲，及別擊破趙軍，降邯鄲郡六縣。還軍敖倉，破項籍軍成皋南，擊絶楚饟道，起滎陽至襄邑。破項冠魯下。略地東至鄼、郯、下邳，[5]南至蘄、竹邑。[6]擊項悍濟陽下。還擊項籍軍陳下，破之。別定江陵，[7]降柱國、大司馬以下八人，身得江陵王，致雒陽，[8]因定南郡。[9]從至陳，取楚王信，剖符，世世勿絶，定食四千六百戶，爲信武侯。

［1］【今注】河內：郡名。治懷縣（今河南武陟縣西南）。

［2］【今注】案，《漢書考證》齊召南謂《史記》作"擊趙將
賁郝軍朝歌"，則其人姓賁名郝，係趙將，非姓趙名賁也。王先謙
《漢書補注》稱齊說是也。趙賁乃秦將，後復爲章邯將，爲曹參、
樊噲所破，見本書卷一《高紀》、卷三九《曹參傳》、卷四一《樊
噲傳》。此在河內者，自別一趙將賁郝。後人習見"趙賁"，妄刪
"將郝"兩字耳。朝歌，縣名。治所在今河南淇縣。

［3］【今注】棘蒲：邑名。治所在今河北大名縣西北。

［4］【顏注】李奇曰：或以爲郡守也，字反耳。晉灼曰：將
兵郡守也。師古曰：當言兵郡守一人也。【今注】案，王先謙《漢
書補注》謂《史記》作"斬兵守、郡守各一人"；此奪"守各"
二字。

［5］【今注】鄫：縣名。治所在今山東棗莊市東北。　郯：縣
名。治所在今山東郯城縣北。

［6］【今注】蘄：縣名。治所在今安徽宿縣南。　竹邑：縣
名。治所在今安徽宿縣北。

［7］【今注】江陵：縣名。治所在今湖北江陵縣西北。

［8］【顏注】師古曰：江陵王謂共敖之子共尉也，得而送致
於雒陽。

［9］【今注】南郡：治江陵。

以騎都尉從擊代，攻韓信平城下，還軍東垣。有
功，遷爲車騎將軍，并將梁、趙、齊、燕、楚車騎，
別擊陳豨丞相敞，破之，[1]因降曲逆。從擊黥布有功，
益封，定食邑五千三百戶。凡斬首九十級，虜百四十

二人，[2]别破軍十四，降城五十九，定郡、國各一，縣二十三，得王、柱國各一人，二千石以下至五百石三十九人。

[1]【顏注】師古曰：侯敞。
[2]【今注】案，王先謙《漢書補注》謂《史記》“四十”作“三十”。

高后五年，薨，謚曰肅侯。子亭嗣，有罪，國除。

周緤，沛人也。[1]以舍人從高祖起沛。至霸上，西入蜀漢，還定三秦，常爲參乘，賜食邑池陽。[2]從東擊項羽滎陽，絶甬道，[3]從出度平陰，[4]遇韓信軍襄國，[5]戰有利不利，終亡離上心。上以緤爲信武侯，[6]食邑三千三百户。

[1]【顏注】師古曰：緤，音息列反。
[2]【顏注】師古曰：即馮翊池陽縣。【今注】池陽：鄉名。漢惠帝時設縣，治所在今陝西涇陽縣西北。
[3]【今注】甬道：兩旁築有墻垣的通道。
[4]【今注】平陰：即平陰津。
[5]【今注】案，李慈銘《越縵堂讀史札記·漢書四》謂此傳《史記》多脱文，班氏因之。如“遇韓信軍襄國”，上下皆有佚脱。即“賜食邑池陽”，亦必先有賜爵之文。王先謙《漢書補注》進一步指出，高帝出度平陰，韓信軍修武，上馳入，奪其軍。傳蓋言此事，然非襄國也。殺趙王歇襄國，又在此事前，與遇信軍無涉。李以爲有奪文，是也。

[6]【顏注】師古曰：以其忠信，故加此號。【今注】案，王先謙《漢書補注》謂《高惠高后文功臣表》云"楚漢分鴻溝，以緤爲信"，號曰信武，蓋以此。

上欲自擊陳豨，緤泣曰："始秦攻破天下，未曾自行，今上常自行，是亡人可使者乎？"上以爲"愛我"，賜入殿門不趨。[1]

[1]【今注】案，王先謙《漢書補注》謂《史記》更有"殺人不死"四字。　趨：古代步行時的一種敬禮。在君王或尊者、賓客面前步行時，以快步疾走爲禮。

十二年，更封緤爲鄌城侯，[1]孝文五年薨，謚曰貞侯。子昌嗣，有罪，國除。景帝復封緤子應爲酂侯，[2]薨，謚曰康侯。子仲居嗣，坐爲太常有罪，[3]國除。

[1]【顏注】服虔曰：音"菅蒯"之"蒯"。蘇林曰：音薄催反。晉灼曰：《功臣表》屬長沙。師古曰：此字從崩，從邑，音蒯，非也。呂忱音"陪"，而《楚漢春秋》作憑城侯。陪、憑聲相近，此其實也。又音普肯反。【今注】案，王先謙《漢書補注》謂《史記》作"蒯成"。鄌城，鄉名。治所在今陝西寶雞市。

[2]【顏注】蘇林曰：音"多"　（殿本"音"前有"酂"字），屬沛國（大德本同，蔡琪本、殿本"多"後有"寒反"二字）。【今注】酂：縣名。治所在今安徽渦陽縣東北。

[3]【今注】太常：秦始置奉常，漢景帝中元六年（前144）改稱太常。掌禮儀祭祀，兼管文化教育。九卿之一，秩中二千石。

贊曰：仲尼稱"犂牛之子騂且角，雖欲勿用，山川其舍諸"，[1]言士不繫於世類也。[2]語曰"雖有茲基，不如逢時"，[3]信矣！樊噲、夏侯嬰、灌嬰之徒，方其鼓刀僕御販繒之時，[4]豈自知附驥之尾，[5]勒功帝籍，慶流子孫哉？當孝文時，天下以酈寄爲賣友。夫賣友者，謂見利而忘義也。若寄父爲功臣而又執劫，[6]雖摧呂禄，以安社稷，誼存君親，可也。

[1]【顏注】師古曰：《論語》載孔子爲弟子仲弓發此言也。犂，雜色；騂，赤色也。舍，置也。言牛色純而角美，堪爲犧牲，雖以其母犂色而欲不用，山川寧肯置之？喻父雖不材，不害子之美。

[2]【今注】世類：出身。

[3]【顏注】張晏曰：茲基，鉏也。言雖有田具，值時乃獲。

[4]【顏注】師古曰：鼓刀謂屠狗。

[5]【顏注】師古曰：蓋以蚊蝱爲喻，言託驥之尾，則涉千里。

[6]【顏注】師古曰：周勃等劫其父而令寄行説。

漢書　卷四二

張周趙任申屠傳第十二^[1]

　　[1]【今注】案，楊樹達《漢書窺管》謂此以諸爲御史大夫者合傳。

　　張蒼，陽武人也，^[1]好書律歷。^[2]秦時爲御史，主柱下方書。^[3]有罪，亡歸。及沛公略地過陽武，蒼以客從攻南陽。^[4]蒼當斬，解衣伏質，^[5]身長大，肥白如瓠，時王陵見而怪其美士，^[6]乃言沛公，赦勿斬。^[7]遂西入武關，^[8]至咸陽。^[9]

　　[1]【今注】陽武：縣名。治所在今河南原陽縣東南。
　　[2]【今注】好書律歷：楊樹達《漢書窺管》謂本書卷八八《儒林傳》載張蒼修《春秋左氏傳》，又《説文解字序》亦載北平侯張蒼獻《春秋左氏傳》。
　　[3]【顔注】如淳曰：方，板也，謂事在板上者也。秦置柱下史，蒼爲御史，主其事。或曰主四方文書也。師古曰：下云蒼“自秦時爲柱下御史，明習天下圖書計籍”，則主四方文書是也。柱下，居殿柱之下，若今侍立御史矣。【今注】御史：御史大夫屬官。　主柱下方書：指主管朝廷議事的記錄以及各地上奏的文書。案，《漢書考證》齊召南謂柱下史，本周制，而秦因之。老子在周

爲柱下史是也。王先謙《漢書補注》稱如注"謂"下脱"書"字，《史記集解》引有。

[4]【今注】南陽：郡名。治宛縣（今河南南陽市宛城區）。

[5]【顏注】師古曰：質，鑕也。【今注】案，王先謙《漢書補注》謂《史記》"當斬"上有"坐法"二字，不可省。 質：古刑具，鍘刀的底座。

[6]【今注】王陵：劉邦部將，封安國侯。傳見本書卷四〇。

[7]【今注】案，周壽昌《漢書注校補》謂王陵時雖未從沛公，實同在南陽，亦未與沛公爲敵。或偶過沛公，適見蒼被罪，愛而爲言以救之耳。

[8]【今注】武關：關隘名。在今陝西商南縣東南。 案，王先謙《漢書注補注》謂《史記》"遂"下有"從"字。

[9]【今注】咸陽：秦朝國都。故城遺址在今陝西咸陽市渭城區窰店鎮一帶。

沛公立爲漢王，入漢中，[1]還定三秦。[2]陳餘擊走常山王張耳，[3]耳歸漢，漢以蒼爲常山守。從韓信擊趙，[4]蒼得陳餘。趙地已平，漢王以蒼爲代相，[5]備邊寇。已而徙爲趙相，相趙王耳。耳卒，相其子敖。[6]復徙相代。[7]燕王臧荼反，[8]蒼以代相從攻荼有功，封爲北平侯，[9]食邑千二百户。

[1]【今注】漢中：郡名。治南鄭（今陝西漢中市）。

[2]【今注】三秦：項羽分封，以秦關中舊地分封秦降將章邯爲雍王，司馬欣爲塞王，董翳爲翟王，合稱三秦。漢元年（前206）五月，圍章邯於廢丘。八月，司馬欣、董翳降漢，故稱還定三秦。

[3]【今注】陳餘張耳：傳俱見本書卷三二。 常山：郡國

名。治東垣（今河北石家莊市長安區東古城村東垣故城遺址）。

　　[4]【今注】韓信：傳見本書卷三四。　趙：趙王國。都邯鄲（今河北邯鄲市）。

　　[5]【今注】代：代王國。都代縣（今河北蔚縣東北）。

　　[6]【今注】敖：張敖，張耳之子，劉邦女兒魯元公主的丈夫。

　　[7]【今注】復徙相代：高帝六年（前201），劉邦封其兄劉喜爲代王，都城在今河北蔚縣東北之代王城，任張蒼爲代相。

　　[8]【今注】臧荼：秦漢之際人。原爲燕國將領。秦末農民起義後，隨從項羽入關。項羽封王，改封原燕王韓廣爲遼東王，而以荼爲燕王。不久攻殺韓廣，並其地。後反漢，被高祖擊敗俘獲。

　　[9]【今注】北平：縣名。治所在今河北滿城縣北。

　　遷爲計相，[1]一月，更以列侯爲主計四歲。[2]是時蕭何爲相國，[3]而蒼乃自秦時爲柱下御史，明習天下圖書計籍，[4]又善用算律歷，故令蒼以列侯居相府，領主郡國上計者。[5]黥布反，[6]漢立皇子長爲淮南王，而蒼相之。[7]十四年，遷爲御史大夫。[8]

　　[1]【顏注】文穎曰：以能計，故號曰計相。師古曰：專主計籍，故號計相。【今注】計相：官名。在丞相屬下分管各郡國向朝廷進貢及交納賦稅的簿籍，由於張蒼地位高，故尊稱爲“計相”。案，沈欽韓《漢書疏證》謂《宋史·職官志》“三司使通管鹽鐵、度支、戶部，號曰計省，位亞執政，目爲計相”，其名蓋本此。

　　[2]【顏注】張晏曰：以列侯典校郡國簿書。如淳曰：以其所主，因以爲官號，與計相同。時所卒立，非久施也。師古曰：去計相之名，更號主計。【今注】案，《漢書考正》劉攽指出，“四歲”字本在“黥布反”上，誤書在此。王先謙《漢書補注》亦謂

《史記》"四歲"字亦在此。布以高祖十一年（前196）反，是蒼爲主計在八年（前199），又後封侯二年也。

[3]【今注】蕭何：傳見本書卷三九。

[4]【今注】計籍：或作"計簿"。秦漢時郡國向中央政府呈報的簿籍，内容包括人口、錢糧、盜賊、獄訟等。

[5]【今注】上計：秦漢行政制度。地方定期向上級呈報地方治理狀況。縣令長於年終將該縣户口、墾田、錢穀、刑獄狀況等，編制爲計簿，呈送郡國。郡守國相再編制郡之計簿，上報朝廷。

[6]【今注】黥布：傳見本書卷三四。

[7]【今注】皇子長：劉長，劉邦之子。傳見本書卷四四。淮南：諸侯國名。都壽春（今安徽壽縣）。　相之：謂爲淮南王相。

[8]【今注】御史大夫：丞相副貳，秩中二千石，協調處理天下政務，而以監察、執法爲主要職掌，爲全國最高監察、執法長官。主管圖籍秘書檔案、四方文書，百官奏議經其上呈，皇帝詔命由其承轉丞相下達執行，負責考課、監察、彈劾官吏、典掌刑獄，收捕、審訊有罪官吏等，或派員巡察地方，鎮壓事變，有時亦督兵出征。丞相缺位，常由其遞補。詳見本書《百官公卿表上》。　案，王先謙《漢書補注》說，自高帝十二年劉長爲淮南王，至高后八年張蒼爲御史大夫，共計十六年，故此"四"字當作"六"。

周昌者，沛人也。[1]其從兄苛，[2]秦時皆爲泗水卒史。[3]及高祖起沛，擊破泗水守監，[4]於是苛、昌以卒史從沛公，[5]沛公以昌爲職志，[6]苛爲客。[7]從入關破秦。沛公立爲漢王，以苛爲御史大夫，昌爲中尉。[8]

[1]【今注】沛：縣名。治所在今江蘇沛縣。

[2]【顏注】師古曰："苛"音"何"。【今注】從兄：堂兄。

[3]【今注】泗水：郡名。治相縣（今安徽濉溪縣西北）。

[4]【今注】守監：郡守、郡監。所謂郡監是朝廷派至各郡監督政務的官員，由御史充任。

[5]【今注】案，以，蔡琪本、大德本、殿本作"自"。

[6]【顏注】應劭曰：掌主職也。鄭氏曰：主旗志也。師古曰："志"與"幟"同，音式異反。

[7]【顏注】張晏曰：爲帳下賓客，不掌官也。【今注】客：沈欽韓《漢書疏證》謂猶戰國之客卿、客將也。

[8]【今注】中尉：戰國始置。秦中尉掌徼循京師。西漢初中尉爲將兵武職，掌京師治安，秩中二千石。景帝、武帝時多用刀筆吏任此職，常案驗諸侯王謀反事。太初元年（前104），更名執金吾。此外，漢諸侯王國亦有中尉，典武職，備盜賊。

漢三年，楚圍漢王滎陽急，[1]漢王出去，而使苛守滎陽城。楚破滎陽城，欲令苛將，[2]苛罵曰："若趣降漢王！不然，今爲虜矣！"[3]項羽怒，亨苛。[4]漢王於是拜昌爲御史大夫。常從擊破項籍。六年，與蕭、曹等俱封，爲汾陰侯。[5]苛子成以父死事，封爲高景侯。

[1]【今注】滎陽：縣名。治所在今河南滎陽市東北。

[2]【今注】欲令苛將：言欲令周苛投降，成爲項羽麾下戰將。

[3]【顏注】師古曰：若，汝也。趣，讀曰"促"。

[4]【今注】亨：通"烹"。

[5]【今注】汾陰：縣名。治所在今山西萬榮縣西南。

昌爲人强力，[1]敢直言，自蕭、曹等皆卑下之。[2]昌嘗燕入奏事，[3]高帝方擁戚姬，[4]昌還走。[5]高帝逐得，騎昌項，上問曰：[6]"我何如主也？"昌仰曰："陛下即桀紂之主也。"於是上笑之，然尤憚昌。及高帝欲廢太子，而立戚姬子如意爲太子，[7]大臣固争莫能得，上以留侯策止。[8]而昌庭争之强，[9]上問其説，昌爲人吃，[10]又盛怒，曰："臣口不能言，然臣期期知其不可。陛下欲廢太子，臣期期不奉詔。"[11]上欣然而笑，即罷。[12]呂后側耳於東箱聽，[13]見昌，爲跪謝曰："微君，太子幾廢。"[14]

[1]【今注】强力：韓兆琦《史記箋證》卷九六謂"强力"猶今所謂原則性强，遇事敢説話，敢堅持己見。

[2]【顏注】師古曰：下，音胡駕反。【今注】卑下之：言爲周昌讓步。

[3]【顏注】孟康曰：以上宴時入奏事。師古曰：燕謂安閑之居也。【今注】燕：謂休閒享樂之時。

[4]【顏注】師古曰：擁，抱也。【今注】戚姬：即戚夫人。高祖寵姬，爲呂后忌恨，被斬去手足耳，挖去眼睛，飲啞藥，置在厠中。《史記》卷一〇一《袁盎鼂錯列傳》作"人彘"。

[5]【顏注】師古曰：還謂却退也。

[6]【今注】案，蔡琪本、殿本同，大德本"問"前無"上"字。

[7]【今注】欲廢太子：有意廢除呂后所生的太子劉盈。 如意：戚姬所生，封爲趙王。

[8]【今注】留侯：即張良。傳見本書卷四〇。

[9]【今注】庭：王先謙《漢書補注》謂"庭"字誤，當從《史記》作"廷"。

[10]【顏注】師古曰：吃，言之難也，音"訖"（音訖，蔡

琪本、大德本同，殿本無）。

[11]【顏注】師古曰：以口吃，故每重言期期。【今注】案，
《漢書考正》劉攽謂"期"讀如《荀子》"曰欲綦色"之"綦"。
楚人謂"極"爲"綦"。王念孫《讀書雜志·漢書第九》以爲，顏
說是也，"期期"乃吃者語急之聲，本無意義。劉讀"期"爲
"綦"，而訓爲極，"臣極不奉詔"，斯爲不詞矣。王先謙《漢書補
注》認爲諸家之説皆未當也。期者，必也。此文"臣心知期期不
可"，心知必不可也。"臣期期不奉詔"，臣必不奉詔也。單言
"期"，語吃乃爲"期期"耳。

[12]【今注】案，王先謙《漢書補注》謂《史記》作"既
罷"是也。"即"與"既"形近而誤。

[13]【顏注】師古曰：正寢之東西室皆曰箱，言似箱篋之
形。【今注】東箱：正殿的東側室。案，王先謙《漢書補注》謂
《史記》"箱"作"廂"。

[14]【顏注】師古曰：微，無也。幾，音鉅依反。

是後，[1]戚姬子如意爲趙王，年十歲，高祖憂萬歲
之後不全也。[2]趙堯爲符璽御史，[3]趙人方與公[4]謂御
史大夫周昌曰："君之史趙堯，年雖少，然奇士，君必
異之，是且代君之位。"昌笑曰："堯年少，刀筆吏
耳，[5]何至是乎!"居頃之，堯侍高祖，高祖獨心不
樂，悲歌，群臣不知上所以然。堯進請問曰：[6]"陛下
所爲不樂，非以趙王年少，而戚夫人與呂后有隙，備
萬歲之後而趙王不能自全乎?"高祖曰："我私憂之，
不知所出。"[7]堯曰："陛下獨爲趙王置貴彊相，[8]及呂
后、太子、群臣素所敬憚者乃可。"高祖曰："然。吾
念之欲如是，而群臣誰可者?"堯曰："御史大夫昌，

其人堅忍伉直，自吕后、太子及大臣皆素嚴憚之。獨昌可。"高祖曰："善。"於是召昌謂曰："吾固欲煩公，[9]公彊爲我相趙。"[10]昌泣曰："臣初起從陛下，陛下獨奈何中道而棄之於諸侯乎？"高祖曰："吾極知其左遷，[11]然吾私憂趙，[12]念非公無可者。公不得已强行！"[13]於是徙御史大夫昌爲趙相。

[1]【今注】案，後，蔡琪本、殿本作"歲"。

[2]【今注】萬歲之後：帝王之死的委婉説法。　全：安全。

[3]【今注】符璽御史：官名。西漢三公之一御史大夫屬官，爲十五名侍御史之一，掌管符璽，秩六百石。地位比較特殊。

[4]【顏注】孟康曰：方與，縣名。公，其號也。師古曰：音房豫。【今注】方與：縣名。治所在今山東魚臺縣北。周壽昌《漢書注校補》謂楚漢之際縣尹皆稱公，不必爲其號也。

[5]【今注】刀筆吏：主辦文案的官吏。需隨身携帶刀、筆，以備削製簡牘，並書寫文書。郭嵩燾《史記札記》卷五稱趙堯爲符璽御史，亦御史中丞之屬也，故得侍上進言。周昌之所云"刀筆吏"，謂其無學術也，非謂其爲小吏也。

[6]【今注】請問：《漢書考正》宋祁謂"問"疑作"間"。王念孫《讀書雜志·漢書第九》謂"請問"義可自通，《史記》亦作"請問"。

[7]【顏注】師古曰：不知計所出。

[8]【今注】貴彊相：言既有威望，又能堅持己見的丞相。

[9]【顏注】師古曰：固，必也，言必欲勞煩公。

[10]【顏注】師古曰：彊，音其兩反。次下亦同（次，蔡琪本、大德本同，殿本作"以"）。

[11]【顏注】師古曰：是時尊右而卑左，故謂貶秩位爲左遷。佗皆類此。【今注】案，周昌本爲御史大夫，班於三公之列，

今任趙相，地位甚至低於九卿，屬於貶職。

[12]【今注】案，王先謙《漢書補注》謂《史記》"趙"後有"王"字，不可省。

[13]【顏注】師古曰：已，止也。【今注】案，强，大德本同，蔡琪本、殿本作"彊"。

　　既行久之，高祖持御史大夫印弄之，曰："誰可以爲御史大夫者？"孰視堯曰："無以易堯。"[1]遂拜堯爲御史大夫。堯亦前有軍功食邑，及以御史大夫從擊陳豨有功，[2]封爲江邑侯。

[1]【顏注】師古曰：言堯可爲之（言，大德本同，蔡琪本、殿本無），餘人不能勝也。易，代也。【今注】孰視：此謂長時間地盯著趙堯。

[2]【今注】陳豨：宛朐人。從劉邦起事，爲游擊將軍。高祖五年（前202），定代，破臧荼。六年，封陽夏侯。十年，以趙相國反叛，自立爲代王。十二年，爲樊噲軍斬於靈丘。事迹見本書卷一《高紀上》、卷三四《盧綰傳》。

　　高祖崩，太后使使召趙王，其相昌令王稱疾不行。使者三反，昌曰："高帝屬臣趙王，[1]王年少，竊聞太后怨戚夫人，欲召趙王并誅之。臣不敢遣王，王且亦疾，不能奉詔。"太后怒，[2]迺使使召趙相。相至，謁太后，太后罵昌曰："爾不知我之怨戚氏乎？而不遣趙王！"昌既徵，[3]高后使使召趙王。王果來，至長安月餘，見鴆殺。昌謝病不朝見，三歲而薨，謚曰悼侯。傳子至孫意，有罪，[4]國除。景帝復封昌孫左車爲安陽侯，有罪，國除。

[1]【顔注】師古曰：屬，委也，音之欲反。

[2]【今注】案，王先謙《漢書補注》謂《史記》作"高后患之"。

[3]【今注】昌既徵：此謂周昌被招至長安後。

[4]【今注】案，據本書《高惠高后文功臣表》，周意"坐行賕，髡爲城旦"。

初，趙堯既代周昌爲御史大夫，高祖崩，事惠帝終世。高后元年，[1]怨堯前定趙王如意之畫，[2]乃抵堯罪，[3]以廣阿侯任敖爲御史大夫。[4]

[1]【今注】高后元年：公元前187年。

[2]【顔注】師古曰：畫謂畫策令周昌爲相。

[3]【今注】抵堯罪：治趙堯罪。

[4]【今注】廣阿：縣名。治所在今河北隆堯縣東。

任敖，沛人也，少爲獄吏。高祖嘗避吏，吏繫呂后，[1]遇之不謹。[2]任敖素善高祖，怒，擊傷主呂后吏。[3]及高祖初起，敖以客從爲御史，守豐二歲。[4]高祖立爲漢王，東擊項羽，敖遷爲上黨守。[5]陳豨反，敖堅守，封爲廣阿侯，食邑千八百户。高后時爲御史大夫，三歲免。孝文元年薨，[6]謚曰懿侯。傳子至曾孫越人，坐爲太常廟，[7]酒酸不敬，國除。

[1]【今注】繫：拘禁。

[2]【今注】不謹：怠慢之意。

[3]【今注】主吕后吏：監獄中負責管理吕后的官吏。

[4]【今注】豐：邑名。治所在今江蘇豐縣。

[5]【今注】上黨：郡名。治長子（今山西長子縣西南）。

[6]【今注】孝文元年：公元前 180 年。案，王先謙《漢書補注》謂敖子敬以孝文三年嗣，是敖二年薨。此"元"字當正作"二"。

[7]【今注】太常：漢初名奉常，景帝時改名太常，掌宗廟禮儀。位列九卿之首，秩中二千石。

初任敖免，平陽侯曹窋代敖爲御史大夫。[1]高后崩，與大臣共誅諸吕。後坐事免，[2]以淮南相張蒼爲御史大夫。蒼與絳侯等尊立孝文皇帝，[3]四年，代灌嬰爲丞相。[4]

[1]【顏注】師古曰：窋，音竹律反。【今注】曹窋：曹參之子。襲其父爵位平陽侯。

[2]【今注】案，《漢書考證》齊召南謂《史記》作"窋不與大臣共誅吕禄等，免"。王先謙《漢書補注》以爲，不與者，不與其事也。窋坐事免官在前，及誅諸吕迎文帝時，張蒼已代任，故賞蒼而不及窋。説詳本書卷三《吕后紀》。此傳誤也。

[3]【今注】絳侯：周勃。傳見本書卷四〇。

[4]【今注】灌嬰：傳見本書卷四一。　丞相：官名。漢三公之一。初名相國，輔佐皇帝，掌國家政事。案，張蒼爲丞相，奏淮南厲王長不法事，見本書卷四四《淮南厲王劉長傳》。

漢興二十餘年，天下初定，公卿皆軍吏。[1]蒼爲計相時，緒正律曆。[2]以高祖十月始至霸上，[3]故因秦時本十月爲歲首，不革。[4]推五德之運，[5]以爲漢當水德之時，上黑如故。[6]吹律調樂，[7]入之音聲，[8]及以比定律令。[9]若百工，天下作程品。[10]至於爲丞相，卒就之。[11]故漢家言律曆者本張蒼。蒼凡好書，[12]無所不觀，無所不通，而尤邃律曆。[13]

[1]【今注】軍吏：軍人出身的官吏。據估算，漢初因賜爵而獲得田宅的將士約有六十萬，軍功爵的受益者可達三百萬人，約占當時人口的五分之一（參見李開元《漢帝國的建立與劉邦集團：軍功受益階層研究》，三聯書店 2000 年版，第 50—54 頁）。

[2]【顏注】文穎曰：緒，尋也，謂本其統緒而正之。【今注】案，吳恂《漢書注商》謂“緒”即“序”，“緒正律曆”言序正律曆耳。

[3]【今注】霸上：在今陝西西安市東。因地處霸水西高原上，故名。又作“灞上”“霸頭”。

[4]【顏注】師古曰：革，改也。【今注】案，王先謙《漢書補注》謂《史記》作“因故秦時”。又韓兆琦《史記箋證》卷九六謂劉邦破秦入關，到達霸上的時間是在十月，正是秦朝曆法新年第一個月，於是張蒼等以爲這是天意，表明漢王朝應與秦使用相同的曆法。

[5]【今注】五德：戰國以來的陰陽家把金、木、水、火、土五行看成五德，認爲歷代王朝各代表一德按照五行相克或相生的順序，交互更替，周而復始。

[6]【今注】上黑如故：準以“五德”之說，水德尚黑色。案，王先謙《漢書補注》謂《史記正義》引姚察云：“蒼是秦人，猶用推五勝之法，以周赤烏爲火，漢勝火以水也。”

[7]【今注】吹律調樂：吹奏律管，調整樂聲。

[8]【今注】案，王先謙《漢書補注》謂《史記》“人”作
“人”。

[9]【顏注】如淳曰：比，音比次之比。謂五音清濁，各有
所比，不相錯入，以定十二律之法令於樂官，使長行之。或曰，
比謂比方之比（比謂，蔡琪本、大德本同，殿本作“謂”），音
必履反。臣瓚曰：謂以比故取類，以定法律與條令也。師古曰：
依如氏之説，“比”音頻二反。

[10]【顏注】如淳曰：若，順也。百工爲器物皆有尺寸斤兩
斛斗輕重之宜，使得其法，此之謂順。晉灼曰：若，豫及之辭。
師古曰：言吹律調音以定法令，及百工程品，皆取則也。若，晉
説是（蔡琪本、殿本“是”後有“也”字）。【今注】程品：度、
量、衡的標準規格。案，王先謙《漢書補注》稱，此即《高紀》
所謂“張蒼定章程”也。

[11]【顏注】師古曰：卒，終也。就，成也。【今注】案，
此謂早在張蒼爲計相時就著手研究相關問題，等他當上丞相，終於
確定完成了這些章程制度。

[12]【今注】案，凡，蔡琪本、大德本、殿本作“尤”。

[13]【顏注】師古曰：邃，深也，音先遂反。

　蒼德安國侯王陵，[1]及貴，父事陵。陵死後，蒼爲
丞相，洗沐，[2]常先朝陵夫人上食，[3]然後敢歸家。

[1]【顏注】師古曰：以救其死刑故也。【今注】安國：縣
名。治所在今河北安國縣東南。　王陵：西漢開國功臣。傳見本書
卷四〇。

[2]【今注】洗沐：官吏例假。即休息沐浴。漢制規定五日一
休沐。

[3]【今注】上食：給長輩端飯。

　　蒼爲丞相十餘年，魯人公孫臣上書，陳終始五德傳，[1]言漢土德時，其符黃龍見，[2]當改正朔，易服色。事下蒼，蒼以爲非是，罷之。[3]其後黃龍見成紀，[4]於是文帝召公孫臣以爲博士，[5]草立土德時歷制度，[6]更元年。[7]蒼由此自絀，[8]謝病稱老。蒼任人爲中候，[9]大爲姦利，上以爲讓，[10]蒼遂病免。孝景五年薨，[11]謚曰文侯。[12]傳子至孫類，[13]有罪，[14]國除。

　　[1]【顏注】師古曰：傳謂傳次也，音直戀反。【今注】魯：諸侯王國名。漢景帝時以薛郡置，治魯縣（今山東曲阜市魯故城）。

　　[2]【今注】其符黃龍見：土德尚黃，是以有黃龍出現。

　　[3]【今注】罷之：謂張蒼否決了改正朔的建議。

　　[4]【今注】黃龍：瑞獸名。相傳黃帝乘黃龍而去。爲帝王之祥瑞。　成紀：縣名。治所在今甘肅通渭縣東北。案，“黃龍見成紀”事在文帝前元十五年（前165）。

　　[5]【今注】博士：官名。秦置，漢因之，隸屬九卿之一奉常（太常）。漢武帝罷黜百家之前，博士治各家之學，其後乃專立儒學一家。掌議政、制禮、藏書、顧問及教授經學、考核人材、奉命出使等。初秩比四百石，後升比六百石。

　　[6]【顏注】張晏曰：以秦水德，漢土勝之。晉灼曰：草，創始也。

　　[7]【今注】更元年：次年改爲後元年。

　　[8]【今注】自絀：自貶。案，絀，大德本同，蔡琪本、殿本作“詘”。

　　[9]【顏注】張晏曰：所選舉保任也。按（按，蔡琪本、殿本同，大德本作“桉”），中候，官名。師古曰：蒼有所保舉，而其人爲中候之官。【今注】中候：本書《百官公卿表》載：“將

作少府，秦官，掌治宫室，有兩丞、左右中候。”陳直《漢書新
證》謂張蒼所保任者，當即將作少府之中候。

　[10]【顏注】師古曰：用此事責蒼。

　[11]【今注】孝景五年：即孝景前元五年（前 152）。

　[12]【今注】案，《謚法解》謂“經緯天地曰文”“道德博聞
曰文”。

　[13]【今注】案，子，蔡琪本、殿本作“國”。

　[14]【今注】案，據本書《高惠高后文功臣表》，類“坐臨諸
侯喪後，免”。

　　初蒼父長不滿五尺，蒼長八尺餘，蒼子復長八尺，
及孫類長六尺餘。[1]蒼免相後，口中無齒，食乳，女子
爲乳母。[2]妻妾以百數，嘗孕者不復幸。年百餘歲迺
卒。著書十八篇，言陰陽律歷事。[3]

　[1]【今注】案，李慈銘《越縵堂讀史札記·漢書四》謂《史
記》“蒼長八尺餘”，下有“爲侯丞相”四字，“長六尺餘”下有
“坐法失侯”四字，此節去之，則語意不明。

　[2]【顏注】師古曰：言每就飲之。

　[3]【今注】案，周壽昌《漢書注校補》謂《漢書·藝文志》
不載。

　　申屠嘉，梁人也。[1]以材官蹶張[2]從高帝擊項籍，
遷爲隊率。[3]從擊黥布，爲都尉。孝惠時，爲淮陽
守。[4]孝文元年，舉故以二千石從高祖者，悉以爲關內
侯，[5]食邑二十四人，[6]而嘉食邑五百户。十六年，遷
爲御史大夫。張蒼免相，文帝以皇后弟竇廣國賢有

行，[7]欲相之，曰：“恐天下以吾私廣國。”久念不可，而高帝時大臣餘見無可者，[8]乃以御史大夫嘉爲丞相，因故邑封爲故安侯。[9]

[1]【今注】梁：戰國及漢初諸侯國名。在今河南開封市周邊的河南東部、山西西部一帶。

[2]【顏注】如淳曰：材官之多力，能脚踏彊弩張之，故曰蹶張。律有蹶張士。師古曰：今之弩，以手張者曰擘張，以足蹋者曰蹶張。“蹶”音“厥”。擘，音布麥反。

[3]【顏注】師古曰：一隊之率也，音所類反。

[4]【今注】淮陽：郡、國名。治陳縣（今河南淮陽縣）。

[5]【今注】關内侯：爵位名。秦漢二十等爵制之第十九等，僅低於列侯。有其號，無封國。一般是對立有軍功將領的獎勵，封有食邑數户，有按規定户數徵收租税之權。（參見師彬彬《兩漢關內侯問題研究綜述》，《中國史研究動態》2015年第2期）

[6]【今注】案，錢大昭《漢書辨疑》謂《文紀》作“三十人”。又，二十四，蔡琪本、殿本作“三十四”。

[7]【今注】竇廣國：漢文帝竇皇后之弟，出身貧苦。事見本書卷九七上《外戚傳上》。

[8]【顏注】師古曰：見謂見在之人。【今注】案，周壽昌《漢書注校補》謂《史記》作“而高帝時大臣又皆多死，餘見無可者”。餘者，未死之餘人也。删“又皆多死”四字，則“餘”字無根。

[9]【今注】故邑：王先謙《漢書補注》説，即前所食之邑。故安：縣名。治所在今河北易縣東南。

嘉爲人廉直，門不受私謁。是時太中大夫鄧通方愛幸，[1]賞賜累鉅萬。文帝常燕飲通家，其寵如是。[2]

是時嘉入朝，而通居上旁，有怠慢之禮，嘉奏事畢，因言曰："陛下幸愛群臣則富貴之，至於朝廷之禮，不可以不肅！"[3] 上曰："君勿言，吾私之。"[4] 罷朝坐府中，嘉爲檄召通詣丞相府，[5] 不來，且斬通。通恐，入言上。上曰："汝弟往，[6] 吾今使人召若。"[7] 通至詣丞相府，[8] 免冠，徒跣，頓首謝嘉。嘉坐自如，[9] 弗爲禮，責曰："夫朝廷者，高皇帝之朝廷也，通小臣，戲殿上，大不敬，當斬。史今行斬之！"[10] 通頓首，首盡出血，不解。上度丞相已困通，[11] 使使持節召通，而謝丞相："此吾弄臣，君釋之。"[12] 鄧通既至，爲上泣曰："丞相幾殺臣。"[13]

[1]【今注】太中大夫：官名。亦作"大中大夫"。郎中令（光禄勳）屬官。掌議論，秩比千石（東漢時秩千石），無定員，多至數十人。雖爲顧問一類散職，但漢世多以寵臣貴戚和功臣充任，與皇帝關係親近，爲機密之職。　鄧通：蜀郡南安（今四川樂山市）人。文帝寵信的佞臣。西漢巨富、鑄錢經營者。

[2]【今注】案，蔡琪本、大德本、殿本"寵"前有"見"字。

[3]【顏注】師古曰：肅，敬也。

[4]【顏注】師古曰：言欲私戒教之。【今注】案，王先謙《漢書補注》稱私之，謂愛之也。郭嵩燾《史記札記》卷五認爲，言不欲公致其罪，而私屬其丞相困苦之，而戒其勿泄也，與下"度丞相已困通"句正相應。

[5]【顏注】師古曰：檄，木書也，長二尺。

[6]【顏注】師古曰：弟（弟，蔡琪本、大德本、殿本作"第"），但也。　【今注】案，弟，大德本同，蔡琪本、殿本作

"第"。

[7]【顏注】師古曰：若亦汝也。

[8]【今注】案，王先謙《漢書補注》謂"至"即"詣"也，言"至"不當更言"詣"，此"詣"字緣上文"詣丞相府"而誤衍。《群書治要》引無"詣"字，《史記》亦無。

[9]【顏注】師古曰：如其故。【今注】案，王先謙《漢書補注》謂《史記》不重"嘉"字，是。

[10]【顏注】如淳曰：嘉語其史曰："今便行斬之。"【今注】案，周壽昌《漢書注校補》謂《史記》"史"作"吏"，《集解》引如注亦作"吏"。《續漢書·百官志》丞相所屬有兩長史，下文亦云"朝罷，謂長史"，似"史"字爲是。又引王文彬，認爲"今"猶"即"也。"史今行斬之"，史即行斬之也。

[11]【顏注】師古曰：度，音徒各反。

[12]【今注】案，王先謙《漢書補注》謂《群書治要》"此"字上有"曰"字，《史記》亦有。　弄臣：帝王親近狎玩之臣。

[13]【顏注】師古曰：幾，音巨依反。【今注】案，底本"泣"字殘，據蔡琪本、大德本、殿本補。

嘉爲丞相五歲，文帝崩，孝景即位。二年，[1]鼂錯爲内史，[2]貴幸用事，諸法令多所請變更，議以適罰侵削諸侯。[3]而丞相嘉自絀，[4]所言不用，疾錯。錯爲内史，門東出，不便，更穿一門，南出。南出者，太上皇廟堧垣也。[5]嘉聞錯穿宗廟垣，爲奏請誅錯。[6]客有語錯，錯恐，夜入宫上謁，自歸上。[7]至朝，[8]嘉請誅内史錯。上曰："錯所穿非真廟垣，乃外堧垣，故冗官居其中，[9]且又我使爲之，錯無罪。"罷朝，嘉謂長史曰："吾悔不先斬錯乃請之，[10]爲錯所賣。"至舍，因歐血而死。諡曰節侯。[11]傳子至孫臾，有罪，[12]國除。

[1]【今注】二年：王先謙《漢書補注》以爲，據本書《百官公卿表》，景帝元年，錯爲内史。此云"即位二年"者，通即位時數之。

[2]【今注】鼂錯：文景時期的名臣。傳見本書卷四九。 内史：職官名、政區名。秦漢京畿地方由内史治理，遂以職官名爲政區名。

[3]【顔注】師古曰：適，讀曰"謫"。

[4]【顔注】師古曰：絀，退也。

[5]【顔注】服虔曰：宮外垣餘地也。如淳曰：堧，音"畏懦"之"懦"。師古曰：堧，音如椽反，解在《食貨志》。【今注】堧垣：帝王陵廟正式圍墙外面圈着閒散棄地的矮墙。

[6]【今注】案，底本"誅"字殘，據蔡琪本、大德本、殿本補。

[7]【顔注】師古曰：歸首於天子。【今注】自歸上：親自向皇帝請罪。

[8]【今注】案，底本"至"字殘，據蔡琪本、大德本、殿本補。

[9]【顔注】師古曰：冗謂散輩也，如今之散官，音如勇反。【今注】案，王先謙《漢書補注》謂《史記》"冗"誤"他"。

[10]【顔注】師古曰：言先斬而後奏。

[11]【今注】歐：同"嘔"。 節侯：《諡法解》謂"好廉自克曰節"。

[12]【今注】案，據本書《高惠高后文功臣表》，臾"坐爲九江太守受故官送，免"。

自嘉死後，開封侯陶青、桃侯劉舍及武帝時柏至侯許昌、平棘侯薛澤、武彊侯莊青翟、商陵侯趙周，[1]皆以列侯繼踵，齪齪廉謹，[2]爲丞相備員而已，[3]無所能發明功名著於世者。

[1]【今注】開封：縣名。治所在今河南開封市祥符區西南。本名啓封，取“啓拓封疆”之意，後因避漢景帝劉啓諱而改爲開封。　桃：縣名。治所在今河北衡水市西北。　柏至：縣名。位置不詳。　平棘：縣名。治所在今河北趙縣東南。　武彊：縣名。治所在今河南鄭州市東北。　商陵：縣名。位置不詳。　案，周壽昌《漢書注校補》指出，青，高祖功臣陶舍子，諡夷侯。舍，《史記》作“含”。《功臣表》含父襄本項氏親，賜姓劉。本書表、傳俱作“舍”；《史記》作“含”者，誤也。舍諡懿侯。昌，許温孫，諡哀侯。澤，薛歐孫。青翟，莊不識孫。周父夷吾爲楚王戊太傅，諫爭而死。又楊樹達《漢書窺管》謂，諸人無可特紀，故附書之，此古史省約之法。

[2]【顏注】師古曰：齪齪，持整之皃也（皃，蔡琪本、殿本作“貌”）。齪，音初角反。【今注】案，沈欽韓《漢書疏證》謂《荀子·王霸》有“齱然上下相信”，齱，齒相迎也。《說文解字》：“齰，齒相値也。”“齪”即“齱”“齰”之別體。《廣韻》云“齪，廉謹也”，本此傳耳。王先謙《漢書補注》以爲，“齱”“齰”與廉謹義不相副，沈說非也。又謂《史記》作“娖娖”，《說文解字》無“齪”“娖”二字，“娖”當爲“婡”。《說文解字》：“婡，謹也，讀若謹敕數數。”是此文當爲“婡婡”，與下“廉謹”義相應。世俗以音同之字轉寫作“娖娖”，復轉爲“齪齪”。“齪”即“齪”字，形有移換耳。

[3]【今注】爲丞相：楊樹達《漢書窺管》以爲，此三字當緊接“繼踵”二字爲句，與本書卷五八《公孫弘傳》“其後李蔡、嚴青翟、趙周、石慶、公孫賀、劉屈氂繼踵爲丞相”文句正同。

贊曰：張蒼文好律歷，爲漢名相，[1]而專遵用秦之《顓頊歷》，何哉？[2]周昌，木强人也。[3]任敖以舊德用。[4]申屠嘉可謂剛毅守節，然無術學，殆與蕭、曹、陳平異矣。[5]

　　[1]【顔注】師古曰：文好律歷，猶言名爲好律歷也。【今注】案，王先謙《漢書補注》謂《史記》作“文學律歷”。吳恂《漢書注商》疑原作“張蒼好文學律曆”。

　　[2]【顔注】張晏曰：不考經典，專用《顓頊歷》，何哉？師古曰：何哉，何爲其然哉？【今注】顓頊歷：秦及漢初採用的以十月爲歲首的曆法。

　　[3]【顔注】師古曰：言其强質如木石然。强，音其兩反。

　　[4]【顔注】張晏曰：謂傷辱呂后吏。

　　[5]【顔注】師古曰：殆，近也，言其識見不如蕭、曹等也。【今注】蕭曹：蕭何、曹參。傳見本書卷三九。　陳平：傳見本書卷四〇。案，底本“平”字殘，“異”“矣”二字漫漶，皆據蔡琪本、大德本、殿本補。

漢書　卷四三

酈陸朱劉叔孫傳第十三

　　酈食其，陳留高陽人也。[1]好讀書，家貧落魄，無衣食業。[2]爲里監門，[3]然吏縣中賢豪不敢役，[4]皆謂之狂生。

　　[1]【顏注】師古曰：“食”音“異”。“其”音“基”。【今注】食其：吳恂《漢書注商》認爲“食其”即食箕，其命名之義，與杵臼、羅紨相同，俱冀其一生衣食有裕饒也。　陳留：縣名。治所在今河南開封市東南。　高陽：邑名。屬陳留縣，治所在今河南杞縣西南。

　　[2]【顏注】鄭氏曰：“魄”音“薄”。應劭曰：志行衰惡之貌也。師古曰：落魄，失業無次也。鄭音是。

　　[3]【今注】里監門：秦漢時掌管里門的吏卒。

　　[4]【顏注】師古曰：吏及賢者豪者皆不敢使役食其。【今注】案，《漢書考證》齊召南謂《史記》“吏”字在“然”字上。言食其爲監門小吏，而縣中賢豪不敢役使也。班氏當以監門賤役，非吏，故倒“吏”字於下。

　　及陳勝、項梁等起，[1]諸將徇地過高陽者數十人，[2]食其聞其將皆握齱好荷禮[3]自用，不能聽大度之言，食其迺自匿。後聞沛公略地陳留郊，沛公麾下騎士適食其里中子，[4]沛公時時問邑中賢豪。騎士歸，食其見，謂曰："吾聞沛公嫚易人，[5]有大略，此真吾所願從游，莫爲我先。[6]若見沛公，[7]謂曰'臣里中有酈生，年六十餘，長八尺，人皆謂之狂生'，自謂我非狂。"騎士曰："沛公不喜儒，[8]諸客冠儒冠來者，沛公輒解其冠，溺其中。[9]與人言，常大罵。未可以儒生說也。"食其曰："第言之。"[10]騎士從容言食其所戒者。[11]

[1]【今注】陳勝：傳見本書卷三一，世家見《史記》卷四八。　項梁：秦末反秦義軍領袖。下相（今江蘇宿遷市）人。事迹詳見本書卷三一《項籍傳》。

[2]【顏注】師古曰：徇亦略也，音辭峻反。【今注】徇：奪取。

[3]【顏注】應劭曰：握齪，急促之貌。師古曰："荷"與"苛"同。苛，細也。齪，音初角反。【今注】案，王先謙《漢書補注》謂《史記》"荷"作"苛"。

[4]【顏注】服虔曰：食其里中子適會作沛公騎士。

[5]【今注】嫚易：傲慢、輕視。

[6]【顏注】師古曰：先謂紹介也。

[7]【顏注】師古曰：若，汝也。

[8]【顏注】師古曰：喜，好也，音許吏反。

[9]【顏注】師古曰：溺，讀曰"尿"，音乃釣反。

[10]【顏注】師古曰：第，但也。

[11]【顏注】師古曰：從，音千容反。【今注】案，王先謙《漢書補注》謂《史記》"言"下有"如"字。

沛公至高陽傳舍，[1]使人召食其。食其至，入謁，沛公方踞牀令兩女子洗，[2]而見食其。食其入，即長揖不拜，曰：“足下欲助秦攻諸侯乎？欲率諸侯破秦乎？”沛公罵曰：“豎儒！[3]夫天下同苦秦久矣，故諸侯相率攻秦，何謂助秦？”食其曰：“必欲聚徒合義兵誅無道秦，不宜踞見長者。”於是沛公輟洗，起衣，[4]延食其上坐，謝之。食其因言六國從衡時。[5]沛公喜，賜食其食，問曰：“計安出？”食其曰：“足下起瓦合之卒，[6]收散亂之兵，不滿萬人，欲以徑入彊秦，此所謂探虎口者也。夫陳留，天下之衝，四通五達之郊也，[7]今其城中又多積粟。臣知其令，[8]今請使，令下足下。[9]即不聽，足下舉兵攻之，臣爲内應。”於是遣食其往，沛公引兵隨之，遂下陳留。號食其爲廣野君。

[1]【顏注】師古曰：傳舍者，人所止息，前人已去，後人復來，轉相傳也。一音張戀反，謂傳置之舍也，其義兩通。它皆類此。

[2]【顏注】師古曰：洗足也，音先典反。【今注】踞：伸開腿坐。

[3]【顏注】師古曰：言其賤劣如僮豎。

[4]【顏注】師古曰：輟，止也。起衣，著衣也。

[5]【顏注】師古曰：從，音子容反。衡，橫也。

[6]【顏注】師古曰：瓦合，謂如破瓦之相合，雖曰聚合而不齊同。【今注】瓦合之卒：猶言烏合之衆。

[7]【顏注】如淳曰：四面往來通之，并數中央，凡五達也。臣瓚曰：四通五達，言無險阻也。

[8]【顏注】師古曰：素與其縣令相知。

[9]【顏注】師古曰：下，降也。

　　食其言弟商，[1]使將數千人從沛公西南略地。食其嘗爲説客，[2]馳使諸侯。

[1]【今注】商：酈商。傳見本書卷四一。
[2]【今注】案，王先謙《漢書補注》謂"嘗"字誤，當從《史記》作"常"。

　　漢三年秋，項羽擊漢，拔滎陽，[1]漢兵遁保鞏。[2]楚人聞韓信破趙，[3]彭越數反梁地，[4]則分兵救之。[5]韓信方東擊齊，漢王數困滎陽、成皋，[6]計欲捐成皋以東，屯鞏、雒以距楚。[7]食其因曰："臣聞之，知天之天者，王事可成；不知天之天者，王事不可成。王者以民爲天，而民以食爲天。夫敖倉，[8]天下轉輸久矣，臣聞其下乃有臧粟甚多。楚人拔滎陽，不堅守敖倉，迺引而東，令適卒分守成皋，[9]此乃天所以資漢。方今楚易取而漢反卻，自奪便，[10]臣竊以爲過矣。且兩雄不俱立，楚漢久相持不決，百姓騷動，海内搖蕩，農夫釋耒，紅女下機，[11]天下之心未有所定也。願足下急復進兵，收取滎陽，據敖庾之粟，[12]塞成皋之險，杜太行之道，[13]距飛狐之口，[14]守白馬之津，[15]以示諸侯形制之勢，[16]則天下知所歸矣。方今燕、趙已定，唯齊未下。今田廣據千里之齊，田間將二十萬之衆軍於歷城，[17]諸田宗彊，負海岱，阻河濟，[18]南近楚，齊人多變詐，足下雖遣數十萬師，未可以歲月破也。

臣請得奉明詔説齊王使爲漢而稱東藩。”上曰：“善。”

[1]【今注】滎陽：縣名。治所在今河南滎陽市東北。

[2]【今注】案，王先謙《漢書補注》謂《史記》更有“洛”字，是；與下“鞏、雒”同。 鞏：縣名。治所在今河南鞏義市西南。

[3]【今注】韓信：傳見本書卷三四。

[4]【今注】彭越：傳見本書卷三四。

[5]【顏注】師古曰：救趙及梁。

[6]【今注】成皋：縣名。治所在今河南滎陽市西北。

[7]【今注】雒：縣名。治所在今河南洛陽市東北。

[8]【今注】敖倉：秦漢重要糧倉，兵家必争之地。在今河南滎陽市東北敖山。秦和兩漢在此設倉，積聚關東漕糧，經黃河轉輸關中和西北邊塞。

[9]【顏注】師古曰：適，讀曰“謫”。謫卒謂卒之有罪謫者，即所謂謫戍。

[10]【顏注】師古曰：不圖進取，是爲自奪便利也。卻，音丘略反。

[11]【顏注】師古曰：耒，手耕曲木也，音盧對反。紅，讀曰“工”。

[12]【顏注】師古曰：敖庾即敖倉。

[13]【顏注】師古曰：太行，山名，在河内野王之北、上黨之南。行，音胡剛反。【今注】太行：太行山。在今冀、晉、豫三省交界處。

[14]【顏注】如淳曰：上黨壺關也。臣瓚曰：飛狐在代郡西南。師古曰：瓚説是。壺關無飛狐之名。【今注】飛狐之口：飛狐口，關隘名。在今河北蔚縣東南。 案，何焯《義門讀書記》卷一七認爲，此似後人依託之語。杜太行之道，乃秦人規取韓、趙舊

意。當時漢已虜魏豹，禽趙歇，河東、河内、河北皆歸漢，何庸復杜太行之道，以示形勢乎？燕、趙已定，即代郡飛狐亦非楚人所能北窺，何庸杜此兼距彼乎？與當時事實闊遠。

[15]【今注】白馬之津：古津渡名。在今河南滑縣東北。

[16]【顏注】師古曰：以地形而制服。

[17]【今注】案，《漢書考正》劉攽指出據本書卷三三《田横傳》"齊使華毋傷、田解軍歷下，以距漢"指出，此處田間應正作田解。　歷城：縣名。治所在今山東濟南市西。

[18]【顏注】師古曰：負，背也。岱，泰山也。

迺從其畫，[1]復守敖倉，[2]而使食其説齊王，曰："王知天下之所歸乎？"曰："不知也。"曰："知天下之所歸，則齊國可得而有也；若不知天下之所歸，即齊國未可保也。"齊王曰："天下何歸？"食其曰："天下歸漢。"齊王曰："先生何以言之？"曰："漢王與項王戮力西面擊秦，約先入咸陽者王之，[3]項王背約不與，而王之漢中。[4]項王遷殺義帝，[5]漢王起蜀漢之兵擊三秦，出關而責義帝之負處，收天下之兵，立諸侯之後。降城即以侯其將，得賂則以分其士，與天下同其利，豪英賢材皆樂爲之用。諸侯之兵四面而至，蜀漢之粟方舩而下。[6]項王有背約之名，殺義帝之負；於人之功無所記，於人之罪無所忘；[7]戰勝而不得其賞，拔城而不得其封；非項氏莫得用事；[8]爲人刻印，玩而不能授；[9]攻城得賂，積財而不能賞。[10]天下畔之，賢材怨之，而莫爲之用。故天下之士歸於漢王，可坐而策也。夫漢王發蜀漢，定三秦；涉西河之外，[11]援上黨之兵;^[12]下井陘,^[13]誅成安君;^[14]破北魏,^[15]舉三十二城:此黃帝之兵,非人之力,天之福也。今已據敖庾之粟,塞成皋之險,守白馬之津,杜太行之阸,距飛狐之口,天下後服者先亡矣。^[16]王疾下漢王,齊國社稷可得而保也;不下漢王,危亡可立而待也。"田廣以爲然,迺聽食其,罷歷下兵守戰備,與食其日縱酒。^[17]

[1]【今注】畫:策劃。

[2]【今注】守:吳恂《漢書注商》謂圍也。

[3]【今注】咸陽:秦朝國都。故城遺址在今陝西咸陽市渭城區窯店鎮一帶。

[4]【今注】漢中:郡名。治南鄭(今陝西漢中市),後移治西城(今陝西安康市西北)。

[5]【今注】遷殺義帝:詳見本書卷三一《項籍傳》。

[6]【顏注】師古曰:方,併也。【今注】案,舫,蔡琪本、大德本、殿本作"船"。

[7]【顏注】師古曰:言項羽吝爵賞而念舊惡。

[8]【顏注】師古曰:言唯任同姓之親。

[9]【顏注】孟康曰:刓斷無復廉鍔也。臣瓚曰:項羽吝於爵賞,玩惜侯印,不能以封人。師古曰:《韓信傳》作"刓",此作"玩",其義各通。孟說非也。【今注】案,王先謙《漢書補注》謂《史記》"玩"作"刓"。

[10]【今注】案,王先謙《漢書補注》謂"爲人刻印,玩而不能授;攻城得賂,積而不能賞",四句相對爲文。"財"字羨文,不當有;《史記》無。

[11]【今注】西河:郡名。治平定(今內蒙古鄂爾多斯市東

勝區）。

　　[12]【顏注】師古曰：援，引也，音“爰”。【今注】上黨：郡名。治長子（今山西長子縣西南）。

　　[13]【今注】井陘：縣名。治所在今河北井陘縣西北。

　　[14]【今注】成安君：陳餘。傳見本書卷三二。

　　[15]【顏注】師古曰：謂魏豹也。梁地既有魏名，故謂此爲北。

　　[16]【今注】案，亡，蔡琪本同，大德本、殿本作“㐫”。下同不注。

　　[17]【顏注】師古曰：日縱意而飲酒。

　　韓信聞食其馮軾下齊七十餘城，[1]迺夜度兵平原襲齊。齊王田廣聞漢兵至，以爲食其賣己，[2]迺亨食其，引兵走。

　　[1]【顏注】師古曰：馮，讀曰“憑”。憑，據也。軾，車前橫板隆起者也。云憑軾者，言但安坐乘車而游説，不用兵衆。

　　[2]【顏注】師古曰：言其與韓信通謀。

　　漢十二年，曲周侯酈商以丞相將兵擊黥布，[1]有功。高祖舉功臣，思食其。食其子疥[2]數將兵，上以其父故，封疥爲高梁侯。[3]後更食武陽，[4]卒，子遂嗣。三世，侯平有罪，[5]國除。

　　[1]【今注】黥布：傳見本書卷三四。

　　[2]【顏注】師古曰：“疥”音“介”。

　　[3]【今注】高梁：邑名。治所在今山西臨汾市東北。

[4]【今注】更食武陽：《漢書考證》齊召南稱“武陽”《史記》作“武遂”。而二表俱不言後更食邑，未知孰是。又“子遂嗣”亦與表異。據表，疥子勃，勃子平。疑“遂”字譌。錢大昭《漢書辨疑》認爲《史記》稱“更食武遂”，且稱“武遂侯平”，據此，則“武陽”當爲“武遂”矣。表，疥子勃，而此作“遂”，涉上“武遂”而譌耳。李慈銘《越縵堂讀史札記·漢書四》提出“陽”“卒”“子”三字衍。王先謙《漢書補注》謂李説是。

[5]【今注】平有罪：本書《高惠高后文功臣表》云：“元狩元年，坐詐衡山王取金，免。”

陸賈，楚人也。以客從高祖定天下，名有口辯，[1]居左右，常使諸侯。時中國初定，尉佗平南越，因王之。[2]高祖使賈賜佗印爲南越王。賈至，尉佗魋結箕踞見賈。[3]賈因説佗曰：“足下中國人，親戚昆弟墳墓在真定。[4]今足下反天性，棄冠帶，[5]欲以區區之越與天子抗衡爲敵國，[6]禍且及身矣。夫秦失其正，諸侯豪桀並起，[7]唯漢王先入關，據咸陽。項籍背約，自立爲西楚霸王，諸侯皆屬，可謂至彊矣。然漢王起巴蜀，鞭笞天下，劫諸侯，[8]遂誅項羽。五年之間，海内平定，此非人力，天之所建也。天子聞君王王南越，而不助天下誅暴逆，將相欲移兵而誅王，天子憐百姓新勞苦，且休之，遣臣授君王印，剖符通使。君王宜郊迎，北面稱臣，[9]乃欲以新造未集之越[10]屈彊於此。[11]漢誠聞之，掘燒君王先人冢墓，夷種宗族，[12]使一偏將將十萬衆臨越，即越殺王降漢，如反覆手耳。”[13]

［1］【顏注】師古曰：時人皆謂其口辯。

［2］【顏注】師古曰：佗，音徒河反。【今注】尉佗平南越：詳見本書卷九五《南粵傳》。

［3］【顏注】服虔曰：魋，音“椎”，今兵士椎頭髻也。師古曰：結，讀曰“髻”。椎髻者，一撮之髻，其形如椎。箕踞，謂伸其兩脚而坐。亦曰箕踞其形似箕。

［4］【今注】真定：縣名。治所在今河北石家莊市長安區東古城村東垣故城遺址。

［5］【顏注】師古曰：俏父母之國，無骨肉之恩，是反天性也。

［6］【顏注】師古曰：區區，小貌。【今注】案，王先謙《漢書補注》謂《史記》“伉”作“抗”。

［7］【顏注】師古曰：正亦政也。

［8］【今注】案，王先謙《漢書補注》謂《史記》“劫”下有“略”字。

［9］【顏注】師古曰：郊迎，謂出郊而迎。

［10］【顏注】師古曰：集猶成也。

［11］【顏注】師古曰：屈，音其勿反。屈強，謂不柔服也。

［12］【顏注】師古曰：夷，平也，謂平除其種族。【今注】案，王先謙《漢書補注》稱《史記》作“夷滅宗族”。此云“夷種宗族”，不辭。據顏注，疑“宗”字衍。

［13］【顏注】師古曰：言其易。

　　於是佗逎蹶然起坐，[1]謝賈曰：“居蠻夷中久，殊失禮義。”因問賈曰：“我孰與蕭何、曹參、韓信賢？”[2]賈曰：“王似賢也。”復問曰：“我孰與皇帝賢？”賈曰：“皇帝起豐沛，討暴秦，誅彊楚，爲天下興利除害，繼五帝三王之業，統天下，理中國。中國之人以億計，地方萬里，居天下之膏腴，人衆車輿，萬物殷富，政由一家，自天地剖判未始有也。[3] 今王衆不過數萬，[4] 皆蠻夷，崎嶇山海閒，[5] 譬若漢一郡，[6] 王何乃比於漢！" 佗大笑曰："吾不起中國，故王此。使我居中國，何遽不若漢？" [7] 迺大説賈，[8] 留與飲數月。曰："越中無足與語，至生來，令我日聞所不聞。" [9] 賜賈橐中裝直千金，[10] 它送亦千金。[11] 賈卒拜佗爲南越王，令稱臣奉漢約。歸報，高帝大説，[12] 拜賈爲太中大夫。[13]

[1]【顏注】師古曰：蹶然，驚起之貌也，音"厥"。

[2]【顏注】師古曰：與，如也。【今注】蕭何曹參：二人傳均見本書卷三九。

[3]【顏注】師古曰：言自開闢以來未嘗有也。

[4]【今注】案，王先謙《漢書補注》謂《史記》"數萬"作"數十萬"。

[5]【顏注】師古曰：崎，音丘宜反。嶇，音"區"。

[6]【今注】案，若，蔡琪本同，大德本、殿本作"如"。

[7]【顏注】師古曰：言有何迫促而不如漢也。遽，音其庶反。【今注】案，王念孫《讀書雜志·漢書第九》謂顏訓遽爲迫促，非也。遽亦何也。

[8]【顏注】師古曰：説，讀曰"悦"，謂愛悦之。

[9]【顏注】師古曰：言素所不聞者，日聞之。

[10]【顏注】張晏曰：珠玉之寶也。裝，裹也。如淳曰：明月珠之屬也。師古曰：有底曰囊，無底曰橐。言其寶物質輕而價重，可入囊橐以齎行，故曰橐中裝也。【今注】橐：周壽昌《漢書注校補》謂有底曰囊，無底曰橐。

[11]【顏注】蘇林曰：非橐中物，故曰它送也。師古曰：它猶餘也。【今注】它送：陳直《漢書新證》認爲它送指南越諸臣而言。

[12]【顏注】師古曰：説，讀曰"悦"。

[13]【今注】太中大夫：秦始置，居諸大夫之首，漢武帝時次於光禄大夫，屬郎中令（光禄勳），無員額。侍從皇帝左右，掌顧問應對，參謀議政，奉詔出使。秩比千石。多以寵臣貴戚充任。

賈時時前説稱《詩》《書》。高帝罵之曰："乃公居馬上得之，安事《詩》《書》!"賈曰："馬上得之，寧可以馬上治乎？且湯武逆取而以順守之，[1]文武並用，長久之術也。[2]昔者吳王夫差、智伯極武而亡；[3]秦任刑法不變，卒滅趙氏。[4]鄉使秦以并天下，行仁義，法先聖，陛下安得而有之？"[5]高帝不懌，[6]有慙色，謂賈曰："試爲我著秦所以失天下，吾所以得之者，[7]及古成敗之國。"賈凡著十二篇。每奏一篇，高帝未嘗不稱善，左右呼萬歲，稱其書曰《新語》。[8]

[1]【今注】逆取而以順守：以武力打天下而以仁義治天下。

[2]【今注】案，林甘泉從分析陸賈提出的"馬上"得天下不能"馬上"治天下的論點入手，論述了這種論點的思想來源、内容、實質，及其與興衰治亂的關係（參見林甘泉《"馬上"得天下，不能"馬上"治天下——傳統思想對歷史經驗的總結》，《中國社會科學院研究生院學報》1997年第1期）。

[3]【顏注】師古曰：夫差，吳王闔閭子也，好用兵，卒爲越所滅。智伯，晉卿荀瑤也，貪而好勝，率韓、魏共攻趙襄子，襄子與韓、魏約，反而喪之。夫，音"扶"。差，音楚宜反。

　　[4]【顏注】鄭氏曰：秦之先造父封於趙城，其後以爲姓。張晏曰：莊襄王爲質於趙，還爲太子，遂稱趙氏（氏，大德本、殿本同，蔡琪本作“武”）。師古曰：據《秦本紀》，鄭説是。

　　[5]【顏注】師古曰：鄉，讀曰“嚮”。安，焉也。

　　[6]【顏注】師古曰：懌，和樂也。

　　[7]【顏注】師古曰：著，明也，謂作書明言之（之，大德本作“也”，殿本“之”後有“也”字）。【今注】案，王先謙《漢書補注》謂《史記》“者”下有“何”字，文意較足。

　　[8]【顏注】師古曰：其書今見存。【今注】新語：書名。陸賈所著，分上下兩卷共十二篇。

　　孝惠時，呂太后用事，[1]欲王諸呂，畏大臣及有口者。[2]賈自度不能争之，[3]迺病免。以好畤田地善，往家焉。[4]有五男，乃出所使越橐中裝，賣千金，分其子，子二百金，令爲生産。賈常乘安車駟馬，從歌鼓瑟侍者十人，[5]寶劍直百金，謂其子曰：“與女約：過女，女給人馬酒食極欲，十日而更。[6]所死家，得寶劍車騎侍從者。一歲中以往來過它客，率不過再過，[7]數擊鮮，母久溷女爲也。”[8]

　　[1]【今注】呂太后：紀見本書卷三。
　　[2]【顏注】師古曰：有口謂辯士。
　　[3]【顏注】師古曰：度，音徒各反。
　　[4]【顏注】師古曰：好畤即今雍州好畤縣。【今注】好畤：縣名。治所在今陝西乾縣東好畤村。
　　[5]【今注】案，王先謙《漢書補注》謂《史記》作“從歌舞鼓琴瑟侍者”。

[6]【顏注】師古曰：又改向一子處。

[7]【顏注】師古曰：非徒至諸子所，又往來經過佗處爲賓客，率計一歲之中，每子不過再過至也。上"過"音工禾反。

[8]【顏注】服虔曰：溷，辱也。吾常行，數擊新美食，不久辱汝也。師古曰：鮮謂新殺之肉也。溷，亂也。言我至之時，汝宜數數擊殺牲牢，與我鮮食，我不久住，亂累汝也。數，音所角反。溷，音下困反。【今注】案，圖、蔡琪本、大德本、殿本作"涸"。

　　呂太后時，[1]王諸呂，諸呂擅權，欲劫少主，[2]危劉氏。右丞相陳平患之，[3]力不能爭，恐禍及己。平嘗燕居深念。[4]賈往，不請，直入坐，[5]陳平方念，不見賈。[6]賈曰："何念深也？"平曰："生揣我何念？"[7]賈曰："足下位爲上相，[8]食三萬戶侯，[9]可謂極富貴無欲矣。然有憂念，不過患諸呂、少主耳。"陳平曰："然。爲之奈何？"賈曰："天下安，注意相；天下危，注意將。將相和，則士豫附；[10]士豫附，天下雖有變，則權不分。權不分，爲社稷計，在兩君掌握耳。臣常欲謂太尉絳侯，[11]絳侯與我戲，易吾言。[12]君何不交驩太尉，深相結？"爲陳平畫呂氏數事。平用其計，乃以五百金爲絳侯壽，厚具樂飲太尉，[13]太尉亦報如之。兩人深相結，呂氏謀益壞。陳平乃以奴婢百人，車馬五十乘，錢五百萬，遺賈爲食飲費。賈以此游漢廷公卿閒，[14]名聲籍甚。[15]及誅呂氏，立孝文，賈頗有力。

[1]【今注】案，太，蔡琪本、大德本同，殿本作"大"。

［2］【今注】少主：劉恭。西漢皇帝。公元前 188 年至前 184 年在位。惠帝後宮美人子。因惠帝皇后無子，呂后立其爲太子。惠帝死後繼位。因其年幼，呂后臨朝稱制。高后四年（前 184）自知非皇后子，出怨言，被廢幽殺。

［3］【今注】右丞相：官名。秦置左右丞相，高祖即位置一丞相，孝惠、高后復置左右丞相，掌助天子理萬機。 陳平：傳見本書卷四〇。

［4］【顏注】師古曰：念，思也。以國家不安，故靜居獨慮，思其方策。【今注】案，王先謙《漢書補注》謂《史記》“嘗”作“常”。

［5］【顏注】師古曰：言不因門人將命，而徑入自坐。

［6］【顏注】師古曰：思慮之際，故不覺賈至（覺，殿本同，蔡琪本作“竟”）。

［7］【顏注】孟康曰：揣，度也。韋昭曰：揣，音初委反。

［8］【今注】上相：漢以右爲尊，陳平爲右丞相，故稱“上相”。

［9］【今注】食三萬户侯：楊樹達《漢書窺管》稱平封曲逆侯，據本書卷四〇《陳平傳》，曲逆秦時三萬餘户，漢時五千餘户，此云三萬户，乃據秦時户口誇言之。

［10］【顏注】師古曰：豫，素也。【今注】案，豫附，王先謙《漢書補注》謂《史記》作“務附”。

［11］【顏注】師古曰：謂者，與之言。【今注】太尉：職官名。始置於秦，西漢沿置，與丞相、御史大夫並稱“三公”，主掌武事，秩萬石。 絳侯：周勃。傳見本書卷四〇。

［12］【顏注】師古曰：言絳侯與我相戲狎，輕易其言耳。

［13］【顏注】師古曰：厚爲共具，而與太尉樂飲。

［14］【顏注】師古曰：廷謂朝廷。

［15］【顏注】孟康曰：言狼籍甚盛。【今注】籍甚：周壽昌

《漢書注校補》謂《史記》作"籍盛"。蓋"籍"即"藉用白茅"之"藉"，言聲名得所藉而益盛也。"甚"與"盛"意同。孟言"狼籍"，失之。

孝文即位，欲使人之南越，丞相平乃言賈爲太中大夫，往使尉佗，去黄屋稱制，[1]令比諸侯，[2]皆如意指。語在《南越傳》。陸生竟以壽終。

[1]【顔注】師古曰：黄屋，謂車上之蓋也。黄屋及稱制，皆天子之儀，故令去之。
[2]【今注】比諸侯：與諸侯王地位相當。

朱建，楚人也。故嘗爲淮南王黥布相，有罪去，後復事布。布欲反時，問建，建諫止之。布不聽，聽梁父侯，遂反。[1]漢既誅布，聞建諫之，高祖賜建號平原君，家徙長安。

[1]【顔注】如淳曰：遂者，布臣也。臣瓚曰：布用梁甫侯之計而遂反。師古曰：瓚說是也。【今注】梁父：縣名。治所在今山東泰安市東南。

爲人辯有口，刻廉剛直，行不苟合，義不取容。辟陽侯行不正，得幸吕太后，[1]欲知建，[2]建不肯見。及建母死，貧未有以發喪，方假貸服具。[3]陸賈素與建善，乃見辟陽侯，賀曰："平原君母死。"辟陽侯曰："平原君母死，何乃賀我？"陸生曰："前日君侯欲知平

原君，平原君義不知君，以其母故。[4]今其母死，君誠
厚送喪，則彼爲君死矣。"辟陽侯迺奉百金祝，[5]列侯
貴人以辟陽侯故，往賻凡五百金。[6]

[1]【顏注】師古曰：審食其。【今注】辟陽侯：呂后寵臣審
食其。

[2]【顏注】師古曰：欲與相知。

[3]【顏注】師古曰：賨，音土得反。【今注】服具：辦喪事
所用服飾、供具等。

[4]【顏注】張晏曰：相知當同恤災危，以母在，故義不知
君也。

[5]【顏注】師古曰：贈終者之衣被曰祝。言以百金爲衣被
之具。祝，音式芮反，其字從衣。【今注】案，王先謙《漢書補
注》謂《史記》"祝"作"稅"。韋昭云："'稅'，當爲'襚'。"

[6]【顏注】師古曰：布帛曰賻。【今注】賻：以財物助人辦
喪事。

久之，人或毀辟陽侯，惠帝大怒，下吏，欲誅之。
太后慚，不可言。[1]大臣多害辟陽侯行，欲遂誅之。辟
陽侯困急，使人欲見建。建辭曰："獄急，不敢見君。"
建乃求見孝惠幸臣閎籍孺，[2]說曰："君所以得幸帝，
天下莫不聞。[3]今辟陽侯幸太后而下吏，[4]道路皆言君
讒，欲殺之。今日辟陽侯誅，旦日太后含怒，亦誅君。
君何不肉袒爲辟陽侯言帝？[5]帝聽君出辟陽侯，太后大
驩。兩主俱幸君，君富貴益倍矣。"於是閎籍孺大恐，
從其計，言帝，帝果出辟陽侯。辟陽侯之囚，欲見建，
建不見，辟陽侯以爲背之，大怒。及其成功出之，

大驚。

[1]【顏注】師古曰：不可自言之。

[2]【顏注】師古曰：《佞幸傳》云高祖時則有籍孺，孝惠有
閎孺，斯則二人皆名爲孺，而姓各別。今此云閎籍孺，誤剩籍字，
後人所妄加耳。【今注】閎籍孺：“籍”字衍。閎孺，漢惠帝寵臣。
案，王先謙《漢書補注》稱《史記》作“閎籍孺”，此班沿《史
記》誤。

[3]【顏注】師古曰：言不以材德進。

[4]【顏注】師古曰：下，音胡嫁反。他皆類此。

[5]【顏注】師古曰：肉袒，謂脫其衣袖而見肉。肉袒者，
自挫辱之甚，冀見哀憐。

呂太后崩，大臣誅諸呂，辟陽侯於諸呂至深，[1]卒
不誅。計畫所以全者，皆陸生、平原君之力也。

[1]【顏注】如淳曰：辟陽侯與諸呂相親信，爲罪宜誅者至
深也。師古曰：直言辟陽侯與諸呂相知，情義至深重耳。如説
非也。

孝文時，淮南厲王殺辟陽侯，[1]以黨諸呂故。孝文
聞其客朱建爲其策，使吏捕欲治。聞吏至門，建欲自
殺。諸子及吏皆曰：“事未可知，何自殺爲？”建曰：
“我死禍絕，不及乃身矣。”[2]遂自剄。文帝聞而惜之，
曰：“吾無殺建意也。”迺召其子，拜爲中大夫。[3]使匈
奴，單于無禮，罵單于，遂死匈奴中。

[1]【今注】案，事見本書卷四四《淮南厲王劉長傳》。

[2]【顏注】師古曰：乃，汝也。

[3]【今注】中大夫：官名。郎中令（光禄勳）屬官，掌議論。太初元年（前104）更名爲光禄大夫，秩比二千石。

婁敬，齊人也。漢五年，戍隴西，[1]過雒陽，高帝在焉。敬脱輓輅，[2]見齊人虞將軍曰："臣願見上言便宜。"[3]虞將軍欲與鮮衣，敬曰："臣衣帛，衣帛見，[4]衣褐，衣褐見，[5]不敢易衣。"虞將軍入言上，上召見，賜食。

[1]【今注】隴西：郡名。治狄道（今甘肅臨洮縣）。

[2]【顏注】蘇林曰："輅"音"凍洛"之"洛"（洛，大德本、殿本同，蔡琪本作"洛"）。一木橫遮車前，二人挽之，一人推之（一，蔡琪本、殿本作"三"，大德本模糊不清）。孟康曰：輅，音胡格反。師古曰：二音同聲也。

[3]【今注】便宜：指對國家有利的事情。

[4]【顏注】師古曰：衣，著也。帛謂繒也。

[5]【顏注】師古曰：此褐謂織毛布之衣。

已而問敬，敬説曰："陛下都雒陽，豈欲與周室比隆哉？"[1]上曰："然。"敬曰："陛下取天下與周異。[2]周之先自后稷，[3]堯封之邰，[4]積德絫善十餘世。[5]公劉避桀居豳，[6]大王以狄伐故，[7]去豳，杖馬箠去居岐，[8]國人争歸之。及文王爲西伯，[9]斷虞芮訟，[10]始受命，吕望、伯夷自海濱來歸之。[11]武王伐紂，[12]不期會孟津上八百諸侯，[13]遂滅殷。成王即位，[14]周公

之屬傅相焉，[15]迺營成周都雒，以爲此天下中，[16]諸
侯四方納貢職，道里鈞矣，有德則易以王，無德則易
以亡。凡居此者，欲令務以德致人，不欲阻險，令後
世驕奢以虐民也。及周之衰，分而爲二，[17]天下莫朝
周，周不能制。非德薄，形勢弱也。今陛下起豐
沛，[18]收卒三千人，以之徑往，卷蜀漢，定三秦，與
項籍戰滎陽，[19]大戰七十，小戰四十，使天下之民肝
腦塗地，父子暴骸中野，不可勝數，哭泣之聲不絶，
傷夷者未起，[20]而欲比隆成康之時，臣竊以爲不侔
矣。[21]且夫秦地被山帶河，四塞以爲固，卒然有急，
百萬之衆可具。[22]因秦之故，資甚美膏腴之地，此所
謂天府。[23]陛下入關而都之，山東雖亂，秦故地可全
而有也。夫與人鬭，不搤其亢，拊其背，未能全
勝。[24]今陛下入關而都，按秦之故，此亦搤天下之亢
而拊其背也。"

[1]【今注】周室：周王朝。周平王東遷，都於洛邑。

[2]【今注】案，取，蔡琪本、大德本同，殿本作"王"。

[3]【今注】后稷：周族的始祖，名弃，善耕稼，相傳在堯舜
時爲農官，教民耕種。

[4]【顏注】師古曰：邰，邑名也，即今武功故城是其處，
音吐材反。

[5]【顏注】師古曰：絫，古"累"字。

[6]【今注】公劉：周族祖先，后稷的曾孫，夏朝末年率領周
族遷徙於豳，墾荒定居。　豳：地名。在今陝西彬縣東北。

[7]【今注】大王：亦作"太王"，名古公亶父，周文王的祖

父。因受戎狄侵擾，率領周族由豳遷到岐山下的周原，建邑，設官，改舊俗，務農業，使周族逐漸强盛。

[8]【顏注】師古曰：箠，馬策也。杖謂柱之也。云杖馬箠者，以示無所携持也。箠，音止繁反。【今注】岐：地名。在今陝西岐山東北。

[9]【今注】文王：姓姬，名昌，商朝末年周族領袖。爲西伯。建豐邑（今陝西西安市西南）爲都。

[10]【顏注】文穎曰：二國爭田，見文王之德而自和也。師古曰：虞，今虞州是也。芮，今芮城縣是也。【今注】斷虞芮訟：虞、芮，皆周文王時所立諸侯國，姬姓，虞地在今山西平陸縣北，芮地在今陝西大荔縣境，兩國爭田，文王爲其調解，並使之歸附於周。

[11]【顏注】師古曰：濱，涯也，音賓，又音頻。【今注】呂望：西周初政治家。周代齊國的始祖。姜姓，呂氏，名望，或説字子牙。西周初年任太師，故亦作“師尚父”“呂尚”“太公望”，俗稱姜太公、姜子牙。得到周文王重用，輔佐武王滅商，封於齊。
伯夷：商末周初義士。孤竹君之子。初其父欲立其弟叔齊爲繼承人，及孤竹君死，叔齊讓位，伯夷不受，二人逃至周。武王伐紂，他們叩馬而諫。西周建立後，伯夷、叔齊義不食周粟，餓死於首陽山（今山西永濟市南）。

[12]【今注】武王：周王朝建立者，姓姬，名發。聯合諸侯，經牧野之戰，滅商，興周，都於鎬。

[13]【今注】孟津：古代黄河渡口名。在今河南孟津縣東北。

[14]【今注】成王：西周國王，姓姬，名誦。武王之子。

[15]【今注】周公：姓姬，名旦，武王之子，采邑在周，輔佐成王，消滅叛亂，營建洛邑，制禮作樂。

[16]【顏注】師古曰：中，音竹仲反。

[17]【顏注】師古曰：謂東周君、西周君。

[18]【今注】案，王先謙《漢書補注》謂《史記》"豐"字下有"擊"字。

[19]【今注】滎陽：縣名。治所在今河南滎陽市。

[20]【顏注】師古曰：夷，創也，音"痍"。

[21]【顏注】師古曰：侔，等也。

[22]【顏注】師古曰："卒"讀曰"猝"。

[23]【顏注】師古曰：府，聚也，萬物所聚。

[24]【顏注】張晏曰：亢，喉嚨也。師古曰：搤與扼同，謂捉持之也。亢，音"岡"，又音下郎反。

高帝問群臣，群臣皆山東人，爭言周王數百年，秦二世則亡，不如都周。上疑未能決。及留侯明言入關便，[1]即日駕西都關中。

[1]【今注】留侯：張良。傳見本書卷四〇。

於是上曰："本言都秦地者婁敬，婁者劉也。"賜姓劉氏，拜爲郎中，[1]號曰奉春君。[2]

[1]【今注】郎中：官名。戰國時齊與三晉（韓、趙、魏）都設郎中，爲侍衛之官。秦漢沿置，屬光祿勳。初時郎中分部爲車郎、戶郎、騎郎諸職，分別爲皇帝的車騎侍從和守衛門戶。其後則五官、左、右三中郎將署與虎賁中郎將署均置郎中。東漢轉爲尚書臺的屬官，初任稱郎中，一年後稱尚書郎，主管曹司事務。

[2]【顏注】張晏曰：春，歲之始，以其首勸都關中。

漢七年，韓王信反，高帝自往擊。至晉陽，[1]聞信與匈奴欲擊漢，上大怒，使人使匈奴。匈奴匿其壯士肥牛馬，[2]徒見其老弱及羸畜。使者十輩來，皆言匈奴易擊。上使劉敬復往使匈奴，還報曰：“兩國相擊，此宜夸矜見所長。[3]今臣往，徒見羸瘠老弱，[4]此必欲見短，伏奇兵以爭利。愚以爲匈奴不可擊也。”是時漢兵以踰句注三十餘萬衆，[5]兵已業行。上怒，罵敬曰：“齊虜！以舌得官，迺今妄言沮吾軍。”[6]械繫敬廣武。[7]遂往，至平城，[8]匈奴果出奇兵圍高帝白登，[9]七日然後得解。高帝至廣武，赦敬，曰：“吾不用公言，以困平城。吾已斬先使十輩言可擊者矣。”迺封敬二千户，爲關内侯，號建信侯。

[1]【今注】晉陽：縣名。治所在今山西太原市西南。

[2]【顏注】師古曰：匿，藏也。

[3]【顏注】師古曰：見，示也。

[4]【顏注】師古曰：瘠，音“漬”，謂死者之肉也。一説“瘠”讀曰“瘠”。瘠，瘦也。【今注】案，王先謙《漢書補注》謂《史記》“瘠”作“瘠”。

[5]【顏注】師古曰：句注，山名，在鴈門。【今注】句注：山名。在今山西代縣西北。

[6]【顏注】師古曰：沮謂止壞也，音材汝反。

[7]【顏注】師古曰：械謂桎梏也。廣武，縣名，屬鴈門。【今注】廣武：縣名。治所在今山西代縣西南。

[8]【今注】平城：縣名。治所在今山西大同市東北。

[9]【今注】白登：山名。在今山西大同市東北。

高帝罷平城歸，韓王信亡入胡。當是時，冒頓單于兵彊，[1]控弦四十萬騎，[2]數苦北邊。上患之，問敬。敬曰："天下初定，士卒罷於兵革，[3]未可以武服也。冒頓殺父代立，妻群母，以力爲威，未可以仁義說也。獨可以計久遠子孫爲臣耳，然陛下恐不能爲。"上曰："誠可，何爲不能！顧爲奈何？"[4]敬曰："陛下誠能以適長公主妻單于，[5]厚奉遺之，彼知漢女送厚，蠻夷必慕，以爲閼氏，[6]生子必爲太子，代單于。何者？貪漢重幣。陛下以歲時漢所餘彼所鮮數問遺，[7]使辯士風諭以禮節。[8]冒頓在，固爲子壻；死，外孫爲單于。豈曾聞孫敢與大父亢禮哉？[9]可毋戰以漸臣也。若陛下不能遣長公主，[10]而令宗室及後宮詐稱公主，彼亦知不肯貴近，無益也。"[11]高帝曰："善。"欲遣長公主。[12]吕后泣曰："妾唯以一太子、一女，[13]奈何棄之匈奴！"上竟不能遣長公主，而取家人子爲公主，妻單于。[14]使敬往結和親約。

[1]【今注】冒頓：匈奴單于。姓攣鞮。秦二世元年（前209）殺父頭曼自立。建立奴隸制軍事政權，增設官職，加强軍力，東滅東胡，西逐月氏，控制西域諸國，北服丁零，南併樓煩、白羊，進占河套一帶，勢力强大。西漢初年，經常南下，成爲漢初西北地區最强勁的敵對勢力。

[2]【顏注】師古曰：控，引也，謂皆引弓也，音口弄反。【今注】案，《漢書考證》齊召南謂《史記》"四十萬"作"三十萬"。

[3]【顏注】師古曰："罷"讀曰"疲"。

[4]【顏注】師古曰：顧，思念也。

[5]【顏注】師古曰："適"讀曰"嫡"，謂皇后所生。

[6]【今注】閼氏：漢代匈奴單于之妻的稱號，亦作"焉提"。

[7]【顏注】師古曰：鮮，少也。問遺，謂餉饋之也。鮮，音息善反。遺，音弋季反。

[8]【顏注】師古曰："風"讀曰"諷"。【今注】風諭：用委婉的語言勸告。

[9]【今注】案，蔡琪本、大德本、殿本"聞"後有"外"字。 大父：對祖父的尊稱。 亢禮：彼此以平等之禮相待。

[10]【今注】案，吳恂《漢書注商》謂此長公主，以帝長女之故，與後之帝姊妹稱長公主者有別。

[11]【顏注】師古曰：近，音其靳反。

[12]【今注】案，沈欽韓《漢書疏證》認爲張敖以五年尚公主，至高后六年薨，中間不應奪之而與冒頓，此史家探意之失。

[13]【顏注】師古曰：言唯以此自慰。【今注】太子：謂劉盈。 一女：即魯元公主。

[14]【顏注】師古曰：於外庶人之家取女而名之爲公主。【今注】家人子：周壽昌《漢書注校補》提出，漢制，良家子入宮無職號者謂爲家人子。有上家人子、中家人子之別。顏注誤。本書卷五〇《馮唐傳》"士卒盡家人子"，則是庶人之家子，不能與此同解。王先謙《漢書補注》據《匈奴傳》"使敬奉宗室女翁主爲單于閼氏"，認爲家人子乃宗室女。

敬從匈奴來，因言："匈奴河南白羊、樓煩王，[1]去長安近者七百里，輕騎一日一夕可以至。[2]秦中新破，[3]少民，地肥饒，可益實。夫諸侯初起時，非齊諸田，楚昭、屈、景莫與。[4]今陛下雖都關中，實少人。北近胡寇，東有六國彊族，一日有變，陛下亦未得安枕而臥也。臣願陛下徙齊諸田，楚昭、屈、景，燕、趙、韓、魏後，及豪桀名家，且實關中。無事，可以備胡；諸侯有變，亦足率以東伐。此彊本弱末之術也。"上曰："善。"乃使劉敬徙所言關中十餘萬口。[5]

[1]【顏注】張晏曰：白羊，匈奴國名也。【今注】白羊：古族名。先秦至西漢初期活動於今陝西北部至內蒙古南部黃河以南地區。漢高帝元年（前206）被匈奴冒頓單于所滅。　樓煩：古族名。春秋、戰國時居於今山西北部。從事游牧，精於騎射。趙武靈王胡服騎射，攻破樓煩，建立雁門郡和雲中郡，樓煩北遷。秦末，服於匈奴，移至河南地。

[2]【顏注】師古曰：言匈奴欲來為寇者。

[3]【顏注】師古曰：秦中謂關中，故秦地也。新破，謂經兵革之後未殷實。

[4]【顏注】師古曰：皆二國之王族。

[5]【顏注】師古曰：今高陵、櫟陽諸田，華陰、好畤諸景，及三輔諸屈、諸懷尚多，皆此時所徙。

　　叔孫通，薛人也。[1]秦時以文學徵，待詔博士。[2]數歲，陳勝起，二世召博士諸儒生問曰："楚戍卒攻蘄入陳，[3]於公何如？"博士諸生三十餘人前曰："人臣無將，將則反，罪死無赦。[4]願陛下急發兵擊之。"二世怒，作色。[5]通前曰："諸生言皆非。夫天下為一家，毀郡縣城，鑠其兵，視天下弗復用。[6]且明主在上，法令具於下，吏人人奉職，四方輻輳，[7]安有反者！此特群盜鼠竊狗盜，[8]何足置齒牙閒哉？郡守尉今捕誅，何足憂？"二世喜，盡問諸生，諸生或言反，或言盜。於是二世令御史按諸生言反者下吏，非所宜言。諸生言盜者皆罷之。乃賜通帛二十疋,[9]衣一襲,[10]拜爲博士。通已出,反舍,[11]諸生曰:"生何言之諛也?"[12]通曰:"公不知,我幾不免虎口!"[13]迺亡去之薛,薛已降楚矣。

[1]【顏注】晉灼曰:《楚漢春秋》名何。師古曰:薛,縣名,屬魯國。【今注】薛:縣名。治所在今山東滕州市張汪鎮皇殿崗故城。

[2]【顏注】師古曰:於博士中待詔。【今注】博士:官名。源於戰國。秦設置博士,掌通古今。漢時爲太常屬官;武帝初置五經博士,以其中威重者一人爲祭酒,總領綱紀。

[3]【今注】蘄:縣名。治所在今安徽宿縣東南。 陳:縣名。治所在今河南淮陽縣。

[4]【顏注】臣瓚曰:將謂爲逆亂也。師古曰:將有其意。【今注】人臣無將將則反罪死無赦:楊樹達《漢書窺管》認爲始皇焚書坑儒,而博士此時置對猶持《春秋》義爲説者,蓋方以此獻諛,而不意尚觸二世之怒也。

[5]【顏注】師古曰:不許其言陳勝爲反。作色,謂變動其色。

[6]【顏注】師古曰:鑠,銷也。"視"讀曰"示"。

[7]【顏注】師古曰:輳,聚也,言如車輻之聚於轂也。字或作"湊",並音千豆反。

[8]【顏注】師古曰:如鼠之竊,如狗之盜。【今注】群盜:張家山漢簡《二年律令·盜律》"盜五人以上相與功(攻)盜,爲群盜"〔參見張家山二四七號漢墓竹簡整理小組《張家山漢墓竹簡[二四七號墓]》(釋文修訂本),文物出版社2006年版,第17頁〕。又本書卷四九《爰盎傳》"爰盎字絲,其父楚人也,故爲群盜",師古注曰:"群盜者,群衆相隨而爲盜也。"

［9］【今注】案，疋，蔡琪本、大德本同，殿本作"匹"。

［10］【顔注】師古曰：一襲，上下皆具也，今人呼爲一副也。

［11］【顔注】師古曰：還其所居也。

［12］【今注】案，周壽昌《漢書注校補》謂《史記》"生"作"先生"。漢時稱生即先生。

［13］【顔注】師古曰：幾，音鉅依反。

及項梁之薛，通從之。敗定陶，[1]從懷王。[2]懷王爲義帝，徙長沙，[3]留事項王。[4]漢二年，漢王從五諸侯入彭城，[5]通降漢王。

［1］【今注】定陶：縣名。治所在今山東菏澤市定陶區西北。

［2］【今注】懷王：楚懷王。項梁所立，後稱義帝。

［3］【今注】長沙：郡國名。治臨湘（今湖南長沙市）。

［4］【今注】案，蔡琪本、大德本、殿本"留事"前有"通"字。

［5］【今注】五諸侯：常山王張耳、河南王申陽、韓王鄭昌、魏王豹、殷王司馬卬。　彭城：縣名。治所在今江蘇徐州市。

通儒服，漢王憎之，迺變其服，服短衣，楚製。[1]漢王喜。通之降漢，從弟子百餘人，然無所進，剸言諸故群盜壯士進之。[2]弟子皆曰："事先生數年，幸得從降漢，今不進臣等，剸言大猾，何也？"[3]通迺謂曰："漢王方蒙矢石爭天下，[4]諸生寧能鬥乎？故先言斬將搴旗之士。[5]諸生且待我，我不忘矣。"漢王拜通爲博士，號稷嗣君。[6]

[1]【顔注】師古曰：製謂裁衣之形製。

[2]【顔注】師古曰："剸"與"專"同，又音之究反。此則言專聲之急上者耳。

[3]【顔注】師古曰：狡猾之人。

[4]【顔注】師古曰：蒙猶被也，冒也。

[5]【顔注】師古曰：搴，拔取，音"騫"。

[6]【顔注】張晏曰：后稷佐唐，欲令復如之。

漢王已并天下，諸侯共尊爲皇帝於定陶，通就其儀號。[1]高帝悉去秦儀法，[2]爲簡易。群臣飲争功，醉或妄呼，[3]拔劍擊柱，[4]上患之。通知上益厭之，[5]説上曰："夫儒者難與進取，可與守成。臣願徵魯諸生，與臣弟子共起朝儀。"[6]高帝曰："得無難乎？"通曰："五帝異樂，三王不同禮。禮者，因時世人情爲之節文者也。[7]故夏、殷、周禮所因損益可知者，謂不相復也。[8]臣願頗采古禮與秦儀雜就之。"[9]上曰："可試爲之，令易知，度吾所能行爲之。"[10]

[1]【顔注】師古曰：就，成也。

[2]【今注】儀法：禮儀規範。

[3]【顔注】師古曰：呼，音火故反。

[4]【今注】案，拔，大德本同，蔡琪本作"桉"，殿本作"按"。

[5]【今注】案，周壽昌《漢書注校補》謂《史記》"厭"作"厭"，爲宜。

[6]【今注】朝儀：朝會的禮儀。

[7]【今注】節文：指規範與修飾。

[8]【顏注】師古曰：復，重也，因也，音扶目反。

[9]【今注】案，楊樹達《漢書窺管》謂《論衡·謝短篇》云：高祖詔叔孫通製作儀品十六篇。《晉書·刑法志》云：叔孫通益律所不及，傍章十八篇。本書《禮樂志》云：今叔孫通所撰《禮儀》，與律令同錄，藏於理官。然則《晉書》與《論衡》所云同是一事，"十八""十六"當有一誤。

[10]【顏注】師古曰：度，音徒各反。

於是通使徵魯諸生三十餘人。[1]魯有兩生不肯行，曰："公所事者且十主，皆面諛親貴。[2]今天下初定，死者未葬，傷者未起，又欲起禮樂。禮樂所由起，百年積德而後可興也。[3]吾不忍爲公所爲。公所爲不合古，吾不行。公往矣，毋污我！"通笑曰："若真鄙儒，不知時變。"[4]

[1]【顏注】師古曰：通爲使者，而徵諸生。

[2]【今注】案，王先謙《漢書補注》謂《史記》"面諛"下有"以得"二字。

[3]【顏注】師古曰：言行德教百年，然後可定禮樂也（蔡琪本、殿本句末無"也"字）。

[4]【顏注】師古曰：若，汝也。鄙，言不通。

遂與所徵三十人西，[1]及上左右爲學者[2]與其弟子百餘人爲緜蕞野外。[3]習之月餘，通曰："上可試觀。"上使行禮，曰："吾能爲此。"迺令群臣習肄，[4]會十月。

[1]【顏注】師古曰：西入關。

[2]【顏注】師古曰：左右，謂近臣也。爲學，謂素有學術。

[3]【顏注】應劭曰：立竹及茅索營之，習禮儀其中也。如淳曰：謂以茅翦樹地，爲纂位尊卑之次也。《春秋》傳曰"置茅蕝"。師古曰：蕝與蕝同，並子悅反（蔡琪本、大德本、殿本"並"後有"音"字）。如說是。【今注】緜蕝：叔孫通草定朝儀時，於野外畫地爲宮，引繩爲緜，立表爲蕝，作爲演習。

[4]【顏注】師古曰：肄亦習也，音弋二反。【今注】習肄：練習。案，王先謙《漢書補注》謂《史記》作"習隸"。"肄""隸"二字古通作也。

漢七年，長樂宮成，[1]諸侯群臣朝十月。[2]儀：[3]先平明，[4]謁者治禮，[5]引以次入殿門，廷中陳車騎戍卒衛官，[6]設兵，張旗志。[7]傳曰"趨"。[8]殿下郎中俠陛，陛數百人。[9]功臣列侯諸將軍軍吏以次陳西方，東鄉；文官丞相以下陳東方，西鄉。[10]大行設九賓，臚句傳。[11]於是皇帝輦出房，百官執戟傳警，[12]引諸侯王以下至吏六百石以次奉賀。自諸侯王以下莫不震恐肅敬。至禮畢，盡伏，置法酒。[13]諸侍坐殿上皆伏抑首，[14]以尊卑次起上壽。觴九行，謁者言"罷酒"。御史執法舉不如儀者輒引去。竟朝置酒，無敢讙譁失禮者。於是高帝曰："吾迺今日知爲皇帝之貴也。"拜通爲奉常，[15]賜金五百斤。

[1]【今注】長樂宮：漢代宮殿建築群。遺址在今陝西西安市西北郊漢長安故城東南隅。本秦興樂宮。漢高帝五年（前202）遷都長安後改建，至七年竣工。

[2]【顏注】師古曰：適會七年十月，而長樂宮新成也。漢時尚以十月爲正月，故行朝歲之禮，史家追書十月。

[3]【顏注】師古曰：欲叙其下儀法，先言儀如此也。

[4]【顏注】師古曰：未平明之前。

[5]【今注】謁者：職官名。郎中令（光禄勳）屬官，掌賓贊受事，秩比六百石。案，王先謙《漢書補注》認爲，此謂謁者掌治贊引之禮。

[6]【今注】案，王先謙《漢書補注》謂《史記》作“步卒衞宮”。又推測，宮廷不得稱“戍卒”，疑班改“步卒”爲“戎卒”，傳寫者誤“戎”爲“戍”。尋檢傳、志，無“衞官”之名，且官不當在戍卒下。“宮”“官”亦因形近而訛也。

[7]【顏注】師古曰：“志”與“幟”同，音戍餌反（戍，蔡琪本、大德本、殿本作“式”）。

[8]【顏注】師古曰：傳聲教入者皆令趨，謂疾行爲敬也。

[9]【顏注】師古曰：“俠”與“挾”同。挾其兩旁，每陛皆數百人也。

[10]【顏注】師古曰：“鄉”讀皆曰“嚮”。

[11]【顏注】蘇林曰：上傳語告下爲臚，下告上爲句也。韋昭曰：大行掌賓客之禮，今之鴻臚也。九賓則《周禮》九儀也。謂公、侯、伯、子、男、孤、卿、大夫、士也。師古曰：“臚”音“盧”。【今注】大行：大行令的簡稱。

[12]【顏注】師古曰：傳聲而唱警。【今注】執戟：王先謙《漢書補注》謂《史記》“執戟”作“執職”，徐廣云：“‘職’，一作‘幟’。”李慈銘《越縵堂讀史札記·漢書四》認爲，“幟”爲俗字，古止作“職”。此“戟”字蓋訛。漢惟郎執戟，上所云“俠陛”者也。

[13]【顏注】師古曰：法酒者，猶言禮酌，謂不飲之至醉。【今注】法酒：《漢書考正》劉攽認爲，法酒謂朝畢，以法置酒也。

周壽昌《漢書注校補》則主張，法酒，言以法制酒，顏、劉説非。

　　[14]【顏注】師古曰：抑，屈也。謂依禮法不敢平坐而視。

　　[15]【顏注】師古曰：解在《百官公卿表》。後改爲太常也。
【今注】奉常：秦始置，漢景帝中元六年（前144）改稱太常。掌
禮儀祭祀，兼管文化教育。九卿之一，秩中二千石。

　　通因進曰：“諸弟子儒生隨臣久矣，與共爲儀，願
陛下官之。”高帝悉以爲郎。[1]通出，皆以五百金賜諸
生。諸生迺喜曰：“叔孫生聖人，知當世務。”

　　[1]【今注】郎：官名。戰國至秦漢間君主侍从官的統稱。戰
國時齊國與三晉（韓、趙、魏）都設郎中，爲君主近侍。秦漢沿
置，有議郎、中郎、侍郎、郎中、外郎之別，隸屬於光禄勳，無固
定員額，其性質在後世散官與候補官之間。兩漢的長吏令相，多出
自臺郎，在當時是入仕的一條重要門徑。

　　九年，高帝徙通爲太子太傅。[1]十二年，高帝欲以
趙王如意易太子，通諫曰：“昔者晉獻公以驪姬故，[2]
廢太子，立奚齊，晉國亂者數十年，爲天下笑。秦以
不早定扶蘇，[3]胡亥詐立，自使滅祀，此陛下所親見。
今太子仁孝，天下皆聞之；呂后與陛下攻苦食啖，[4]其
可背哉！陛下必欲廢適而立少，[5]臣願先伏誅，以頸血
汙地。”高帝曰：“公罷矣，吾特戲耳。”[6]通曰：“太子
天下本，本壹搖天下震動，奈何以天下戲！”高帝曰：
“吾聽公。”及上置酒，見留侯所招客從太子入見，[7]
上遂無易太子志矣。

[1]【今注】太子太傅：職官名。與太子少傅並稱太子二傅。西漢初掌保養、監護、輔翼太子，昭、宣以後兼掌教諭訓導。秩二千石。

[2]【今注】晉獻公：春秋時晉國國君，因寵驪姬而欲立其子奚齊，迫使太子申生自殺，放逐諸子，導致長期內亂。

[3]【今注】扶蘇：秦始皇長子。秦始皇生前未確定太子，死後，趙高與李斯合謀，僞造始皇詔書，命扶蘇自殺，而擁立胡亥。

[4]【顏注】如淳曰：食無菜茹爲啖。師古曰：“啖”當作“淡”。淡謂無味之食也。言共攻擊勤苦之事，而食無味之食也。淡，音大敢反（大敢，蔡琪本同，大德本作“莫敢”，殿本作“大噉”）。

[5]【顏注】師古曰：“適”讀曰“嫡”。

[6]【顏注】師古曰：特，但也。

[7]【今注】留侯所招客：秦末漢初四位年高德劭的隱士，分別是東園公、綺里季、夏黃公、甪里先生。

高帝崩，孝惠即位，迺謂通曰：“先帝園陵寢廟，[1]群臣莫習。”徙通爲奉常，[2]定宗廟儀法。及稍定漢諸儀法，皆通所論著也。惠帝爲東朝長樂宮，[3]及閒往，[4]數蹕煩民，[5]作復道，方築武庫南，[6]通奏事，因請間，[7]曰：“陛下何自築復道高帝寢，衣冠月出游高廟？[8]子孫奈何乘宗廟道上行哉！”惠帝懼，曰：“急壞之。”[9]通曰：“人主無過舉。[10]今已作，百姓皆知之矣。願陛下爲原廟[11]渭北，衣冠月出游之，益廣宗廟，大孝之本。”[12]上乃詔有司立原廟。

[1]【今注】園：帝王墓地。　陵：帝王墳墓。　寢：在宗廟

的後部分，放置祖先衣冠。　廟：祭祀祖先之廟，在宗廟的前部分。

[2]【顏注】師古曰：又重爲之也。

[3]【顏注】孟康曰：朝太后於長樂宮。

[4]【顏注】師古曰：非大朝時，中間小謁見。

[5]【顏注】師古曰（師古，蔡琪本同，大德本、殿本作“孟康”）：妨其往來也。

[6]【顏注】如淳曰（如淳，蔡琪本、大德本同，殿本作“淳如”）：作復道，方始築武庫南也。師古曰：復，音方目反。【今注】復道：樓閣間架空的通道。

[7]【顏注】師古曰：請空隙之時，不欲對衆言之。

[8]【顏注】服虔曰：持高廟中衣，月旦以游於衆廟，已而復之。應劭曰：月旦出高帝衣冠，備法駕，名曰游衣冠。如淳曰：高祖之衣冠藏在宮中之寢，三月出游，其道正值今之所作復道下，故言乘宗廟道上行也。晉灼曰：黃圖高廟在長安城門街東，寢在桂宮北。服言衣藏於廟中，如言宮中，皆非也。師古曰：諸家之說皆未允也。謂從高帝陵寢出衣冠，游於高廟，每月一爲之，漢制則然。而後之學者不曉其意，謂以月出之時而夜游衣冠，失之遠也。

[9]【今注】急壞之：趕快拆除復道。

[10]【顏注】師古曰：舉事不當有過失。

[11]【顏注】師古曰：原，重也。先以有廟，今更立之，故云重也。

[12]【今注】案，王先謙《漢書補注》謂《史記》有“也”字，句乃足。

　　惠帝常出游離宮，通曰：“古者有春嘗菓，[1]方今櫻桃孰，可獻，[2]願陛下出，因取櫻桃獻宗廟。”上許之。諸菓獻由此興。

[1]【今注】春嘗菓：春季鮮果成熟時，帝王以其進獻於宗廟之祭禮。

[2]【顏注】師古曰：《禮記》曰"仲春之月，羞以含桃，先薦寢廟"，即此櫻桃也。今所謂朱櫻者是也。櫻，音於耕反。

贊曰：高祖以征伐定天下，而縉紳之徒騁其知辯，[1]並成大業。語曰"廊廟之材非一木之枝，帝王之功非一士之略"，[2]信哉！劉敬脫輓輅而建金城之安，[3]叔孫通舍枹鼓而立一王之儀，[4]遇其時也。酈生自匿監門，待主然後出，猶不免鼎鑊。[5]朱建始名廉直，既距辟陽，不終其節，亦以喪身。陸賈位止大夫，致仕諸呂，[6]不受憂責，從容平、勃之間，[7]附會將相以彊社稷，身名俱榮，其最優乎！

[1]【顏注】師古曰：縉紳，儒者之服也，解在《郊祀志》。

[2]【顏注】師古曰：此語本出《慎子》。

[3]【今注】金城：以金爲城，形容牢不可破。

[4]【顏注】師古曰：枹者鼓椎，所以擊鼓也。舍枹鼓者，言新罷戰陣之事，別創漢代之禮，故云一王之儀也。"枹"音"桴"，其字從木（蔡琪本、殿本"從木"後有"也"字，大德本無）。

[5]【顏注】師古曰：鼎大而無足曰鑊，音胡郭反。

[6]【顏注】師古曰：以諸呂僭差，託病歸家。

[7]【顏注】師古曰：謂和輯陳平、周勃以安漢朝也。從，音七容反（七，大德本同，蔡琪本、殿本作"弋"）。

漢書　卷四四

淮南衡山濟北傳第十四[1]

[1]【今注】案，蔡琪本、大德本同，殿本"濟北"後有"王"字。

　　淮南厲王長，高帝少子也，其母故趙王張敖美人。高帝八年，從東垣過趙，[1]趙王獻美人，厲王母也，幸，有身。[2]趙王不敢内宫，[3]爲築外宫舍之。[4]及貫高等謀反事覺，[5]并逮治王，盡捕王母兄弟美人，繫之河内。[6]厲王母亦繫，告吏曰："日得幸上，有子。"[7]吏以聞，上方怒趙，未及理厲王母，厲王母弟趙兼因辟陽侯言吕后，[8]吕后妒，不肯白，辟陽侯不强争。厲王母已生厲王，恚，即自殺。吏奉厲王詣上，上悔，[9]令吕后母之，而葬其母真定。[10]真定，厲王母家縣也。

　　[1]【今注】東垣：縣名。治所在今河北石家莊市長安區東古城村東垣故城遺址。

　　[2]【今注】有身：懷孕。

　　[3]【顔注】師古曰：不敢更内之於宫中。

　　[4]【顔注】師古曰：舍，止也。

　　[5]【今注】案，事詳本書卷三二《張耳陳餘傳》。

[6]【今注】河内：郡名。治懷縣（今河南武陟縣西南）。

[7]【顏注】師古曰：日謂往日。

[8]【今注】辟陽侯：呂后寵臣審食其。

[9]【顏注】師古曰：悔不理其母。

[10]【今注】真定：縣名。治所在今河北石家莊市長安區東古城村東垣故城遺址。王先謙《漢書補注》謂《史記》作"真定，屬王母之家在焉，父世縣也"，謂父祖代居真定也。

　　十一年，[1]淮南王布反，[2]上自將擊滅布，即立子長爲淮南王。[3]王早失母，常附呂后，孝惠、呂后時以故得幸無患，然常心怨辟陽侯，不敢發。及孝文初即位，自以爲最親，[4]驕蹇，數不奉法。[5]上寬赦之。三年，入朝，甚橫。[6]從上入苑獵，與上同輦，常謂上"大兄"。屬王有材力，力扛鼎，[7]乃往請辟陽侯。辟陽侯出見之，即自襃金椎椎之，[8]命從者刑之。[9]馳詣闕下，肉袒而謝曰："臣母不當坐趙時，[10]辟陽侯力能得之呂后，不爭，罪一也。趙王如意子母無罪，呂后殺之，辟陽侯不爭，罪二也。呂后王諸呂，欲以危劉氏，辟陽侯不爭，罪三也。臣謹爲天下誅賊，報母之仇，伏闕下請罪。"文帝傷其志，[11]爲親故不治，赦之。

[1]【今注】十一年：漢高祖十一年（前196）。

[2]【今注】淮南王布：黥布。傳見本書卷三四。

[3]【今注】案，王先謙《漢書補注》謂《史記》云"王布故地，凡四郡"，徐廣注："九江、廬江、衡山、豫章也。"

[4]【顏注】師古曰：時高帝子唯二人在。

［5］【顔注】師古曰：蹇謂不順也。

［6］【顔注】師古曰：横，音胡孟反。

［7］【顔注】師古曰：扛，舉也，音“江”。

［8］【顔注】師古曰：褎，古“袖”字也。謂以金椎藏置褎中，出而椎之。

［9］【顔注】如淳曰：刻其形體，備五刑也。師古曰：直斷其首，非五刑也。事見《史記》。【今注】從者：陳直《漢書新證》謂本爲先秦兩漢人之習俗語，後又轉化爲代表身份之名詞。

［10］【今注】趙時：王先謙《漢書補注》謂《史記》作“趙事”，下云“其時辟陽侯力能得之”。又，蔡琪本、大德本、殿本“趙時”後有“事”字。

［11］【今注】傷：憐憫。

當是時，自薄太后及太子諸大臣皆憚厲王。[1]厲王以此歸國益恣，不用漢法，出入警蹕，[2]稱制，[3]自作法令，數上書不遜順。[4]文帝重自切責之。[5]時帝舅薄昭爲將軍，尊重，上令昭予厲王書諫數之，曰：[6]

［1］【今注】薄太后：漢文帝劉恒之母。

［2］【今注】警蹕：皇帝出入，在經過的地方嚴加戒備，斷絕行人。

［3］【今注】稱制：行使皇帝的職權。

［4］【顔注】師古曰：數，音所角反。【今注】案，《漢書考證》齊召南謂“此文以下‘文帝令薄昭爲書責厲王’至‘王得書不悦’，皆《史記》所無，而班氏增補之者也”。

［5］【顔注】如淳曰：重，難也。

［6］【顔注】師古曰：數，音所具反。【今注】諫數：規勸，責備。

　　竊聞大王剛直而勇，慈惠而厚，貞信多斷，是天以聖人之資奉大王也甚盛，不可不察。今大王所行，不稱天資。皇帝初即位，易侯邑在淮南者，[1]大王不肯。皇帝卒易之，[2]使大王得三縣之實，甚厚。大王以未嘗與皇帝相見，求入朝見，未畢昆弟之歡，[3]而殺列侯以自爲名。[4]皇帝不使吏與其間，[5]赦大王，甚厚。漢法，[6]二千石缺，輒言漢補，[7]大王逐漢所置，而請自置相、二千石。皇帝觟天下正法而許大王，甚厚。[8]大王欲屬國爲布衣，守冢真定。[9]皇帝不許，使王毋失南面之尊，甚厚。[10]大王宜日夜奉法度，修貢職，以稱皇帝之厚德，今迺輕言恣行，以負謗於天下，甚非計也。

　　[1]【顏注】晉灼曰：侯邑在淮南者，更易以它郡地封之，不欲使錯在王國。

　　[2]【顏注】師古曰：卒，終也。

　　[3]【顏注】師古曰：畢，盡也。

　　[4]【今注】以自爲名：王先謙《漢書補注》謂自爲主名也。一曰，自居爲親殺讎之名也。

　　[5]【顏注】師古曰：“與”讀曰“豫”，謂不令吏干豫治其事。

　　[6]【今注】案，漢法，大德本同，蔡琪本、殿本作“法”。

　　[7]【今注】輒言漢補：王先謙《漢書補注》謂言於漢廷而補之。

　　[8]【顏注】蘇林曰：不從正法，聽王自置二千石。師古曰：觟，古“委”字。“觟”謂曲也。

[9]【顏注】師古曰：屬，謂委棄之也，音之欲反。【今注】屬國：楊樹達《漢書窺管》認爲“屬國”爲託國於人之意。

[10]【顏注】師古曰：毋失，不失也。南面之尊，謂王位也。　【今注】案，大德本、蔡琪本、殿本“使王”之間有“大”字。

夫大王以千里爲宅居，以萬民爲臣妾，此高皇帝之厚德也。高帝蒙霜露，沐風雨，[1]赴矢石，野戰攻城，身被創痍，[2]以爲子孫成萬世之業，艱難危苦甚矣。大王不思先帝之艱苦，[3]日夜怵惕，[4]脩身正行，養犧牲，[5]豐粢盛，[6]奉祭祀，以無忘先帝之功德，而欲屬國爲布衣，甚過。且夫貪讓國土之名，輕廢先帝之業，不可以言孝。父爲之基，而不能守，不賢。不求守長陵，[7]而求之真定，先母後父，不誼。數逆天子之令，不順。言節行以高兄，無禮。[8]幸臣有罪，大者立斷，小者肉刑，不仁。[9]貴布衣一劍之任，[10]賤王侯之位，不知。不學問大道，[11]觸情妄行，不祥。[12]此八者，危亡之路也，而大王行之。棄南面之位，奮諸、賁之勇，[13]常出入危亡之路，臣之所見，高皇帝之神必不廟食於大王之手，明白。

[1]【顏注】師古曰：沐亦“頮”字也。蒙，冒也。沐，洗面也，音胡內反，字從午未之未。

[2]【顏注】師古曰：“痍”音“夷”。

[3]【今注】案，艱，大德本、殿本同，蔡琪本作“囏”。

［4］【今注】怵惕：恐懼警惕。

［5］【今注】犧牲：古代供祭祀用的色純體全的牲畜。

［6］【今注】粢盛：盛在祭器中的黍稷。案，蔡琪本、大德本同，殿本“豐”後有“潔”字。

［7］【今注】長陵：漢高祖劉邦的陵墓。在今陝西咸陽市東北約四十里。

［8］【顏注】鄭氏曰：淮南王呼帝爲大兄也。師古曰：鄭説非也。謂請守母冢，自爲名節而表異行，用此矜高於兄耳。

［9］【顏注】師古曰：斷謂斬也。

［10］【今注】案，王先謙《漢書補注》謂布衣任俠，惟以一劍自任，王乃貴尚其事也。

［11］【今注】案，蔡琪本同，大德本、殿本“學”前有“好”字。

［12］【顏注】師古曰：任情意所欲則行之妄行。行，音下更反。

［13］【顏注】應劭曰：吳專諸，衛孟賁也。師古曰：“賁”音“奔”。

　　昔者，周公誅管叔，放蔡叔，以安周；[1]齊桓殺其弟，以反國；[2]秦始皇殺兩弟，遷其母，以安秦；[3]頃王亡代，高帝奪之國，以便事；[4]濟北舉兵，皇帝誅之，以安漢。[5]故周、齊行之於古，秦、漢用之於今，大王不察古今之所以安國便事，而欲以親戚之意望於大上，不可得也。[6]亡之諸侯，游宦事人，[7]及舍匿者，論皆有法。[8]其在王所，吏主者坐。[9]今諸侯子爲吏者，御史主；[10]爲軍吏者，中尉主；[11]客出入殿門者，衛尉大行主；^[12]諸從蠻夷來歸誼及以亡名數自占者，^[13]内史縣令主。^[14]相欲委下吏，無與其禍，不可得也。^[15]王若不改，漢繫大王邸，論相以下，爲之奈何？夫墮父大業，退爲布衣所哀，^[16]幸臣皆伏法而誅，爲天下笑，以羞先帝之德，^[17]甚爲大王不取也。

[1]【今注】案，周武王死後，成王年幼，由武王之弟周公旦攝政，管叔與蔡叔（二人皆武王之弟）不服，和商王紂子武庚一起叛亂。周公平定叛亂，殺死管叔，放逐蔡叔，使周王朝安定。

[2]【顏注】韋昭曰：子紏兄也（紏，蔡琪本、大德本作"紏"，殿本作"糾"），言弟者諱也。【今注】案，齊君無知被弑後，公子小白與其兄公子糾爭權，小白先從莒國返回齊國，自立爲齊君（即齊桓公），又威脅魯國，迫使其殺了公子糾。公子糾乃小白之兄，言"弟"者乃諱。

[3]【顏注】應劭曰：始皇母與嫪毐私通生二子，事覺誅毐，并殺二弟，遷其母於咸陽宫也。

[4]【顏注】應劭曰：頃王，高帝兄仲也。匈奴入代不能守，走歸京師。高帝奪其國，退爲郃陽侯，以便國法也。師古曰：便，音頻面反。

[5]【顏注】應劭曰：濟北王興居與大臣共誅諸呂，自以功大，怨其賞薄，故反。

[6]【顏注】如淳曰：大上（大，蔡琪本、大德本、殿本作"太"），天子也。【今注】案，大，蔡琪本、大德本、殿本作"太"。

[7]【今注】游宦：異鄉爲官，遷移不定。

[8]【顏注】師古曰：舍匿，謂容止而藏隱也。

［9］【顏注】師古曰：言各有所主，而坐其罪。

［10］【顏注】如淳曰：主御史也。自此以下至縣令主皆謂王官屬。【今注】諸侯子：周壽昌《漢書注校補》謂"諸侯子"即諸侯支系宗戚之從軍者，非泛泛國人。　案，王先謙《漢書補注》謂諸侯王之子在其國爲吏者，雖貴，其國之御史主督察之。下中尉同。

［11］【今注】中尉：戰國始置。秦中尉掌徼循京師。西漢初中尉爲將兵武職，掌京師治安，秩中二千石。諸侯王國亦設有中尉，典武職，備盜賊。

［12］【今注】衛尉：職官名。秦漢時爲九卿之一，掌宮門衛屯兵，秩中二千石。　大行：職官名。掌接待賓客，朝拜禮儀。

［13］【今注】亡名數：未曾登記入名册。　自占：自驗視其户口而記録於名册。

［14］【今注】内史：職官名、政區名。秦漢京畿地方由内史治理，遂以職官名爲政區名。

［15］【顏注】師古曰：言諸侯王之相欲委罪於在下小吏，而身不干豫之，不可得也。"與"讀曰"豫"。

［16］【顏注】師古曰：墮，毀也。布衣，貧賤之人。王既伏法，則貧賤之人反哀憐之。墮，音火規反。

［17］【顏注】師古曰：羞，辱也。

　　宜急改操易行，[1]上書謝罪，曰："臣不幸早失先帝，少孤，吕氏之世，未嘗忘死。[2]陛下即位，臣怙恩德驕盈，[3]行多不軌。[4]追念辠過，恐懼，伏地待誅不敢起。"皇帝聞之必喜。大王昆弟歡欣於上，群臣皆得延壽於下；上下得宜，海内常安。願孰計而疾行之。行之有疑，禍如發矢，

不可追已。^[5]

[1]【今注】操：志節，品行。

[2]【顔注】服虔曰：常恐畏死也。

[3]【今注】怙：倚仗。

[4]【顔注】師古曰：軌，法也。

[5]【顔注】師古曰：發矢，喩速也。已，語終辭。

　　王得書不説。^[1]六年，^[2]令男子但等七十人與棘蒲
侯柴武太子奇謀，以輂車四十乘反谷口，^[3]令人使閩
越、匈奴。^[4]事覺，治之，迺使使召淮南王。

[1]【顔注】師古曰："説"讀曰"悦"。

[2]【今注】六年：漢文帝前元六年（前174）。

[3]【顔注】孟康曰：谷口在長安北，故縣也，處多嶮阻。
師古曰：輂車，人輓行以載兵器也。【今注】谷口：縣名。治所在
今陝西禮泉縣東北。

[4]【今注】閩越：古代越族的一支。秦漢時分布在今浙江南
部、福建北部一帶。漢初以其地爲閩越國。

　　王至長安，丞相張蒼，^[1]典客馮敬行御史大夫
事，^[2]與宗正、廷尉雜奏：^[3]"長廢先帝法，不聽天子
詔，居處無度，爲黄屋蓋儗天子，^[4]擅爲法令，不用漢
法。及所置吏，以其郎中春爲丞相，收聚漢諸侯人及
有罪亡者，匿與居，爲治家室，賜與財物爵禄田宅，
爵或至關内侯，^[5]奉以二千石所當得。^[6]大夫但、^[7]士
伍開章等七十人^[8]與棘蒲侯太子奇謀反，^[9]欲以危宗廟

社稷，謀使閩越及匈奴發其兵。事覺，長安尉奇等往捕開章，長匿不予，與故中尉藺忌謀，殺以閉口，[10]爲棺椁衣衾，葬之肥陵，[11]謾吏曰'不知安在'。[12]又陽聚土，樹表其上曰'開章死，葬此下'。[13]及長身自賊殺無罪者一人；令吏論殺無罪者六人；爲亡命棄市詐捕命者以除罪；[14]擅罪人，無告劾繫治城旦以上十四人；赦免罪人死罪十八人，城旦春以下五十八人；[15]賜人爵關內侯以下九十四人。前日長病，陛下心憂之，使使者賜棗脯，[16]長不肯見拜使者。南海民處廬江界中者反，[17]淮南吏卒擊之。陛下遣使者齎帛五十匹，[18]以賜吏卒勞苦者。長不欲受賜，謾曰'無勞苦者'。南海王織上書獻璧帛皇帝，忌擅燔其書，不以聞。[19]吏請召治忌，長不遣，謾曰'忌病'。[20]長所犯不軌，當棄市，臣請論如法。"[21]

　　[1]【今注】張蒼：傳見本書卷四二。

　　[2]【今注】典客：職官名。漢承秦置。掌諸歸義蠻夷，即少數民族事務。九卿之一，秩中二千石。　御史大夫：職官名。秦始置，西漢沿置，與丞相、太尉並稱"三公"。佐丞相理國政，兼司監察。秩中二千石。

　　[3]【今注】案，王先謙《漢書補注》謂《史記》作"宗正臣逸，廷尉臣賀，備盜賊中尉臣福"。宗正，職官名。漢承秦置。管理皇族和外戚事務。九卿之一，秩中二千石。廷尉，職官名。漢承秦置。掌刑獄，爲主管司法的最高長官。九卿之一，秩中二千石。

　　[4]【顏注】師古曰：儗，比也。【今注】黃屋蓋：古代帝王所乘之車的車蓋，以黃繒爲蓋裏，故名。因亦用以指代帝王車。

[5]【今注】關内侯：爵位名。秦漢二十等爵制的第十九級。

[6]【顏注】如淳曰：賜亡畔来者，如賜其國二千石也。臣瓚曰：奉畔者以二千石之秩禄也。師古曰：瓚説是也。奉，音扶用反。【今注】案，當得，蔡琪本、大德本同，殿本"當得"前有"不"字。

[7]【顏注】張晏曰：大夫，姓也，上云"男子但"，明其本姓大夫也。如淳曰：但，大夫名也。師古曰：既曰"大夫但"，又士伍開章，明其爲大夫也。上言"男子但"等者，俗謂反人耳（俗，蔡琪本、大德本作"惣"，殿本作"總"），不妨但爲大夫也。

[8]【顏注】如淳曰：律，有罪失官爵，稱士伍也。開章，名。

[9]【今注】案，棘蒲，大德本、殿本同，蔡琪本作"蒲棘"。

[10]【顏注】師古曰：姓蕑，名忌。"蕑"音"姧"（姧，蔡琪本、殿本作"妊"），《嚴助傳》作"間"字，音同耳。今流俗書本此"蕑"字或有作"簡"者，非也，蓋後人所改。既殺開章，所有口語皆無端緒，故云閉口。

[11]【顏注】師古曰：肥陵，地名，在肥水之上。【今注】肥陵：邑名。治所在今安徽六安市東北。

[12]【顏注】師古曰：謾，詆也。實葬肥陵，詆云不知處。謾，音"慢"，又音莫連反。次下亦同。【今注】案，王先謙《漢書補注》謂顏説非。他指出，初言不知安在，謂告往捕之吏不知開章所往，非謂不知葬處。繼乃詆稱已死，陽表其墓，實未死。迨吏窮知其詐，長知不可掩，乃令蕑忌殺之肥陵，即葬其地。情事如此，文特倒叙，遂致讀者難明。

[13]【顏注】師古曰：表者，豎木爲之，若柱形也。

[14]【顏注】晉灼曰：亡命者當棄市，而王藏之。詐捕不命者而言命，以脱命者之罪。師古曰：爲，音于僞反。

　　[15]【今注】城旦舂：刑罰名。强制男犯人修築城墻、女犯人舂米的勞役。刑期一般爲四年。

　　[16]【今注】棗脯：蜜漬的乾棗。

　　[17]【今注】南海：郡名。治番禺（今廣東廣州市番禺區）。廬江：郡名。治舒縣（今安徽廬江縣西南）。

　　[18]【今注】案，王先謙《漢書補注》謂《史記》"五十匹"作"五千匹"。

　　[19]【顔注】文穎曰：忌，蕳忌也。

　　[20]【今注】案，王先謙《漢書補注》謂《史記》此下有"舂又請長，願入見，長怒曰'女欲離我自附漢'"十七字。

　　[21]【今注】論如法：依法處置。

　　制曰[1]："朕不忍置法於王，[2]其與列侯吏二千石議。"列侯吏二千石臣嬰等四十三人議，[3]皆曰："宜論如法。"制曰："其赦長死罪，廢勿王。"有司奏："請處蜀嚴道邛郵，[4]遣其子、子母從居，[5]縣爲築蓋家室，皆日三食，給薪菜鹽炊食器席蓐。"[6]制曰："食長，給肉日五斤，[7]酒二斗。令故美人材人得幸者十人從居。"[8]於是盡誅所與謀者。迺遣長，載以輜車，[9]令縣次傳。[10]

　　[1]【今注】制：皇帝的命令。《史記》卷六《秦始皇本紀》："命爲'制'，令爲'詔'，天子自稱曰'朕'。"

　　[2]【今注】案，王先謙《漢書補注》謂《史記》"置"作"致"。"置""致"字古通。

　　[3]【今注】嬰：夏侯嬰。傳見本書卷四一。

　　[4]【顔注】張晏曰：嚴道，蜀郡縣也。邛，郵置名也。師

古曰：郵，行書之舍，音"尤"。【今注】蜀：郡名。治成都（今四川成都市）。　嚴道：縣道名。治所在今四川滎經縣。　邛：驛名。在今四川滎經縣西南。

[5]【顏注】師古曰：子母者，所生子之姬妾。

[6]【顏注】師古曰：炊器，釜鬲之屬。食器，盂椀之屬。【今注】案，王先謙《漢書補注》謂《史記》"鹽"下有"豉"字。

[7]【顏注】師古曰："食"音"飤"。

[8]【顏注】師古曰：上言子母，則有子者令從之。今此云美人材人，則無子者則亦令從之（蔡琪本、大德本同，殿本"者"後無"則"字）。【今注】美人：秦漢皇帝嬪妃名號。漢諸侯王妃妾亦有美人，唯爵禄稍低。　材人：漢諸侯王嬪妃名號。

[9]【顏注】師古曰：輼，衣車也，音"縕"。【今注】輼車：一種有帷蓋的大車，既可載物，也可卧息。

[10]【今注】縣次傳：所過之縣提供驛傳。

　　爰盎諫曰：[1]"上素驕淮南王，不爲置嚴相傅，[2]以故至此。且淮南王爲人剛，今暴摧折之，臣恐其逢霧露病死，陛下有殺弟之名，奈何！"上曰："吾特苦之耳，令復之。"[3]淮南王謂侍者曰："誰謂乃公勇者？[4]吾以驕不聞過，故至此。"迺不食而死。[5]縣傳者不敢發車封。[6]至雍，[7]雍令發之，以死聞。上悲哭，謂爰盎曰："吾不從公言，卒亡淮南王。"盎曰："淮南王不可奈何，[8]願陛下自寬。"上曰："爲之奈何？"曰："獨斬丞相、御史以謝天下迺可。"上即令丞相、御史逮諸縣傳淮南王不發封餧侍者，[9]皆棄市。[10]迺以列侯葬淮南王于雍，置守冢三十家。

［1］【今注】爰盎：傳見本書卷四九。

［2］【今注】傅：輔佐。

［3］【顏注】師古曰：暫困苦之，令其自悔，即追還也。復，音扶目反。【今注】案，王念孫《讀書雜志·漢書第九》謂"令"當依《史記》作"今"。

［4］【今注】乃公：一種傲慢的自稱，猶今自稱"老子"，詈詞。案，王先謙《漢書補注》謂《史記》有"吾安能勇"四字。

［5］【今注】案，王先謙《漢書補注》謂《史記》"迺"上有"人生一世間，安能邑邑如此"二句。

［6］【顏注】孟康曰：檻車有封也。

［7］【顏注】師古曰：雍，扶風雍縣。【今注】雍：縣名。治所在今陝西鳳翔縣南。

［8］【今注】不可奈何：王先謙《漢書補注》謂猶言無可奈何也，謂王死不能復生。《史記》無"淮南王"三字。

［9］【顏注】師古曰：逮，追捕之也。"餽"亦"饋"字耳。

［10］【今注】棄市：刑罰名。在鬧市執行死刑，尸暴街頭，言與眾人共棄之。

孝文八年，[1]憐淮南王，[2]王有子四人。年皆七八歲，迺封子安爲阜陵侯，子勃爲安陽侯，子賜爲陽周侯，子良爲東城侯。

［1］【今注】孝文八年：公元前 172 年。

［2］【今注】案，王先謙《漢書補注》謂《史記》"憐"上有"上"字，不可去。

十二年，民有作歌歌淮南王曰："一尺布，尚可縫；一斗粟，尚可舂。兄弟二人，不相容！"^[1]上聞之曰："昔堯舜放逐骨肉，周公殺管蔡，^[2]天下稱聖，^[3]不以私害公。天下豈以爲我貪淮南地邪？"迺徙城陽王王淮南故地，^[4]而追尊淮南王爲厲王，^[5]置園如諸侯儀。

[1]【顔注】孟康曰：尺帛斗粟猶尚不棄，況於兄弟而更相逐乎！臣瓚曰：一尺帛可縫而共衣，一斗粟可舂而共食，況以天下之廣，而不相容也。師古曰：瓚説是。

[2]【顔注】師古曰：鯀及共工皆堯舜之同姓，故云骨肉。

[3]【今注】案，王先謙《漢書補注》謂《史記》"聖"下有"何者"二字。

[4]【今注】城陽王：劉喜。齊悼惠王劉肥之孫，城陽景王劉章之子。

[5]【今注】案，蔡琪本、大德本、殿本"淮南王"前有"謚"字。

十六年，上憐淮南王廢法不軌，自使失國早夭，迺徙淮南王喜復王故城陽，而立厲王三子王淮南故地，三分之：阜陵侯安爲淮南王，^[1]安陽侯勃爲衡山王，^[2]陽周侯賜爲廬江王。^[3]東城侯良前薨，無後。

[1]【今注】淮南：諸侯王國名。都於壽春（今安徽壽縣）。

[2]【今注】衡山：諸侯王國名。都於邾縣（今湖北黃岡市北）。

[3]【今注】廬江：諸侯王國名。都於舒縣（今安徽廬江縣西南）。

孝景三年,[1]吳楚七國反,吳使者至淮南,王欲發兵應之。其相曰:"王必欲應吳,臣願爲將。"王迺屬之。[2]相已將兵,因城守,不聽王而爲漢。漢亦使曲城侯將兵救淮南,[3]淮南以故得完。[4]吳使者至廬江,廬江王不應,而往來使越;至衡山,衡山王堅守無二心。孝景四年,吳楚已破,衡山王朝,上以爲貞信,迺勞苦之[5]曰:"南方卑濕。"徙王王於濟北以褒之。及薨,遂賜謚爲貞王。廬江王以邊越,數使使相交,[6]徙爲衡山王,王江北。

[1]【今注】孝景三年:公元前 154 年。

[2]【顏注】師古曰:屬,謂以兵委之也。屬,音之欲反。

[3]【顏注】晉灼曰:《功臣表》蟲達也(蟲,殿本作"蠱")。師古曰:晉說非。此蟲達之子耳(蟲,殿本作"蠱"),名捷。蟲已先薨也(蟲,蔡琪本、大德本、殿本作"達";薨也,蔡琪本、大德本同,殿本無"也"字)。

[4]【今注】完:保全。

[5]【顏注】師古曰:勞,音來到反。

[6]【顏注】師古曰:邊越者,邊界與越相接。

淮南王安爲人好書,鼓琴,不喜弋獵狗馬馳騁,[1]亦欲以行陰德拊循百姓,流名譽。招致賓客方術之士數千人,[2]作爲《內書》二十一篇,《外書》甚衆,[3]又有《中篇》八卷,言神仙黃白之術,[4]亦二十餘萬言。時武帝方好藝文,以安屬爲諸父,[5]辯博善爲文辭,甚尊重之。每爲報書及賜,[6]常召司馬相如等視草迺遣。^[7]初，安入朝，獻所作《内篇》，新出，上愛祕之。使爲《離騷傳》，^[8]且受詔，日食時上。又獻《頌德》及《長安都國頌》。每宴見，談説得失及方技賦頌，昏暮然後罷。

[1]【顏注】師古曰：喜，音許吏反。

[2]【今注】案，《漢書考證》齊召南指出，此篇較《史記》有補有删。詳序招客、著書及入朝獻賦頌，此補《史記》之缺略。下文“日夜與左吳等按輿地圖”以下，《史記》詳序伍被與王反覆議論，班氏以別立《伍被傳》，故此從略。

[3]【今注】案，本書《藝文志》記雜家有《淮南内》二十一篇，《淮南外》三十三篇；賦有淮南王八十二篇，淮南王群臣賦四十四篇；歌詩有《淮南詩歌》四篇；天文有《淮南雜子星》十九卷。

[4]【顏注】張晏曰：黃，黃金；白，白銀也。

[5]【顏注】師古曰：安於天子服屬爲從父叔父。

[6]【顏注】師古曰：賜，賜書也。

[7]【顏注】師古曰：草謂爲文之藁草。

[8]【顏注】師古曰：傳謂解説之，若《毛詩》傳。【今注】離騷傳：楚辭注解本。或稱作《離騷經章句》，見王逸《楚辭章句序》及《隋書·經籍志序》。

安初入朝，雅善太尉武安侯，^[1]武安侯迎之霸上，^[2]與語曰：“方今上無太子，王親高皇帝孫，行仁義，天下莫不聞。宮車一日晏駕，^[3]非王尚誰立者！”淮南王大喜，厚遺武安侯寶賂。其群臣賓客，江淮閒多輕薄，以厲王遷死感激安。^[4]建元六年，^[5]彗星見，淮南王心怪之。或説王曰：“先吳軍時，[6]彗星出，長數尺，然尚流血千里。今彗星竟天，天下兵當大起。”王心以爲上無太子，天下有變，諸侯並爭，愈益治攻戰具，[7]積金錢賂遺郡國。遊士妄作妖言阿諛王，王喜，多賜予之。

[1]【顏注】師古曰：田蚡。【今注】太尉：職官名。始置於秦，西漢沿置，與丞相、御史大夫並稱“三公”，主掌武事，秩萬石。　武安侯：田蚡。傳見本書卷五二。

[2]【今注】霸上：地名。在今陝西西安市東。

[3]【今注】晏駕：對帝王死亡的諱稱。

[4]【今注】感激：挑唆、鼓動。

[5]【今注】建元：漢武帝年號（前140—前135）。

[6]【今注】案，王先謙《漢書補注》謂《史記》“時”上有“起”字。

[7]【今注】案，治，大德本、殿本同，蔡琪本作“致”。

王有女陵，慧有口。[1]王愛陵，多予金錢，爲中詗長安，[2]約結上左右。元朔二年，[3]上賜淮南王几杖，[4]不朝。后荼愛幸，[5]生子遷爲太子，取皇太后外孫脩成君女爲太子妃。[6]王謀爲反具，畏太子妃知而内泄事，迺與太子謀，令詐不愛，三月不同席。王陽怒太子，閉使與妃同内，[7]終不近妃。[8]妃求去，王迺上書謝歸之。后荼、太子遷及女陵擅國權，奪民田宅，妄致繫人。[9]

[1]【顏注】師古曰：性慧了而口辯。

[2]【顏注】孟康曰："詗"音"偵"。西方人以反間爲詗。王使其女爲偵於中也。如淳曰：詗，音朽政反。師古曰：詗，有所候伺也。如音是矣。偵者，義與"詗"同，然音則異。音丑政反。

[3]【今注】元朔：漢武帝年號（前128—前123）。案，元朔二年，《史記》卷一一八《淮南衡山列傳》作"元朔三年"。

[4]【今注】几杖：几案和拐杖。供老者使用。賜几杖有敬老之意。

[5]【顏注】師古曰：荼者，后名也，音"塗"。

[6]【顏注】服虔曰：武帝異姓姊之女也。應劭曰：脩成君，王太后先適金氏女也。

[7]【今注】内：内房。

[8]【今注】案，王先謙《漢書補注》謂《史記》"終"上有"三月"二字。

[9]【顏注】師古曰：致，至也，牽引而致之。

太子學用劍，自以爲人莫及，聞郎中雷被巧，[1]召與戲。被壹再辭讓，誤中太子。[2]太子怒，被恐。此時有欲從軍者輒詣長安，被即願奮擊匈奴。太子數惡被，[3]王使郎中令斥免，欲以禁後。[4]元朔五年，被遂亡之長安，上書自明。事下廷尉、河南。河南治，[5]逮淮南太子。[6]王、王后計欲毋遣太子，[7]遂發兵。計未定，猶與十餘日。[8]會有詔即訊太子，[9]淮南相怒壽春丞留太子逮不遣，[10]劾不敬。王請相，相不聽。王使人上書告相，事下廷尉治。從迹連王，[11]王使人候司。[12]漢公卿請逮捕治王，王恐，欲發兵。太子遷謀曰："漢使即逮王，令人衣衛士衣，持戟居王旁，有非是者，即刺殺之，臣亦使人刺殺淮南中尉，迺舉兵，未晚也。"是時上不許公卿，而遣漢中尉宏即訊驗王。[13]王視漢中尉顔色和，問斥雷被事耳，自度無何，[14]不發。中尉還，以聞。公卿治者曰："淮南王安雍閼奮擊匈奴者雷被等，格明詔，[15]當棄市。"詔不許。請廢勿王，上不許。請削五縣，可二縣。[16]使中尉宏赦其罪，罰以削地。中尉入淮南界，宣言赦王。王初聞公卿請誅之，未知得削地，聞漢使來，恐其捕之，迺與太子謀如前計。中尉至，即賀王，王以故不發。其後自傷曰："吾行仁義見削地，寡人甚恥之。"爲反謀益甚。諸使者道長安來，[17]爲妄言，言上無男，即喜；[18]言漢廷治，有男，即怒，[19]以爲妄言，非也。[20]

[1]【顔注】師古曰：被，音皮義反。巧者，善用劍也。

[2]【顔注】師古曰：中，音竹仲反。

[3]【顔注】師古曰：謂譖毀之於王也。

[4]【顔注】師古曰：令後人更不敢效之。

[5]【顔注】師古曰：章下廷尉及河南令，於河南雜治其事。【今注】河南：郡名。治雒陽（今河南洛陽市東北）。案，陳直《漢書新證》謂漢代山東有大獄，往往在河南就近治問。

[6]【顔注】師古曰：追赴河南也。

[7]【顔注】師古曰：王與王后共計也。

[8]【顔注】師古曰：與，讀曰豫。　【今注】猶與：遲疑不決。

[9]【顏注】師古曰：即，就也。訊，問也。就淮南問之，不逮詣河南。

[10]【顏注】如淳曰：丞順王意，不遣太子應逮書。

[11]【顏注】師古曰：從，讀曰蹤。

[12]【顏注】師古曰：入京師候司其事。【今注】候司：窺察，觀望。

[13]【顏注】師古曰：即亦就也。【今注】漢中尉：楊樹達《漢書窺管》謂上下文有"淮南中尉"，故特明言"漢中尉"以作區別。

[14]【顏注】師古曰：自計度更無罪。度，音徒各反。

[15]【顏注】師古曰：雍，讀曰壅。格，音閣，謂攲閣不行之（攲閣不行之，蔡琪本、大德本、殿本作"被閣不行之"）。【今注】雍閼：攔阻，阻止。案，蔡琪本、大德本、殿本"閼"後有"求"字。

[16]【今注】可：批准。

[17]【顏注】師古曰：道，從也。

[18]【今注】案，王先謙《漢書補注》謂《史記》作"言上無男，漢不治，即喜"，與下"言漢廷治，有男，即怒"對文，"漢不治"三字不可去，當是奪文。

[19]【顏注】師古曰：漢廷治者，朝廷皆治理也。治音丈吏反。

[20]【顏注】師古曰：云治及有男皆妄言耳，非真實也。【今注】案，本書卷四五《伍被傳》云："王復召被曰：'將軍許寡人乎？'被曰：'不，臣將爲大王畫計耳。臣聞聰者聽於無聲，明者見於未形，故聖人萬舉而萬全。文王壹動而功顯萬世，列爲三王，所謂因天心以動作者也。'王曰：'方今漢庭治乎？亂乎？'被曰：'天下治。'王不説，曰：'公何以言治也？'被對曰：'被竊觀朝廷，君臣、父子、夫婦、長幼之序也，皆得其理，上之舉錯遵古之道，

風俗紀綱未有所缺。重裝富賈周流天下，道無不通，交易之道行。南越賓服，羌、僰貢獻，東甌入朝，廣長榆，開朔方，匈奴折傷。雖未及古太平時，然猶爲治。'王怒，被謝死罪。"可證。

日夜與左吳等按輿地圖，[1]部署兵所從入。王曰："上無太子，宮車即晏駕，大臣必徵膠東王，[2]不即常山王，[3]諸侯並爭，吾可以無備乎！且吾高帝孫，親行仁義，[4]陛下遇我厚，吾能忍之；萬世之後，吾寧能北面事豎子乎！"[5]

[1]【顏注】蘇林曰：輿猶盡載之意。

[2]【今注】膠東王：劉寄，漢景帝之子。

[3]【今注】常山王：劉舜，漢景帝之子。

[4]【今注】案，王先謙《漢書補注》指出，"行仁義"上無煩加"親"字。此"親"字當在"高帝孫"上，後人傳寫誤倒耳。上文"王親高皇帝孫，行仁義"，是其證。《史記》亦誤。

[5]【今注】北面：臣子、卑者之位。因天子是坐南向北，故臣見君則居南向北。　豎子：對人的鄙稱。猶今言"小子"。

王有孽子不害，最長，[1]王不愛，后、太子皆不以爲子兄數。[2]不害子建，材高有氣，常怨望太子不省其父。[3]時諸侯皆得分子弟爲侯，[4]淮南王有兩子，一子爲太子，而建父不得爲侯。陰結交，[5]欲害太子，以其父代之。太子知之，數捕繫笞建。建具知太子之欲謀殺漢中尉，即使所善壽春嚴正上書天子曰：[6]"毒藥苦口利病，忠言逆耳利行。今淮南王孫建材能高，淮南王后荼、荼子遷常疾害建。建父不害無罪，擅數繫，欲殺之。今建在，可徵問，具知淮南王陰事。"書既聞，上以其事下廷尉、河南治。[7]是歲元朔六年也。[8]故辟陽侯孫審卿善丞相公孫弘，[9]怨淮南屬王殺其大父，[10]陰求淮南事而搆之於弘。弘迺疑淮南有畔逆計，深探其獄。[11]河南治建，辭引大子及黨與。[12]

[1]【顏注】師古曰：孽，庶也。

[2]【顏注】如淳曰：后不以爲子，太子不以爲兄秩數。【今注】數：計算。

[3]【顏注】服虔曰：不省錄著兄弟數中也。

[4]【顏注】師古曰：分國邑以封之。【今注】案，本書卷六《武紀》云："（元朔二年）春正月，詔曰：'梁王、城陽王親慈同生，願以邑分弟，其許之。諸侯王請與子弟邑者，朕將親覽，使有列位焉。'"

[5]【顏注】師古曰：與外人交通爲援。

[6]【今注】嚴正：西漢武帝時壽春（今安徽壽縣）人。淮南王劉安之孫劉建親信。案，周壽昌《漢書注校補》謂《史記》作"莊芷"。班氏以明帝諱改"莊"爲"嚴"，"正""芷"則字近而訛。

[7]【今注】案，王先謙《漢書補注》謂《史記》作"上以其事下廷尉，廷尉下河南治"。

[8]【今注】元朔六年：公元前 123 年。

[9]【今注】辟陽侯：審食其。 公孫弘：傳見本書卷五八。

[10]【今注】大父：祖父。

[11]【顏注】張晏曰：探窮其根原。

[12]【今住】案，大，蔡琪本、大德本、殿本作"太"。

　　初，王數以舉兵謀問伍被，[1]被常諫之，以吳楚七國爲效。[2]王引陳勝、吳廣，被復言形勢不同，必敗亡。及建見治，王恐國陰事泄，欲發，復問被，被爲言發兵權變。語在《被傳》。於是王銳欲發，[3]乃令官奴入宮中，作皇帝璽，丞相、御史大夫、將軍、吏中二千石、都官令、丞印，及旁近郡太守、都尉印，[4]漢使節法冠。[5]欲如伍被計，使人爲得罪而西，[6]事大將軍、丞相；一日發兵，即刺大將軍衛青，[7]而説丞相弘下之，如發蒙耳。[8]欲發國中兵，恐相、二千石不聽，王迺與伍被謀，爲失火宮中，相、二千石救火，因殺之。又欲令人衣求盜衣，[9]持羽檄從南方來，[10]呼言曰“南越兵入”，[11]欲因以發兵。迺使人之廬江、會稽爲求盜，[12]未決。

[1]【今注】伍被：傳見本書卷四五。

[2]【顏注】師古曰：言反事不成。

[3]【顏注】師古曰：王意欲發兵如鋒刃之鋭利，故云鋭也。

[4]【今注】都官令：漢時專指京師諸官署之令。　郡太守：職官名。漢地方郡的最高長官。原稱郡守。漢景帝中元二年（前148）更爲現名，秩二千石。　都尉：郡都尉。職官名。西漢一郡之最高武官。原稱郡尉，漢景帝中元二年更爲現名，秩比二千石。

[5]【顏注】師古曰：法冠，御史冠也。本楚王冠，秦滅楚，以其君冠賜御史。

[6]【顏注】蘇林曰：詐作得罪人而西也。師古曰：爲得罪之狀而去也。西謂如京師也。【今注】案，王先謙《漢書補注》謂《史記》“爲”作“僞”。

[7]【顏注】師古曰：發兵謂王發兵反。【今注】衛青：傳見

本書卷五五。

〔8〕【顏注】如淳曰：以物蒙覆其頭，而爲發去之，則其人欲之耳。晉灼曰：如發去物上之蒙，直取其易也。師古曰：晉說是。

〔9〕【顏注】師古曰：求盜，卒之掌逐捕賊盜者。

〔10〕【顏注】師古曰：羽檄，微兵之書也，解在《高紀》。

〔11〕【顏注】師古曰：呼，音火故反。【今注】案，王先謙《漢書補注》謂《史記》無“言”字。

〔12〕【今注】會稽：郡名。治吳縣（今江蘇蘇州市）。

廷尉以建辭連太子遷聞，上遣廷尉監與淮南中尉逮捕太子。[1]至，淮南王聞，與太子謀召相、二千石，欲殺而發兵。召相，相至；內史以出爲解。[2]中尉曰：“臣受詔使，不得見王。”王念獨殺相而內史、中尉不來，無益也，即罷相。[3]計猶與未決。[4]太子念所坐者謀殺漢中尉，所與謀殺者已死，以爲口絶，乃謂王曰：“群臣可用者皆前繫，今無足與舉事者。王以非時發，恐無功，臣願會逮。”[5]王亦愈欲休，[6]即許太子。太子自刑，不殊。[7]伍被自詣吏，具告與淮南王謀反。吏因捕太子、王后，圍王宮，盡捕王賓客在國中者，索得反具以聞。[8]上下公卿治，所連引與淮南王謀反列侯、二千石、豪桀數千人，[9]皆以罪輕重受誅。[10]

〔1〕【今注】廷尉監：職官名。廷尉屬官。分左、右監，秩均千石，主逮捕事。案，《史記》卷一一八《淮南衡山列傳》云：“上遣廷尉因拜淮南中尉。”吳恂《漢書注商》據此認爲“上遣廷尉監與淮南中尉”之“與”字應作“爲”。

[2]【顏注】師古曰：不應召而云已出也。解者，解説也，若今言分疏矣。

[3]【顏注】師古曰：遣出去。

[4]【顏注】師古曰：與，讀曰豫。

[5]【顏注】師古曰：會謂應逮書而往也。

[6]【今注】愈欲休：王念孫《讀書雜志・漢書第九》謂“愈”讀爲“偷”。愈欲休即姑欲休、苟欲休之意。

[7]【顏注】晉灼曰：不殊，不死也。師古曰：殊，絶也，雖自刑殺，而身首不絶也。

[8]【顏注】師古曰：索，搜也，音山客反。

[9]【今注】案，桀，蔡琪本、大德本同，殿本作“傑”。

[10]【今注】案，楊樹達《漢書窺管》謂治淮南獄者爲咸宣，本書卷九〇《咸宣傳》所謂“所以微文深詆殺者甚衆”，正謂此也。

衡山王賜，淮南王弟，當坐收。有司請逮捕衡山王，上曰：“諸侯各以其國爲本，不當相坐。與諸侯王列侯議。”趙王彭祖、列侯讓等四十三人皆曰：[1]“淮南王安大逆無道，謀反明白，當伏誅。”膠西王端議曰：“安廢法度，行邪辟，[2]有詐僞心，以亂天下，熒惑百姓，[3]背畔宗廟，妄作妖言。《春秋》曰‘臣毋將，將而誅。’[4]安罪重於將，謀反形已定。臣端所見其書印圖及它逆亡道事驗明白，[5]當伏法。論國吏二百石以上及比者，[6]宗室近幸臣不在法中者，不能相教，當免，[7]削爵爲士伍，毋得官爲吏者。[8]其非吏，它贖死金二斤八兩，[9]以章安之罪，[10]使天下明知臣子之道，毋敢復有邪僻背畔之意。”丞相弘、廷尉湯等以聞，上使宗正以符節治王。未至，安自刑殺。后、太子諸所與謀皆收夷。國除爲九江郡。[11]

[1]【今注】讓：王先謙《漢書補注》引王先慎謂元朔間列侯無以讓名者，"讓"疑作"襄"。襄，平陽侯曹參元孫，元光五年（前130）嗣，十六年薨，元朔六年（前123）正當嗣侯時。

[2]【顏注】師古曰：辟，讀曰僻。下皆類此。

[3]【顏注】師古曰：營謂回繞之。【今注】營：吳恂《漢書注商》謂"營"爲"熒"字之假，"熒"者，屋光不明，有使人眩惑之意。

[4]【今注】臣毋將將而誅：《公羊傳》莊公三十二年有"君親無將，將而誅焉"。

[5]【今注】案，王先謙《漢書補注》謂《史記》"書"下有"節"字。

[6]【顏注】師古曰：謂真二百石及秩比二百石以上。【今注】國吏：淮南王國的官吏。

[7]【顏注】師古曰：若本有重罪，自從其法，縱無反狀者，亦皆免。【今注】案，蔡琪本、大德本、殿本"當免"前有"皆"字。

[8]【今注】案，官，蔡琪本、大德本同，殿本作"宦"。爲吏者，蔡琪本、大德本、殿本"吏"後無"者"字。

[9]【顏注】蘇林曰：非吏故曰它。師古曰：爲近幸之人，非吏人者。

[10]【顏注】師古曰：章，明也。

[11]【顏注】師古曰：夷謂誅滅之。

衡山王賜，后乘舒生子三人，長男爽爲太子，次女無采，少男孝。姬徐來生子男女四人，美人厥姬生子二人。淮南、衡山相責望禮節，[1]間不相能。[2]衡山王聞淮南王作爲畔逆具，亦心結賓客以應之，恐爲所并。

[1]【今注】責望：責難抱怨。
[2]【顏注】師古曰：兄弟相責故有嫌。

元光六年入朝，[1]謁者衛慶有方術，[2]欲上書事天子，王怒，故劾慶死罪，强榜服之。[3]内史以爲非是，卻其獄。[4]王使人上書告内史，内史治，[5]言王不直。[6]又數侵奪人田，壞人冢以爲田。有司請逮治衡山王，上不許，爲置吏二百石以上。[7]衡山王以此恚，[8]與奚慈、張廣昌謀，求能爲兵法候星氣者，日夜縱臾王謀反事。[9]

[1]【今注】元光：漢武帝年號（前134—前129）。
[2]【今注】謁者：職官名。郎中令屬官，掌賓贊受事。
[3]【顏注】師古曰：榜，擊也。擊笞之，令其自服死罪也。“榜”音“彭”。
[4]【顏注】師古曰：卻，退也。音丘略反。
[5]【今注】治：言被治。
[6]【顏注】師古曰：内史被治而具言王之意狀。
[7]【顏注】如淳曰：《漢儀》注吏四百石已下自除國中。今以王之惡，天子皆爲置。
[8]【今注】恚：惱怒。
[9]【顏注】如淳曰：“臾”讀曰“勇”。縱臾，猶言勉强也。師古曰：縱，音子勇反。縱臾謂獎勸也。

后乘舒死，立徐來爲后，厥姬俱幸。兩人相妬，厥姬乃惡徐來於太子，[1]曰"徐來使婢蠱殺太子母"。[2]太子心怨徐來。徐來兄至衡山，太子與飲，以刃刑傷之。后以此怨太子，數惡之於王。女弟無采嫁，棄歸，[3]與客姦。[4]太子數以數讓之，[5]無采怒，不與太子通。后聞之，即善遇無采及孝。孝少失母，附后，后以計愛之，[6]與共毀太子，王以故數繫笞太子。[7]元朔四年中，人有賊傷后假母者，[8]王疑太子使人傷之，笞太子。後王病，太子時稱病不侍。孝、無采惡太子："實不病，自言，有喜色。"[9]王於是大怒，欲廢太子而立弟孝。后知王決廢太子，又欲并廢孝。后有侍者善舞，王幸之，后欲令與孝亂以污之，欲并廢二子而以己子廣代之。太子知之，念后數惡己無已時，[10]欲與亂以止其口。后飲太子，太子前爲壽，因據后股求與臥。后怒，以告王。王迺召，欲縛笞之。太子知王常欲廢己而立孝，迺謂王曰："孝與王御者姦，無采與奴姦，王强食，[11]請上書。"即背王去。王使人止之，莫能禁，王迺自追捕太子。太子妄惡言，王械繫宮中。

[1]【顏注】師古曰：惡謂讒毀之也。下皆類此。

[2]【今注】蠱殺：以毒藥害人。

[3]【顏注】師古曰：爲夫所棄而歸也。

[4]【今注】案，王先謙《漢書補注》謂《史記》作"與奴姦，又與客姦"。

[5]【顏注】師古曰：上"數"音所角反，下"數"音所具反。【今注】案，前"數"意爲屢次，後"數"乃列舉罪狀之義。

［6］【顏注】師古曰：非心實慈念，但以事計須撫之。

［7］【今注】案，王先謙《漢書補注》謂《史記》“繫”作“擊”，是。

［8］【顏注】師古曰：繼母也。一曰父之旁妻。

［9］【今注】案，王先謙《漢書補注》謂《史記》“自言”下有“病”字，是也。謂太子實不病，雖自言病，而面有喜色，幸王死已得立。“有喜色”是孝、無采見之，無太子自言有喜色之理，明此奪一“病”字。

［10］【顏注】師古曰：已，止也，數見讒譖無休止。

［11］【今注】案，强，大德本同，蔡琪本、殿本作“始”。

孝日益以親幸。王奇孝材能，迺佩之王印，號曰將軍，令居外家，[1]多給金錢，招致賓客。賓客來者，微知淮南、衡山有逆計，皆將養勸之。[2]王迺使孝客江都人枚赫、陳喜作輣車鍜矢，[3]刻天子璽，將、相、軍吏印。王日夜求壯士如周丘等，[4]數稱引吳楚反時計畫約束。[5]衡山王非敢效淮南王求即天子位，畏淮南起并其國，以爲淮南已西，發兵定江淮閒而有之，望如是。

［1］【今注】外家：王先謙《漢書補注》謂《史記》作“外宅”，是。

［2］【顏注】師古曰：將，讀曰獎。【今注】將養：慫恿、助長。案，王先謙《漢書補注》謂《史記》作“日夜從容勸之”。

［3］【今注】枚赫：王先謙《漢書補注》謂《史記》作“救赫”，下同。 輣車：戰車名。 鍜矢：王念孫《讀書雜志·漢書第九》謂“鍜矢”應作“鍛矢”。

［4］【顏注】師古曰：下邳人，吳王反時請得漢節下下邳者。

[5]【今注】案，王先謙《漢書補注》謂《史記》"約束"下有"以"字。

　　元朔五年秋，當朝，六年，過淮南。淮南王迺昆弟語，[1]除前隙，約束反具。[2]衡山王即上書謝病，上賜不朝。[3]迺使人上書請廢太子爽，立孝爲太子。爽聞，即使所善白嬴之長安上書，言衡山王與子謀逆，言孝作兵車鍛矢，與王御者姦。至長安未及上書，即吏捕嬴，以淮南事繫。[4]王聞之，恐其言國陰事，即上書告太子，以爲不道。事下沛郡治。[5]元狩元年冬，[6]有司求捕與淮南王謀反者，得陳喜於孝家。吏劾孝首匿喜。[7]孝以爲陳喜雅數與王計反，[8]恐其發之，聞律先自告除其罪，[9]又疑太子使白嬴上書發其事，即先自告所與謀反者枚赫、陳喜等。廷尉治，事驗，請逮捕衡山王治。上曰："勿捕。"遣中尉安、大行息即問王，[10]王具以情實對。吏皆圍王宮守之。中尉、大行還，以聞。公卿請遣宗正、大行與沛郡雜治王。王聞，即自殺。孝先自告反，告除其罪。[11]孝坐與王御婢姦，及后徐來坐蠱前后乘舒，及太子爽坐告王父不孝，皆棄市。諸坐與王謀反者皆誅。國除爲郡。[12]

[1]【顏注】師古曰：爲相親愛之言。

[2]【顏注】師古曰：共契約爲反具。

[3]【今注】案，王先謙《漢書補注》謂《史記》"賜"下有"書"字。

[4]【顏注】師古曰：漢有司捕繫之。【今注】案，王先謙

《漢書補注》謂《史記》無“即”字。

[5]【今注】沛郡：治相縣（今安徽濉溪縣西北）。

[6]【今注】元狩：漢武帝年號（前122—前117）。

[7]【顏注】師古曰：爲頭首而藏匿之。

[8]【顏注】師古曰：數，音所角反。【今注】雅：素來。

[9]【今注】自告除其罪：事先坦白交代，可免其罪。

[10]【顏注】師古曰：就問之。【今注】中尉安：中尉司馬安。　大行息：大行李息。

[11]【顏注】師古曰：先告有反謀，又告人與己反，而自得除反罪。【今注】案，《史記》卷一一八《淮南衡山列傳》無“告”字。顧炎武以爲衍文。

[12]【今注】案，王先謙《漢書補注》謂《史記》作“爲衡山郡”。

　　濟北貞王勃者，景帝四年徙。徙二年，因前王衡山，凡十四年薨。[1]子式王胡嗣，[2]五十四年薨。[3]子寬嗣。十二年，[4]寬坐與父式王后光、姬孝兒姦，詩人倫，[5]又祠祭祝詛上，[6]有司請誅。上遣大鴻臚利召王，[7]王以刃自剄死。國除爲北安縣，[8]屬泰山郡。[9]

[1]【今注】案，本書《諸侯王表》云：“王勃以屬王子安陽侯立爲衡山王，十二年，徙濟北，一年薨，諡曰貞王。”

[2]【今注】案，本書《諸侯王表》作“成王胡”，《史記·漢興以來諸侯王年表》作“武王胡”。未知孰是。

[3]【今注】案，四，大德本同，蔡琪本、殿本作“三”。

[4]【今注】案，本書《諸侯王表》作“十一年”。

[5]【顏注】師古曰：詩，亂也，音布內反。

[6]【今注】祝詛：祈求鬼神加禍於敵對之人的行爲。

[7]【今注】大鴻臚：職官名。掌諸侯及四方歸義蠻夷。秦時名典客，漢景帝中元六年（前144）更名大行令，武帝太初元年（前104）始名大鴻臚。九卿之一，秩中二千石。

[8]【今注】北安縣：錢大昕《廿二史考異‧漢書三》説《地理志》泰山郡無北安縣，惟盧縣注云“濟北王都”，因疑“北安”爲“盧”之誤；或初名北安，而後改盧。周振鶴指出，濟北國除時並非祇有盧縣一地，至少還有元狩元年（前122）天子所償之縣，祇是詳情無由得知。“國除爲北安縣”之記載可能有脱訛。（參見周振鶴《西漢政區地理》，人民出版社1987年版，第106頁）

[9]【今注】泰山郡：王國維《漢郡考》説漢武帝元狩元年以濟北王所獻之泰山及其旁邑和濟南郡地置。治博縣（今山東泰安市東南），後移治奉高（今山東泰安市東北）。

贊曰：《詩》云“戎狄是膺，荆舒是懲”，[1]信哉是言也！淮南、衡山親爲骨肉，疆土千里，列在諸侯，不務遵蕃臣職，以丞輔天子，[2]而剗懷邪辟之計，[3]謀爲畔逆，仍父子再亡國，[4]各不終其身。此非獨王也，亦其俗薄，臣下漸靡使然。[5]夫荆楚剽輕，好作亂，迺自古記之矣。[6]

[1]【顔注】師古曰：此《魯頌‧閟宮》之章也。膺，當也，懲，艾也。荆，楚也。舒，群舒也。言北有戎狄，南有荆舒，土俗彊獷，好爲寇亂，常須以兵膺當而懲艾也。

[2]【今注】案，王先謙《漢書補注》謂《史記》“丞”作“承”。

[3]【顔注】師古曰：剗與剸同，音之兖反。

[4]【顔注】師古曰：仍，頻也。

［5］【顏注】師古曰：靡謂相隨從。

［6］【顏注】師古曰：剽，音匹妙反。